金强一 全莹 主编

东亚的文化交流

The Cultural Exchange of East Asia

延边大学朝鲜韩国研究论集（第Ⅶ辑）

朝鲜－韩国研究丛书 7
教育部人文社会科学重点研究基地
延边大学朝鲜韩国研究中心

SSAP
社会科学文献出版社
SOCIAL SCIENCES ACADEMIC PRESS (CHINA)

总　序

金柄珉

2009 年，我们延边大学度过了建校 60 周年华诞。60 多年来，延边大学在党和国家、国内外校友及友人的大力支持下，经过几代延大人的辛勤耕耘，已经发展成为一所学科门类齐全、具有鲜明民族特色的综合大学。尤其是延边大学的朝鲜—韩国学研究充分发挥了自身的人缘、地缘优势，不仅彰显了延边大学人文社会科学领域的特色，而且为中朝、中韩经济文化交流做出了应有的贡献。

关于“朝鲜—韩国学”的概念，至今尚无明确的概念界定。但广义上的“朝鲜—韩国学”大致可定义为“有关朝鲜—韩国的语言、文学、艺术、历史、哲学、宗教、经济、法律等人文社会科学领域的学问”。

中国与朝鲜—韩国的文化交流可谓源远流长，其广泛、深入、全面的文化交流成为东北亚文化交流的重要轴线。但是二战以后，朝鲜半岛分裂成朝鲜（朝鲜民主主义人民共和国）和韩国（大韩民国）两个不同意识形态和政治体制的国家。在整个冷战期间，中国只是与朝鲜开展经济文化交流，与韩国的交流则基本上处于全面中断的状态。因此，作为一种学科领域的“朝鲜—韩国学”可谓是 20 世纪 80 年代中期以后借中国与韩国的政治、经济、文化交流全面兴起之势逐渐发展和完善的新兴学科群。

虽然没有被冠以“朝鲜—韩国学”的名称，但相关研究一直在中国的部分高校和科研院所里开展。尤其是延边大学，自建校初期就开设了朝鲜语言文学、朝鲜历史、朝鲜哲学等学科专业，组织实施了相关教学与科学研究。

延边大学的“朝鲜—韩国学”研究虽然经历了“十年动乱”时期的全面停滞期，但是在步入改革开放新时代得到了迅速的恢复与发展。1979 年，延边大学朝鲜语言文学学科和世界史（朝鲜史）学科争取到硕士学位授予权；1986 年朝鲜语言文学学科，1993 年世界史（朝鲜史）学科，争取到博士学位授予权。朝鲜问题研究所（1978 年成立）、朝鲜—韩国研究中心（1989 年成立）等科研机构相继成立，为日后延边大学的“朝鲜—韩国学”研究在中国学术界占据重要地位打下了坚实的基础。

1992 年的中韩建交开创了中韩两国在政治、经济、文化领域全面交流的新时期，也带来了延边大学“朝鲜—韩国学”研究的高速发展期。延边大学拥有一支由 100 多名从事“朝鲜—韩国学”研究的优秀教师组成的教学、科研队伍，已成为中国国内最大的朝鲜—韩国语言文学、艺术、历史、哲学、经济、法律等领域专门人才培养基地。据不完全统计，中国国内 100 多所大学的朝鲜（韩国）语专业的学科带头人和骨干教师近 85% 为延边大学毕业生。另外，国内很多“朝鲜—韩国学”研究机构中都有延边大学培养的人才在担任学术骨干。可以说，延边大学为中国的“朝鲜—韩国学”研究的开展和发展起到了不可替代的作用。

新世纪以来，延边大学的“朝鲜—韩国学”研究着眼于东北亚区域文化多元共存与融会贯通，以及东北亚“金三角”经济、社会、文化发展的学术需求，举办了“图们江学术论坛——多元共存与边缘的选择”等高水平国际学术会议，为开展高端课题的研究搭建了学术交流平台。

延边大学的“朝鲜—韩国学”研究已完成 100 多项国家社会科学基金，教育部、省社会科学基金、省教育厅及国际合作科学研究项目，取得了令人瞩目的学术成就。如《朝鲜语语法》、《简明韩国百科全书》、《好太王碑研究》、《中国廿六史及明清实录东亚三国关系史料全辑》、《中国文字音韵对朝鲜（韩国）文字生活的影响》、《中韩文学关联研究丛书》等研究成果填补了国内外相关学术领域的空白。此外，早在 20 世纪 90 年代初，延边大学就聘请国学大师季羡林先生为顾问，在郑判龙教授的主持下完成了《朝鲜—韩国学丛书》Ⅰ、Ⅱ的编写。延边大学这一系列研究成果在一定意义上堪称当今中国“朝鲜—韩国学”学术研究水平的代表，在中国的“朝鲜—韩国学”研究的普及和发展方面起到了引领作用。

对 60 多年发展历程的回顾与反思，对延边大学“朝鲜—韩国学”研究的特色与优势以及在中国学术界的地位可作以下界定。

第一，人力资源优势。延边大学的“朝鲜—韩国学”教学和研究人员普遍娴熟地掌握了汉语和朝鲜（韩国）语，在查阅文献资料和进行学术交流方面有着得天独厚的优势。

第二，对比、比较领域的方法论优势。基于语言、文化方面的优势，延边大学的“朝鲜—韩国学研究”充分合理地运用对比和比较的研究方法，开展了中朝、中韩以及中朝韩日等多元融会、互阐互释的研究，在语言对比、文学与文化比较及历史关系等领域取得了丰硕的成果。

第三，客观的学术视域优势。朝鲜和韩国自 20 世纪 50 年代以来一直维持着政治经济、意识形态分裂乃至尖锐对立的状态。而延边大学“朝鲜—韩国学”研究具备克服和超越对立的客观、开阔的视域，逐渐形成了堪称具有中国特色的学术研究，也取得了丰硕的学术成果。

一言以蔽之，延边大学是中国“朝鲜—韩国学”的人才培养基地、科学研究基地及文献资料中心。延边大学目前设有朝鲜—韩国语言文学、朝鲜—韩国历史两个博士学位授权点，另有 10 多个与“朝鲜—韩国学”研究方向有关的硕士学位授权点。朝鲜—韩国语言文学学科还争取到设立博士后研究流动站的资格。延边大学朝鲜—韩国学研究中心被选定为教育部人文社会科学重点研究基地。延边大学还被韩国的韩国学中央研究院选定为海外韩国学重点研究基地。同时，延边大学是中国的“朝鲜—韩国学”研究的国际性窗口，为中国与朝鲜、韩国的学术交流架起了一座坚实的桥梁。

中国与朝鲜、韩国的文化交流在中韩两国建交后取得了长足的发展，中国国内各高校的朝鲜—韩国语言文学专业及研究机构在人才培养、科学研究等方面取得了令人瞩目的成果，中国、朝鲜、韩国人民之间对彼此的认识和了解也日渐加深。但是目前在中国，影响力最大的朝鲜—韩国文化却是所谓“韩流”的韩国大众文化。换言之，大部分中国人赖以了解韩国文化的“文本”是新自由主义和全球主义浪潮下被大量生产的大众文化商品。大众文化虽然具有其自身的价值和意义，但是仅仅依靠大众文化层面的交流无法保证中朝（韩）文化交流的可持续发展。因此，延边大学的“朝鲜—韩国学”研究目标和任务应该是从科学研究的层面发现朝鲜—韩国传统文化所具有的价值和意义，从中朝（韩）传统文化的同构性与异质性的阐析中发掘和弘扬中国传统文化及东亚儒家文化圈的人类精神文化价值，从而加深和拓宽中朝（韩）文化交流的深度和广度。

学术研究的终极目标是追求真理和探索人类社会发展的普遍规律。从这个意义来讲，“朝鲜—韩国学”是一种跨民族、跨国界、跨文化的学术研究，对人类的共存对话和和谐共生具有重要意义。延边大学的“朝鲜—韩国学”研究虽然在中国发挥自身的特色与优势，取得了引人瞩目的学术成果，但也存在诸多不足。为此，要在进一步瞄准学科前沿，拓展研究领域的同时，凝练研究方向，加强学科交叉与渗透，积极探寻和运用新的、更有效的研究方法，进而确立自己独具特色的方法论体系，从而实现更深层次、更科学的“朝鲜—韩国学”研究。另外，亟待加强学术研究的现实对话意识，为国家的重大决策提供有价值的咨询服务。当前我们眼前一项重大的课题就是通过多边学术研究与交流，积极促进图们江区域合作开发规划——长吉图开发开放先导区建设的实施。我相信，通过“朝鲜—韩国学”研究，我们能够把历史悠久的中朝（韩）文化交流推向一个新的阶段，同时为建构东亚文化新格局做出新的、更大的贡献。真诚希望这套《朝鲜—韩国研究丛书》能够真实地反映延边大学乃至中国“朝鲜—韩国学”研究的最新研究成果，引起广大学人和同仁们的关注和反响。

目 录

Contents

“第三领域”和双重文化身份及其潜在创造性

——以转型期中国朝鲜族小说为中心

金虎雄

一 序言

1990年初，郑判龙先生提出“过门的媳妇论”① 即中国朝鲜族文化的双重性问题，之后赵成日先生对此展开了更具体的论述，后来这一观点被金强一、金宽雄、金虎雄等进一步深入阐述。② 可是最近黄有福先生在《中国朝鲜族文化共同体》③ 一文中，否定了朝鲜族的离散（Diaspora）性格和双重文化身份。对此赵成日先生给予了反驳。④

黄有福先生认为，如同旅美的韩国人形成“脱离韩国的”一样，朝鲜族通过100年的移民史、定居史、斗争史深深扎根在中国社会，因此认为朝鲜族具有双重整体性是一种虚构，并提出朝鲜族是“百分之百的朝鲜族”。果真如黄先生所说，朝鲜族是不具有离散性格和双重文化身份的、脱离母国的“百分之百的朝鲜族”吗？

对此，本文对朝鲜族的形成与离散性格、他们所处的“第三领域”

---

① 郑判龙：《郑判龙文集》第二卷，1997，第1～15页。

② 金强一、许明哲：《中国朝鲜族社会的文化优势与发展战略》，延边人民出版社，2001；金宽雄：《关于苹果梨与中国朝鲜族——中国朝鲜族整体性的管见》，参考 moyiza. net。

③ 黄有福：《中国朝鲜族共同体》，参考 zoglo. net。

④ 赵成日：《再论朝鲜族和朝鲜族文化的双重性》，参考 kornnca. net。

和双重文化身份等进行具体分析。在此基础上，以转型期[①]朝鲜族作家的中短篇小说里出现的韩国形象和中国形象为研究对象，论证朝鲜族文学的离散文学特点及其潜在创造性。最后，提出朝鲜族共同体的生存和发展方略。

二 朝鲜族的“第三领域”和双重文化身份

“Diaspora”原来是指“离散”、“散居”的意思，主要指离开故国散居在世界各地的犹太人。这个词指民族的离散，指20世纪由于各种原因离开故国的人们的生活体验。“Diaspora”是由近代各种力量，比如政治权力、经济力、军事力、战争、革命等产生的边界性的存在。他们不得不从叫做国家的框架中被赶出来，他们是过着边界性的生活的人群或者民族共同体。

中国朝鲜族是跨境民族的后裔，可以说是近代移民社群之一。19世纪中叶以后，由于朝鲜王朝的封建苛政、自然灾害和日帝的侵略掠夺，以朝鲜农民为首的义兵将领、独立运动家、教育家、文人等越过图们江和鸭绿江移居以延边为主的中国东北地区。正如金宽雄教授所说，他们一开始就是“失去家园、寻找家园的迷儿”[②]，是无国籍者。他们为了拥有土地剃发易服，归化入籍，被日本的“皇民化”政策创氏改名。从1909年的间岛协约、1930年初的民生团事件和万宝山事件中可以看出，他们处在中国和日本的夹缝里陷入两者择一的困境，尝到了牺牲品“羊”的悲哀。幸亏，移居中国的朝鲜人引进水田耕作，为东北地区的开发和反帝反封建的中国革命做出了重大贡献，从而取得了成为中国公民的资格。

以延边为主的中国朝鲜族居住地具有特殊的空间特征。他们虽处在中国的边缘，但与多民族共同生活。居住地与境外母国和其他国家接壤，

① 转型期指1990～2010年。

② 金宽雄：《失去家园后找家园的迷路人的悲剧》，延边大学朝鲜语言文学学科《朝鲜—韩国语言文化研究》，民族出版社，2008。

因此正如霍米·巴巴所说处于“第三领域”——“灿烂的边缘”。霍米·巴巴对“国家之间的缝隙”做了如下说明:

> 国家性的文化定位(locality)在它自身内的关系中没有统合,也不是单一的,在与外边或境外的关系中也不能单纯地表现为“他者”。那种界限带有两面属性(Janus - faced),里外的问题总是带有杂种性(hybridity)的过程。这个过程混合了政治上具有新要素的人们,并生产另外的一面,而且为了其政治化的过程中的再现,必然包括为了再现自己生产出谁也不能预想的力量和使政治上的敌对性变得无力的过程。①

霍米·巴巴认为作为现代社会特征的资本全球化现象引发了人们的大迁移,通过各种人种之间的交流使异质文化相遇发生文化性混种。也就是说,现代社会的变化带来了至今未曾有过的混种性、转换性、整体性的可能,使境界的存在产生诱发创造性紧张感的“第三领域”。这种“第三领域”异质性文化要素的混合、融解及再构成成为“第三领域”的特征。

这样的不同文化要素混合、融解、再构成而形成“第三领域”,生活在这个领域里的朝鲜族自然拥有双重文化身份。朝鲜族与汉族具有共同的血统、历史经验和文化传统,但是朝鲜族的民族性不仅强调朝鲜民族的血统和传统文化,而且具有居住国集体经验的双重文化身份。

解放前散居在中国的朝鲜人统称为“Diaspora”。随着1949年中华人民共和国的成立,朝鲜族主动取得了中国公民的资格。他们把中国当做自己的祖国,积极参与中国的政治、经济、文化生活。然而他们难以摆脱对故国的乡愁,并对自己的物质文化、制度文化、行为文化、精神文化抱有极大的热爱和自豪感。100多年来,他们守护着自己的语言文字,通过民族教育和文化艺术成功地使自己作为朝鲜族留存下来。因此,中

---

① 转引自李素姬《霍米·巴巴的第三世界领域的考察》,《英美文学中的女性主义》,2001,第104页。

国朝鲜族是当之无愧的中国国民，但依旧是拥有双重文化背景的朝鲜民族移民社会的一个分支。

对移民社会的双重文化身份，爱德华·萨义德曾说："与众人一样，我不只属于一个世界。我是巴勒斯坦出身的阿拉伯人，同时也是美国人。这赋予我虽奇怪，但实际不怪异的双重角色。除此之外，我还是学者。所有这些身份都不十分分明，每一个身份都使我受到不同色彩的影响，每一个身份都起到不同的作用。"①

萨义德等后殖民主义文化的理论家们带着双重或者多重文化身份，在第一世界起到第三世界代理人的作用，同时把第一世界的理论传播到第三世界，从文化上启发第三世界知识分子。同样，朝鲜族尤其是朝鲜族知识分子带着朝鲜文化和中国文化的双重身份，光复前在中国境内为了完成"朝鲜革命"与"中国革命"双重历史使命而英勇战斗。光复后，尤其是改革开放以来，为中韩交流架起桥梁，为南北的最终统一起到了桥头堡作用。

由于"朝鲜文化"因素，中国朝鲜族不仅有别于中国的汉族，也有别于中国的其他民族。而且由于"中国文化"因素，中国朝鲜族与韩国、朝鲜以及散居世界各国的朝鲜民族同胞也不同。朝鲜族知识分子的代表人物金学铁先生曾在中日韩三国舞台上战斗，后半生凭着苦斗立足于中国，但是临终时却要求把自己的骨灰送到故乡——朝鲜元山。这个例子说明虽然融进中国主流社会确立了自己的地位，却固守自己民族的历史和文化传统，这就是朝鲜族的文化的实体，是双重文化身份。文化身份并非随国籍而定，它是一种精神现象，存在于不断变化和构筑的过程之中。

移居民族具有双重文化身份，他们在母国和居住国之间左右彷徨，必然会产生文化变容。多年来对中国移居民族进行研究的王赓武先生根据在母国与居住国的两种文化中倾向于哪一边来把"海外华侨划分为五种身份"，具体分为旅居者、同化者、调节者、拥有民族自尊心者以及彻

① Cf. Edwand Said, Rofleclions on Exile and Other Essays, pp. xxx – xxxi, 397.

底改变生活方式者五类。①

我们可以参考 Berry 的文化变容理论，他把文化变容区分为三个阶段：第一阶段为接触阶段，是不同的两种文化相遇的初期阶段；第二阶段是对峙阶段，是主流社会施加压力使移民变化的阶段，这时移民要经历在出身社会和定居社会的文化整体性之间二者选一的混乱；第三阶段是解决问题阶段，是用文化变容的战略克服整体性混乱的阶段。依据少数民族集团移居者的文化变容"如何重视其他人种和民族集团之间的关系"以及"如何重视自身文化特性和习惯"来分为统合、同化、孤立、边缘化等四类。

这里的统合（Integration）是指少数民族积极参加居住国主流社会活动的同时维持自身固有的传统和文化。同化（Asslation）指移居者在积极参与主流社会活动的过程中丧失自己固有的文化整体性被主流集团吸收。孤立（Isolation）指移民者不积极参与社会活动，顽强固守自身文化整体性，他们生活在被隔离的少数异文化集团的居住地。最后是边缘化，指既不参与主流社会，也丧失了自己的文化，坠落为社会底层，他们会具有反抗既成秩序的价值观和行动方式。②

朝鲜族共同体也在发生这样的文化变容，可以通过世纪交替期朝鲜族小说里出现的"韩国形象"和"中国形象"进行考察。

三　朝鲜族文学里出现的韩国形象

在第二次世界大战后持续半个世纪的东西冷战构图中，中国只与苏联、朝鲜等社会主义国家联盟，未向资本主义世界打开门户。朝鲜族不知道世界的变化，安居于国家主导的计划经济和传统的农耕社会里。可是改革开放以后，门户被打开，中国朝鲜族中很多人去了韩国。对朝鲜族来说，韩国是祖先的国家，没有语言障碍，可以自由交流。韩国给中

① 转引自王宁《后理论时代的文学与文化研究》，北京大学出版社，2009，第 132 页。

② 尹仁镇：《韩国离散》，高丽大学校出版社，2008，第 36～38 页。

国朝鲜族带来了物质财富，并使他们具有了体验资本主义世界的机会，同时使他们经历了与自己整体性的尖锐的矛盾冲突，韩国并不是中国朝鲜族可以永久居住的家。

金在国的《韩国不存在》(1996)，李惠善的长篇报告文学《朝鲜族报告，彷徨与希望的报告书》(2003)，许莲顺的长篇小说《无根花》(1998)、《谁看见蝴蝶之家》(2004) 描写了通过留学、伪装结婚、偷渡等方法进入韩国的朝鲜族和他们眼里的韩国人和韩国形象。本文主要通过朴玉南、郑亨燮、姜虎元、金南炫、李东烈、李惠善、赵圣姬等人的中短篇小说进行具体研究。

去韩国的朝鲜族命运如何？他们实现了自己的愿望，捉住幸福的蓝鸟了吗？对朝鲜族来说，韩国并不是天国。在那里等待他们的是各种羞辱和歧视。朴玉南的短篇小说《我的名字叫狗屎》(2008)，表现了在韩国非法滞留者们的悲哀和苦恼，那里的生活与他们在中国度过的青少年时期形成鲜明对比。这部小说是以作者去韩国接受“在外同胞文学奖”时的所见所闻为题材创作的。整个故事的叙述者“我”第一次出国显得十分土气，但是她聪明、善于思考。梳着整棵白菜发型的她在飞机里与韩国男人发生文化上的摩擦，在仁川机场办理海关手续时感受到站在外国人队列里的失落感。总之，她感觉自己在韩国是不受欢迎的人。她见到三年未见的丈夫，丈夫憔悴的脸庞和战战兢兢的模样令她十分吃惊。作为非法滞留者的丈夫在路上偶尔见到警察会吓得浑身哆嗦。她也见到许多儿时的朋友，他们虽在祖先的母国，却都做苦役，都被人歧视。比如，东女到韩国 10 年了，听说汉族的签证好通过，所以民族改为汉族，后来在韩国的中国朝鲜族可以再入国，但她就没有了这个机会，所以不能回中国。英顺当保姆伺候痴呆老人，忍受各种屈辱。在烤肉店打工的柄达常常挨骂：“蠢货！在你们中国没见到这些吧？那些也没见到吧？”他说每当这时恨不得把烧热的石板砸向他们的脑袋。这些人在韩国度日如年，是被排挤冷落的人。“狗屎”是在韩国无依无靠的朝鲜族的代名词，是被冷落的异邦人的别称。小说提出了“我们是谁？”这样重要的问题，深刻地反映了朝鲜族的整体性问题。

郑亨燮的小说《墨鸦妻子》(2008)通过描写伪装结婚去韩国的智顺的悲剧，反映了韩国男人压榨朝鲜族妇女的可耻行径。智顺交给中介75000元巨资后用伪装结婚的方法来到韩国，但终究没有得到自由。她与"丈夫"维持着夫妻关系，但是随时受到出入境管理局要员的盘问。为了保障合法滞留，她需要求助于"丈夫"，所以只能哑巴吃黄连，忍气吞声地扮演妻子的角色。尤其是每年一次需要领着"丈夫"去办理外国人延期登记手续。"丈夫"抓住智顺的这一弱点经常找借口不答应她的请求，而且时不时地跟她要钱，一拿就是三四十万元（韩币）。这篇小说描写了智顺与"丈夫"一起去出入境管理局的一天里发生的故事。"丈夫"装腔作势借来一个女人的轿车，三个人一起去出入境管理局。智顺需付23万元汽油费、外国人登记管理费和164000元延期手续费。不仅这些，丈夫还进饭店花了213000元招待自己的女朋友，这个钱也由智顺来付。吃饱喝足后，丈夫撇下智顺携着女友走了。智顺如同为渔夫捕鱼的墨鸦。她用手机拨打电话："喂，喂！"她怒视着男女消失的方向，愤怒地喊道："呀，狗崽子！"至此，韩国人的形象轰然倒塌。

韩国之梦给朝鲜族带来了一些财富，但也带来了很多不幸。表现韩国生活体验的小说描绘了韩国人不美好的形象，他们骗走了朝鲜族的妻子，破坏了朝鲜族的家庭。姜虎元的中篇小说《仁川码头》(2000)和《访问》(2009)描写了韩国之梦使幸福和睦的家庭分裂进而崩溃的悲剧。《仁川码头》里男主人公成哲是身高一米八的彪形大汉。他在建筑工地搬运砖头、贴瓷砖。他说劳累可以忍受，但"瓷砖工头"和"瓦工工头"调戏朝鲜族妇女的行径实在让他难以忍受。成哲一拳打倒一个拽走延边妇女的"瓦工工头"。失业了的成哲流浪街头的时候，发现自己的妻子玉子挽着一个西装革履的男人走过去。原来极爱家庭、爱丈夫的妻子居然有外遇！成哲痛苦至极，最后要领着玉子回中国。搭乘的出租车经过城南大桥驶入敬仁桥高速公路时，成哲心情十分凄婉，与刚来时的喜悦不同，感到十分空虚。

再见吧，首尔！再见吧，父亲的故乡……是啊，五彩缤纷的首尔，我在何处立足？一不小心就会吃亏的首尔……，让人们闪光的心情生锈的地方……这里毕竟是父亲的故乡，并非我们第二代人的故乡。河鱼不能在海里生活，我们永远是异邦人。回家吧！为了爱情和家庭，离开这个可以融化任何东西的超级熔炉吧！

成哲急忙把东西放进检票台上走进关口的时候，玉子突然慌慌张张地把手里的提包交给成哲说：“忘了把剩下的钱换成美元啦。”就跑了出去。然而过了一顿饭的工夫玉子也没有回来。机场广播催促旅客赶紧乘机。成哲有了不祥的预感，打开提包一看，里面有一张纸条：“对不起，没脸见你。钱和东西你回去处理吧。请饶恕我。希望后会有期。——玉子”小说里的故事说明韩国成为心灵被腐蚀、妻子被抢走的地方。

那么朝鲜族和韩国之间的和睦是可能的吗？朝鲜族小说中最早描写韩国体验的作家是金南铉。他在短篇小说《韩信建设工地》（1992）里讲述了韩国工人和朝鲜族工人一起反抗工头剥削的故事。李东烈的短篇小说《屠夫密斯特李》表现了韩国百姓心里隐藏的深厚的人情。

先看一下金南铉的短篇小说《韩信建设工地》。这部小说以庆尚南道为背景，描写了两个朝鲜族男人和三个韩国男人都在德洪的手下工作。他们在建筑工地把砖头和石灰运往15层。一整天吸食灰尘也只能吃一粒糖来对付干渴的嗓子。更危险的是时常从15层掉下砖来砸死人。5个人在不到25平方米的德洪家吃住，因只有一个卫生间，早晚很不方便。

每天吃的是方便面，喝的是一杯米酒。吃了晚饭，工头就张罗玩画图，赢家需买一整只鸡。结果苦力们把一天的工钱全部输给他。因此“我”诅咒道：“白天让你累死累活，晚上钱被赌光。真是双重剥削者，硕鼠！”更气愤的是工头找借口不按时给工钱。于是两个韩国工人反抗道：“至少中国同胞的工钱应该按时支付，不然他们怎么回国？”徐承德站起来瞪着眼睛怒视德洪。

“你这家伙，关你什么事，嚷嚷啥？”

“你说什么？你没看见中国人受苦的样子吗？不能帮一把，还

> 骗我的钱？打死你，咱们去劳动厅。骗我的钱没你好。中国人怎么了，他们干嘛离开自己的国家去了中国？是我们的同胞，我们的同胞！蠢货，他们是因为日本鬼子才去了满洲国！”

李东烈的短篇小说《屠夫密斯特李》（1994）是以庆尚北道高灵邑为背景写成的。来自中国的“我”原来是高中教师，在工地干了十来天活就腰痛难忍。韩国人拼命干活，他们早晨6点上班干到12点，下午从1点干到6点。上下午各有半个小时休息时间。当了15年教师的“我”在工地干苦力如同享惯福的少爷抡起镐头实在忍受不了，于是“我”换了一份搬运猪肉的行当。在一家“大伽倻炭火烤排骨店”认识了一位30多岁的男人。

> 他穿了肥大的紫色裤子，上身穿着白色衬衫，身材魁梧，肚子很大。他走过来伸出手用稍微嘶哑的声音说道：“贵姓？我叫密斯特李。”密斯特李？我没听过英语，于是咧嘴笑了笑，心想，装什么斯文啊？
>
> “什么密斯特李，一个屠夫……姓李，就说姓李得了。”老板这么一说，密斯特李就挠着后脑勺说嚷道：“哎，大哥，跟高中老师说些斯文的话还不行吗？不是吗，哈哈哈。”于是三个人一起笑了起来。

这是“密斯特李”登场的场面，生动地描写了假装斯文的性格特点。“我”跟着“密斯特李”干活，他要求必须坚持一年，不许半途而废，否则吃亏的将是“我”自己。他今年36岁，还没有结婚，他有房子，有车，打算娶个漂亮姑娘。他要求“我”给他介绍漂亮的中国姑娘，只要事情成了，一定好好酬谢。一干起活来“密斯特李”就大声叫嚷着，时不时跟送来咖啡的茶座小姐说笑话，活干得爽极了。可是“我”却穿着高腰靴子像个装满大麦的袋子站着不动。血腥味和粪臭味熏天，“密斯特李”说：“来，他妈的，怎么站着不动？我们开始吧。”他搬来厚厚的板子，一眨眼的工夫就用斧子把掏出内脏的猪身砍成两半挂在铁钩上。这时一只公猪企图爬到母猪的背上，我感到一阵恶心。“你看那个家伙，想拼命交配后死去，哦？啰啰啰……”听了密斯特李的话，大家都笑了起来。然而“我”转过头去哇一声吐了出来。这时密斯特李手里拿着刀瞪圆眼睛走向一个男人。

“姓金的，你有没有脑子？就这么几个人，大家动手快点干啊，磨磨蹭蹭怎么行呢？”

“你算老几，说话这么没大没小，啊？”

那个四十多岁的男人，看起来挺厉害，他挥舞着拿着刀的手，刀刃在“密斯特李”眼前闪着寒光。旁边一个穿着西服的男人出来劝架说是自己的错。说自己为了明天祭祀用，拿来了猪蹄和猪头想找人给收拾收拾，因为互相认识，所以姓金的先给他干了。大约十分钟就能干完，问题就在于3000元手工费。

“混蛋，什么坏习惯。有你们这些家伙韩国才不行呢。你想尝尝血腥味吗，想怎么，啊？”“密斯特李”突然把刀伸了出去。那个四十多岁的男人吓了一大跳，向后退了一步。刀和刀咣当一声相撞，受惊的人们抱着他俩的腰拽了出去。

“你这家伙，赶紧给我滚，你是为了满足私心混入屠场的吗？虽然是屠夫，但要有良心。缺德的家伙，赶紧滚蛋。孙经理也是，竟给人家找麻烦，这样谁干这个活呀？好好想想吧。”

不过一干起活来，两个男人立刻和解了。离开屠场坐在车上的“我”仿佛逃离了杀戮的地狱。即使能挣很多钱，这样的活也是干不了的。但是“密斯特李”好像刚刚结束了一场演出，熟练地开着车，放大音乐，耸着肩膀，轻松自如的样子。那天晚上“我”被噩梦惊醒好几次。

作为教书先生的“我”被杀气腾腾的场面吓得魂飞魄散。不过，答应干一年，这事怎么办？“我”去找炭火烤排骨店老板，让他转告“密斯特李”“我”不想干了，然后就去大邱玩了一天。晚上回来一看，“密斯特李”抓走了“我”的叔叔。说是找到新伙计之前，让叔叔顶替

“我”。就这样过去了一个月。“我”躺在叔叔家的里屋正看着书，突然“密斯特李”来了。“我”吓得不知所措，机灵的婶婶迎接了他。外边传来说话声，接着传来了关门声。

“他怎么来了，怎么回事？”

分明我是个胆小鬼。

“嗯，他送来了叔侄儿一天的工钱。说畜协今天发了工资，人不可貌相，看来他心眼倒挺好。”

“是吗？”

“我”立刻感到脸上火辣辣的。眼前浮现出“密斯特李”的形象，让人深思的一个形象，还有围绕“密斯特李”的屠场的氛围，可惧可憎的感情早已蒸发掉，一个真正的生活场景浮现在眼前。无论职业的贵贱，无论怎样的人生都能去正视，都能去认真对待，这是不是我们应该学习的人生态度？“我”不知不觉陷入沉思之中。这部小说生动地再现了韩国庶民社会的世态，从朝鲜族知识分子的视角成功地塑造了性格粗糙但有爱心的屠夫“密斯特李”的形象，给读者以感动。

四　朝鲜族文学里出现的中国形象

从韩国打工回来的朝鲜族，等待他们的是什么呢？对此，李蕙善的《爆发的花絮》（2008）做出了回答。这部小说里的人名都用匿名或者是绰号。当今社会里个体作为匿名、记号或数字而存在是司空见惯的。每当取钱时从输入密码直到出来钱都是匿名的自己。这部小说里的人物被叫做“鱿鱼宴会”、“地瓜”、“特别女人”、“安妮”、“J”等。在匿名的条件下，他们尽情吐露自己的欲求。在“3·8妇女节”这一特殊日子里，匿名的四个中年妇女不可遏制的性冲动和荤话令人捧腹大笑。她们为了家庭在韩国拼了十年，但是回国后成了被丈夫、子女、社会冷落的异邦人。主人公尹贞十年后回国，可是女儿的全部兴趣在于网上饲养的企鹅，丈夫沉迷于网上游戏，而且已有了别的女人。朝鲜族妇女虽然从韩国挣钱回来，但是孩子和丈夫都疏远她们，于是她们的堕落也开始了。

朴玉南的短篇小说《巢穴》（2005）真实地描写了朝鲜族农村共同体的镇痛和崩溃过程。这部小说通过主人公少年镇洙的第一人称视角和语调，运用生动的细节描写、恰如其分的俗语、女人们个性化的对话，表现了农村共同体的衰落情景。丈夫去韩国后，镇洙妈妈和村长的婚外恋被曝光。在全村沸沸扬扬之际，镇洙家的房子被廉价卖给了汉族王氏，曾经充满孩子们琅琅书声的学校卖给汉族人成了羊圈，学校的牌子被斧子劈成两半倒放在窗户上。这些真实地表现了朝鲜族农村共同体的现实情形。危巢之下，安有完卵！主人公镇洙望着变成羊圈的学校突然想：进到那羊圈里的羊比自己幸福多了。曾经归自己所有的房子现在没了，羊却意外地在砖瓦房里生活。多么令人心酸的情景！这部小说表现了在移民风潮下朝鲜族共同体不能不坍塌的现实，表现了极强的民族忧患意识。

如上所述，移民在地域空间和精神空间方面处于非常微妙的中间状态（median state），在边界性的空间可以出入更广阔的领域，他们的作品世界在母国与居住国之间，在移民与居住国的主流民族之间表现出两种或混种性质。换句话说，移民文学在与他者的关系之中表现自我，表现为两种文化形态的混种性或者共存性。两个民族的生疏和矛盾的共存状态，我们可以通过朴玉南和赵圣姬的小说看到。

朴玉南的短篇小说《蚂蚁河》（2006）描写了朝鲜族和汉族杂居区域，即两种文化边界地带的故事。隔着“蚂蚁河”有两个村庄：一个叫上水里村，是汉族村庄；一个叫水南村，是朝鲜族村庄。作品描写了两个村庄不同的习俗。民族不同，语言就不同。但是不用说话，只看在河边洗衣服的模样就能猜到哪个是上水里村的，哪个是水南村的。先看看去河边走路的样子。上水里村的女人把装着很多衣服的大盆端在腰旁走来，水南村的女人头顶着洗衣大盆走来。汉族女人没有头顶东西的习惯，朝鲜族女人个头矮，腿有些往里弯，汉族女人认为这都是她们顶东西的原因。汉族女人坐在离河边较远的地方，大盆里装着水，用手戳衣服。朝鲜族女人在河边平整的石头上或把一块木板伸进河里，用木槌用力捶衣服，其声传之弥远。汉族女人们认为捶衣服会把衣服弄坏，朝鲜族女人们则认为在盆里洗衣服就在家里洗呗，何必到河里洗呢？朝鲜族女人冬天也到河里洗衣服，她们在冰面凿个窟窿，在河水里洗衣服。对此，汉族女人认为水南村的女人精神不正常。清明之前不脱棉裤的汉族女人认为冬天把手伸进冰冷的河水里是不可思议的事情。汉族女人不在乎丈夫，而朝鲜族女人却被丈夫打骂。汉族男人十有八九下厨，而朝鲜族男人从不下厨，只等妻子给摆上饭桌。上水里村的人盖房子之前先砌围墙，水南村的人没有围墙，与邻居一起使用一个院子。上水里村的人只要主人不在，连别人家的粪便都会拿进自己的院里，而水南村的人从不偷东西。上水里村的房子里四分之一是炕，其他都是地面，晚上进被窝时才脱鞋；水南村的人即使暂时到邻居家借东西也要在外脱鞋上炕。上水里村的人腌制白色酸菜，水南村的人腌制鲜红的辣白菜。上水里村不分男女老少借烟抽，水南村的年轻人如果在长辈面前抽烟就会被训斥。不过上水里村的豆腐被水南村认可。因此水南村的人用 2 斤米换上水里村的 1 斤豆腐。不吃狗肉的上水里村人用狗换取水南村的 70 斤大米。

风俗习惯如此不同的汉族村庄和朝鲜族村庄的青春男女之间虽相爱，但结局都是悲剧。水南村的姑娘信玉愿意嫁给穿军服的退役军人，她爱的小伙子正是上水里村做豆腐的宋老头的小儿子，而这个小伙子已有对象。这个秘密被人知道后，信玉被爸爸狠狠地揍了一顿，妈妈虽阻拦丈夫打女儿，但气得下巴直打战，指责女儿说：“太丢脸了，瞎了眼啊？”村里的妇女们愤怒了，第二天把信玉叫到村会议室指责道：“难道村里没有小伙子吗，非看上了上水里村的男人？没嫁人忍不住了？听说还在宋老头家的豆腐坊睡觉了，这是真的吗？不知羞耻的骚货，给村里带来祸水之前应该把她撵出去。”七嘴八舌骂个不停。第二天，信玉的尸体出现在蚂蚁河里。不久，信玉的死已被水南村人遗忘，他们当中十有八九都出国挣钱去了，村里空荡荡的。上水里村的人进村廉价买了房子，运来砖头垒起了围墙。无处寻姑娘的水南村小伙子终于要娶亲了。幸亏姐姐去韩国挣钱寄给他，才得以免了当光棍，娶了上水里村的汉族姑娘。这就是小说的结局。新娘从头到脚都是红色，在铺着凉席举行仪式的院子里，新娘没有害羞的样子，朝着要求点烟的娘家人咧嘴笑个不停。“下面请新郎和新娘对拜。”“新郎新娘对拜。”司仪用朝鲜语和汉语各说一遍，因为这里上水里村的人占了一半。嫁女儿的时候随亲的娘家客人越多越显出娘家的威风，所以上水里村人成群地过河涌入水南村。如婚礼场面所示，朝鲜族村庄开始汉化，新娘自然用汉族习惯处事，而新郎的形象暗淡无光。处在他民族浪潮里的朝鲜族新郎的前途会如何呢？这个问题可以在朴玉南的小说《长孙》里找到答案。

《长孙》表现了民族整体性丧失的悲剧。长孙肩负着祭祀祖先的重大责任。可是小说里的主人公没念朝鲜族学校，读的是汉族学校，他更喜欢汉族饮食，身体健壮却不愿意干活，喜欢女人，结婚好几次，最后死在汉族女人怀里，但是女人没有留下一滴眼泪，吊唁的客人也一宿玩麻将。“长孙”的猎枪被大舅子拿去，长靴子被二舅子拿走，小舅子和大嫂争着要摩托车。小说的结尾是这样的：一个褪色的镜框夹在旧衣堆里，拾起来一看是新年早晨放在祭祀桌上的爷爷奶奶的遗照。穿着棉袍的爷爷和梳着笔直头缝、头发一丝不乱的奶奶，用同样的视线仰望“我”。这是儿时每当祭祀时因害怕而不敢直视的照片。后来懂事了，熟悉了，开始有感情了。这是爷爷奶奶唯一的照片，现在却成了这个样子。丢下爷爷奶奶的遗照，狗一般死去的形象，难道这仅仅是虚构吗？不能守护用血汗开垦的土地，这就是朝鲜族共同体的现实，不能守护自己民族的语言、文字和民族教育田地，《长孙》并非仅仅是虚构。这部小说始终从“堂弟”的视角观察所有人物和事件，通过描写、叙述、夹叙夹议冷静而透彻地表现了现实生活。在汉族文化和朝鲜族文化的对比叙述中表现出作家特有的慧眼和才智。不过把汉族描写为朝鲜族共同体生存和发展的对立物、只懂金钱的“冷血动物”的“恶魔形象”，表现出作者的局限性。

赵圣姬的短篇小说《童年》（2000）表现了梦幻式现实主义。前村住着汉族，后村住着朝鲜族，朝鲜族小伙子与汉族姑娘偷偷相爱。汉族村里的黑色公狗也来到朝鲜族村庄找母狗。朝鲜族小伙子被嫉妒他的汉族年轻人痛打，倒在地上，半夜里汉族村庄的黑狗被朝鲜族村里的狗咬死。但是翌年春天，朝鲜族村庄里的母狗生了一窝崽，神奇的是身上都是黑白相间。两个村庄之间的反目和文化冲突以及宿命性的共存和融合，通过人类和动物世界的对比幽默地表现出来。

五 结束语

作为延边象征的苹果梨是把咸镜北道北青的梨与延边当地的野生梨嫁接栽培的新品种。同样，朝鲜族作为中华民族的一员，是拥有中华文化身份和朝鲜族文化身份的特有的民族共同体。但是朝鲜族不能因拥有双重文化身份和双重感情而像蝙蝠一样成为机会主义者。朝鲜族不应该随意流浪，不应该是随波逐流的浮萍，也不是毫无限制来回飞翔的蝙蝠。朝鲜族的昨天、今天和明天，子子孙孙生活下去的地方是中国。朝鲜族的生活不应该是暂时的、流动的。适应中国风土生长了一个多世纪的延边苹果梨不能移植到别的地方去，即使移植到别处十有八九也会因生存不下去而枯死。朝鲜族有时会从母国与居住国受到一些冷落和怀疑，因而会感到困惑彷徨，但是中国是我们出生、生长的地方，是今后掩埋我们尸骨的地方，是我们的子孙世代生存下去的地方。我们应该珍惜中国延边这块土地，怀着彻底的国民意识，作为模范公民在中国生活下去。同时我们要热爱我们民族的历史和传统，怀着对木槿花三千里江山的乡愁和热爱生活下去。虽然具有双重文化身份，但二者并不是一比一的关系。再次以苹果梨为例，园艺学上称北青的梨树枝条为棱穗，称延边的野生梨树为棱本。一般情况下，棱本要利用当地的野生树木，这样新品种才能适应当地的气候风土生存下来。不仅是延边的苹果梨，韩国的苹果和美国的和平玫瑰都是与本地野生品种嫁接而成的。这一点给我们很大的启示：一种植物的品种即使经人类之手发生了变化，其原型还是从自然状态的野生物种进化而来的。人类也同样，根比枝叶重要。文化也同样，根比枝叶重要。因此，朝鲜族带着双重文化身份，在拥有自己民族文化整体性的基础上，要吸纳中国主流民族的优点，与他们进行善意的竞争形成自立的民族。与此相反，如果失去自己民族文化的整体性，被主流民族同化，那将是极大的悲剧。中国朝鲜族共同体的解体与崩溃，对于多民族国家——中国的多元文化的保存也是一种悲剧。希望朝鲜族消除“第三领域”和双重文化身份困惑，充分发挥其特色与优势。

文明的多元性与东西方不同文明文学比较的合法性

曹顺庆

在西方原有的比较文学学科理论框架中，东西方不同文明之间文学比较的合法性是受到怀疑的。例如，美国著名比较文学学者韦斯坦因就认为不同文明之间的文学比较是不可行的，它们之间是没有可比性的。他在《比较文学与文学理论》中说："我不否认有些研究是可以的……但却对把文学现象的平行研究扩大到两个不同的文明之间仍然迟疑不决，因为在我看来，只有在一个单一的文明范围内，才能在思想、感情、想象力中发现有意识或无意识地维系传统的共同因素。……而企图在西方和中东或远东的诗歌之间发现相似的模式则较难言之成理。"① 为什么韦斯坦因认为不同文明之间的文学不可以进行比较呢？因为不同文明之间的文学找不到相似性。长期以来，西方原有的比较文学学科理论认为，比较文学的可比性是求同性，是寻求不同中的同，即不同国家文学中的同。例如：影响研究的可比性是"同源性"，平行研究的可比性是"类同性"，如果没有"同源性"和"类同性"，那就没有可比性。显然，在西方原有的比较文学学科理论中，东西方文学是没有可比性的。正如韦斯坦因所说："企图在西方和中东或远东的诗歌之间发现相似的模式则较难

① 〔美〕韦斯坦因著《比较文学与文学理论》，刘象愚译，辽宁人民出版社，1987，第5～6页。

言之成理。”因而，从西方比较文学学科理论的角度来讲，东西方文学的比较是没有合法性的。

实际上，在全球化语境下，全世界的学者都不得不面对东西方不同文明的交流、碰撞、对话与比较，东西方文学的比较早已经成绩卓著。而中国学者的比较文学研究，最主要领域就是东西方不同文明背景下的东西方文学比较。多年来，尽管中西比较文学研究取得了很大的成就，但是，在比较文学学科理论上却没有合法性，这是非常令人遗憾的！也是不正常、不应该的。这种不正常现状显然应当改变。西方比较文学学科理论的这个重大缺憾，现在到了应当弥补的时候。我们比较文学学者有责任从学科理论上，阐明东西方文学比较的合法性问题。

究竟东西方不同文明之间的文学可不可以比较，有没有比较的合法性？实际上不少学者认为是可以比较的，不过，他们的立足点大多还是放在相同性上。让我们举两位具有代表性的学者为例。

说到比较文学，不能不提到美国著名学者韦勒克，韦勒克就认为应当以相同性来认识东西方比较文学的合法性。他认为，东西方不同文明的文学是可以比较的，因为全人类文学有共同之处。韦勒克主张将全世界文学“看做一个整体，并且不考虑语言上的区别，去探索文学的发生和发展”。他还主张“研究各国文学及其共同倾向、研究整个西方传统——在我看来总是包括斯拉夫传统——同最终比较研究包括远东文学在内的一切文学之间，会产生相互影响”。①韦勒克的核心观点之一是号召人们通过全世界文学的比较研究去探寻文学的共同奥秘和规律。他认为，只要人们朝着这一方向努力，“把握住艺术与诗的本质，把握住艺术与诗超越人的生命和命运并塑造一个想象的新世界这一特点，那么民族虚荣心就会烟消云散。人，普遍的人，任何地方，任何时候的人，都会以千差万别的形式出现”。②显然，韦勒克是从东西方不同文明的共同之

① 〔美〕韦勒克：《今日之比较文学》，中译见干永昌等编《比较文学研究译文集》，上海译文出版社，1985，第165页。

② 〔美〕韦勒克：《比较文学的危机》，中译见干永昌等编《比较文学研究译文集》，上海译文出版社，1985，第134页。

处来论证东西方不同文明的文学是可以比较的。

在中国，说到最具有代表性的中国比较文学学者，不能不提钱钟书先生。钱钟书学贯中西，堪称博学鸿儒，其《管锥编》、《谈艺录》都是举世公认的学术经典，在中国比较文学和比较诗学的发展历程中，钱钟书一直被公认为里程碑式的重要学者。而钱钟书先生也持与韦勒克同样的看法，认为东西方文学的可比性在于共同性。钱钟书希望通过比较，寻找普天之下共同的诗心、文心，共同的艺术规律，共同的人类心声。他对不同时空、不同文化、不同文明背景之下人性、人心、人情的相通相融充满了信心。钱钟书多次声称他要寻求的是普天之下共同的诗心、文心，是中学、西学、南学、北学之间共同的规律。这一点在《谈艺录》的序言中表述得最为清楚，即钱钟书先生所谓“东海西海，心理攸同；南学北学，道术未裂”。[①] 在钱钟书看来，不管时空如何转变，不管文化、文明多么不同，既然人性人情有着那么多息息相通之处，那么，四海之内的文心、诗心必然是可以沟通的，而他自己进行学术研究的目的正是要构筑一座不同文化、不同文明之间顺利进行交流沟通的桥梁。

显然，无论是韦勒克，还是钱钟书，他们都将东西方不同文明文学的可比性建立在相同性之上，建立在人性的共通性上。他们的看法是对韦斯坦因反对东西方文学比较之观点的有力批判和纠正。他们也用大量事实来证明，中西文学与文论是有共同性的，不同文明的文学是有可比性的。在这一点上，我认为无论是韦勒克，还是钱钟书，都是正确的。

但是，也必须指出，仅仅强调不同文明的同，是不够的；一味地求同，显然也是片面的，只讲同，不讲异，甚至会误导学术界。从这个角度来看，我认为无论是韦勒克的观点，还是钱钟书的观点，又都是不很全面、不太准确的。如果我们认识不到这一点，就无法真正解决东西方不同文明文学比较合法性这个难题。实际上，韦斯坦因所说的“企图在西方和中东或远东的诗歌之间发现相似的模式则较难言之成理”这个问题并非无中生有。因而，无论是韦勒克，还是钱钟书，都没有真正解决

---

① 钱钟书：《谈艺录》，中华书局，1984。

韦斯坦因的困惑。他们所主张的基于不同文明中的共同人性，并没有正面回答韦斯坦因所担忧的差异性问题，求同性并没有真正奠定东西方文学比较的学理上的完全合法性。不同文化之间的确存在着根本的差异，在许多方面无法兼容，不同文明之间有着不可通约性。跨文明比较文学研究绝不是为了简单的求同，而是在相互尊重、保持各自文化个性与特质的前提下进行平等对话。在进行跨文明比较学的研究时，如果只“求同”，不辨析“异”，势必会忽略不同文化的独特个性，忽略文化的复杂性与多样性，最终使研究流于表面的同，甚至肤浅的同，例如 X + Y 式的比附研究。

法国学者弗朗索瓦·于连对钱钟书先生的批评正是看到了这个问题。弗朗索瓦·于连认为，钱钟书先生只看到同，忽略了差异，是一个重大失误！尽管我们给予钱钟书太多的崇仰，而且这么多年来也很少有人能够对他的学术研究指手画脚，但是，弗朗索瓦·于连，一个当代法国学者，却对钱钟书的比较文学研究进行了否定和批评。1996 年，他在一次访谈录中指出钱钟书比较研究的致命要害：把“比较”视为了“类比”，认为钱钟书的比较在于追求意义的近似，甚至是一味地求“同”。于连说：“我很敬佩他，他学识渊博，对中国传统了如指掌，而且具有高尚的人格。他的比较方法是一种近似法，一种不断接近的方法：一句话的意思和另一句话的意思最终是相同的。我觉得这种比较收效不大。在这个问题上我提到过刘若愚，我在博士论文的前言里与他拉开了距离，我认为他出发点错了，他试图用一种典型的西方模式考察中国诗学，这种方法得出的结果没有什么价值。”①

于连认为，我们必须承认的是，钱钟书的确是一个学贯中西的大学者，从知识的渊博程度上讲，令人敬佩，但是，他没有在真正意义上把“比较”弄懂，因而于连认为钱钟书的“比较”收效不大。多年来，我们中国学者对钱钟书顶礼膜拜，法国学者于连却大胆地拆解掉了钱钟书头上的光环，敢于批评钱钟书先生，这对于中国学术界是振聋发聩的。于

---

① 秦海鹰：《关于中西诗学的对话——于连访谈录》，《中国比较文学》1996 年第 2 期。

连的批评实际上表明，作为学术大师的钱钟书，在比较文学研究方向上，在一定程度上误导了中国学术界。

于连对钱钟书的如此批评不禁令人深思：究竟怎样的比较才能真正切合实际，对于跨文明背景下的中国的比较文学有切实的价值？在全球化语境下比较文学成为显学的今天，“比较”应当坚持怎样的身份立场和价值取向才能取得突破性进展，才能对世界文明的发展做出贡献呢？而且，退一步思考，于连对钱钟书的评判的根据是什么？这些根据是否成立？我认为，于连所牵涉出的问题，不仅仅是汉学的问题，更是中国的比较文学乃至世界比较文学发展的一个关键性和前沿性的问题，那就是东西方不同文明比较文学的可比性与合法性问题。只有在这个重要的比较文学学科理论问题上做出推进，全世界比较文学才能摆脱“危机论”和“死亡论”，才能获得“新生”。

从中国比较文学实践来看，求同的比较文学学科理论也给我们带来了巨大的困扰。长期以来，国内学者并没有从学科理论上认识东西方不同文明文学比较的异质性，很多中西不同文明比较文学研究仍然囿于西方原有的求同性比较文学学科理论框架，简单地把影响研究的同源性与平行研究的类同性理论运用到不同文明圈文学之间的比较。在东西方文学比较中，恪守“东海西海，心理攸同”的金科玉律，处处去求同，想方设法地找同，似乎只要发现了东西方文学惊人的相似之处，就万事大吉，基本不考虑东西方文学表面相似背后巨大的文明差异，于是导致了中西比较文学中大量出现的浅层次的、肤浅的某某与某某，或者被戏称为 X + Y 式的比附性研究，甚至出现乱比、滥比的现象，究其原因还是比较文学学科理论中异质性、变异性研究的缺失。比较文学界大量的X + Y式的浅层次的比附研究，就是只注意表面的同，忽略了深层的异。这是一个重大失误！这个失误，其根子还在于比较文学学科变异学理论的缺失。

变异学重新为东西方文学比较奠定其合法性，这个合法性就是既承认不同文明文学的共同性、普适性，又承认不同文明文学的异质性和变异性。变异学肯定了差异也是具有可比性的，这就从正面回答了韦斯坦因的困惑，奠定了东西方不同文明文学比较的合法性。

异质性为何会成为比较文学可比性的基础？以往的比较文学研究都是求“同”，现在提倡的“异”可比吗？它比较的基础何在？这是对比较文学可比性原则提出的问题，也是比较文学变异学必须回答的问题。在不同文明的文学比较研究成为当前比较文学研究的大趋势背景下，主张平行研究只在同一个文明圈中展开，甚至拒绝探寻不同文明文学的异质性因素，这已经是包括韦斯坦因在内的许多西方学者持有的陈旧的观点。因为在他们看来，异质文明之间的文学差异太大，对这些不同文明间的文学是不可能展开比较研究的。但是，在具体的研究实践中，这样的比较实际上一直存在，而且成绩卓著。遗憾的是我们的比较文学学科理论还没有充分认识和阐释差异的可比性问题，也没有对这个问题给予正面的回答及相应的解决。因此，当前比较文学学科理论面对的最紧迫的问题是对差异的可比性问题的认识和解决。

长期以来，不少从事比较文学学科理论研究的学者认为，有了法国学派所提出的影响研究和美国学派所倡导的平行研究，整个比较文学学科理论体系就是一座完满的大厦。事实是否真的如此？我们在尊重西方比较文学学科理论（主要是法、美学派的学科理论）的同时，不得不重视一个问题，那就是在此之前的几乎所有比较文学学科理论都是从求同性出发的，都认为比较文学的可比性在于相同性；无论是法国学派的“影响研究”，或是美国学派的“平行研究”，甚至所谓俄苏学派的“类型研究”，所有比较文学学科理论都是强调共同性，认为可比性在于同源性或类同性。因而，整个欧美的比较文学学科理论都是缺乏变异性研究的。

中国学者提出的文学变异研究，弥补了法国学派“影响研究”和美国学派“平行研究”的缺憾，开启了一个注重异质性和变异性的比较文学学科理论的新阶段。变异不仅是文化与文学交往中的重要概念，也是比较文学中最有价值的内容，更是一种文化创新的重要路径。从学科理论建构方面来看，提出比较文学变异学将是一个观念上的变革。它的提出，让我们看到了比较文学学科从最初求“同源性”到现在求“变异性、异质性”的转变。也就是说，它使得比较文学研究不仅关注同源性、共通性，也关注变异性、异质性，只有把这“四性”有机地结合在一起，比较文学的学科大厦才会完满。今天，我们提出异质性是比较文学的可比性，也就是说比较文学可比性的基础之一是异质性，这无疑就从正面回答了韦斯坦因的疑问，为东西方文学比较奠定了合法性基础。

异质性的第一层意义是文学交流和影响中的变异。以往的影响关系研究是建立在“同源性”可比性基础之上的，法国学派的理论是其滥觞。法国学派理解的文学国际关系和相互影响就是某种实证关系、因果关系、求同关系。研究方法仅限于搜集材料、分类鉴别、事实考证、寻绎因果、厘清源流。从放送者经传递者再到接受者的流传研究，从到达点出发向起点追根溯源的渊源研究，以及流传影响的媒介研究，都存在某个相同的、一以贯之的东西，使得文学影响的过程保持其自身的同一性，这种相同的、一以贯之的东西就是文学国际关系和相互影响中的同源性。影响关系的同源性包括主题的同源性、形象的同源性、文类的同源性等。国际文学影响关系的同一性保证了实证性研究的可能性和科学性，但是却忽略了文学流传过程中的变异性。法国学派所倡导的文学影响研究，实际上是求同性的同源的影响研究，仅仅关注同源性文学关系，忽略了其中复杂的变异过程和变异事实。

实际上，文学的跨国、跨语言、跨学科、跨文化/跨文明的流传影响过程中，更多的是变异性；文学的影响关系研究应当是追寻同源与探索变异的一个复杂的历程。国际文学关系研究或影响关系研究的变异性是指国际文学关系和相互影响中，由于不同的文化、心理、意识形态、历史语境等因素，在译介、流传、接受的过程中，存在着语言、形象、主题等方面的变异。文学与文化从一国传到另一国必然会面对语言翻译的变异、接受的变异等问题，会产生文化过滤、误读甚至翻译上的“创造性叛逆”，甚至发生“他国化”式的变异（例如：佛教中国化），而这些都是文学流传、影响、接受过程中不可回避的变异现象。国际文学关系和相互影响中的变异性和同一性实际上是共存的，是影响过程的一体两面。以往的影响研究只注重同一影响的一面，而忽视接受变异的一面，这样就导致流传学、渊源学、媒介学研究中只关注“同”的一面，而忽视“异”的一面，把影响关系只理解为同一性的关系而忽视了其中也有变异性的关系，这是西方比较文学学科理论的重大缺憾。

在平行研究中，最富有挑战性的问题是弗朗索瓦·于连对钱钟书“东海西海，心理攸同”观念的挑战。其中蕴含了异质性的第二层意义：东西方文学的可通约性与不可通约性。东西方文学与文化，既有可以通约的一面，也有不可通约的一面；自可通约的一面来看，的确是“东海西海，心理攸同”；自不可通约的一面来看，不同文明的文学与文化，确实是“和而不同”的，不可完全混为一谈。

余虹的《中国文论与西方诗学》[①] 的价值，就在于鲜明地提出了东西方文学与文论的不可通约性。但是，过分强调不可通约性，是其失误。相反的例证是刘若愚的《中国的文学理论》[②]，这实际上是一部以现代西方文学理论来阐释中国传统文学理论的著作。主要是从求同的角度，将中国传统文学理论与西方文学理论进行比较，因其阐述严密、涉猎广泛而颇具影响。但是，也因其一味求同而存在明显的失误：《中国的文学理论》用改造过的艾布拉姆斯四要素理论自创双向循环圆形理论来阐释中国文学理论，割裂了中国文学理论的完整体系。正如弗朗索瓦·于连所批评：刘若愚“用的是艾布拉姆斯（M. H. Abrams）的框架，这个框架对中国不适用”。[③] 因为以“求同”为基础的求同式研究必然导致“异质性的失落”，忽略不同文明间文学现象的异质性，极大影响到平行研究的学术价值。于连认为：“这是一个要害问题，我们正处在一个西方概念模式标准化的时代。这使得中国人无法读懂中国文化，日本人无法读懂日本文化，因为一切都被重新结构了。中国古代思想正在逐渐变成各种西方概念，其实中国思想有它自身的逻辑。在中国古文中，引发思考的往往是词与词之间的相关性、对称性、网络性，是它们相互作用的方式。如果忽视了这些，中国思想的精华就丢掉了。”[④] 只有在充分认识到不同

---

① 余虹：《中国文论与西方诗学》，生活·读书·新知三联书店，1999。

② 刘若愚：《中国的文学理论》，江苏教育出版社，2006。

③ 秦海鹰：《关于中西诗学的对话——于连访谈录》，《中国比较文学》1996 年第 2 期。

④ 秦海鹰：《关于中西诗学的对话——于连访谈录》。

文明间的异质性基础上，平行研究才能在一种“对话”的视野下展开，才能实现不同文明间的互证、互释、互补，才有利于不同文化间的融合与汇通。类同性研究在同质文明的平行比较中有很实际的应用性，若进入异质文明的平行研究中，异质性则显得尤其重要、更为根本，“如果不注意异质文明的探源，不注意异质文明的学术规则和话语差异，则这种比较必然成为浅度的‘比附’文学”。异质性决定了平行研究的价值和意义。

中国学者习惯套用西方理论，并将其视为放之四海而皆准的公理。其实西方理论既有普适性，也有地方性，或曰特殊性；如果不把西方理论与中国现实的文化土壤相结合而盲目地套用，是必然会出现问题的。我们在引进西方理论的时候，不应该把它当作绝对的普遍真理，可以承认西方理论有其普适性，但还应该注意它的异质性。我们知道，跨越异质文明对于不同文明有着互相补充、互为参照的现实意义，所以，突出异质性有利于实现不同文明之间的沟通和融合，更有利于我们建构一个“和而不同”的世界，这也是比较文学变异学研究的最终目的。

需要指出的是，变异学强调异质性的可比性，是有严格的限定的，这种限定，是在比较文学影响研究与平行研究求同的可比性基础之上的一次延伸与补充，即在有同源性和类同性的文学现象之间找出异质性和变异性。例如，禅宗与佛教有相当大的差异，但是不管发生了多少变异，它依然可以回溯到源头——印度佛教。也就是说，进行比较的两者不管表面上有多大的差异，都有“源”与“流”的关系。在影响关系研究中，变异学追求的是同源中的变异性；如果没有“同源”，也就谈不上什么“变异”。在平行研究中，任何不同国家的文学实际上都有异质性，尤其当研究对象分属不文明圈时，异质性更是非常明显。变异学主张，在研究对象之间要首先找到类同性，然后才能进一步研究变异性，并阐释类同性背后的差异及原因。如用浪漫主义来阐释李白，现实主义来概括杜甫，虽然不是绝对类同，但是李白与浪漫主义、杜甫与现实主义毕竟是有一定的类同相契之处。变异学主张在这种类同性基础之上，再进一步分析研究对象之间的异质性，阐释其中发生的变异并探索其深层文化机制。

中国比较文学学者提出的变异学理论，不仅回答了韦斯坦因的困惑，奠定了东西方不同文明文学与文化比较的可比性与合法性，也必将开创比较文学学科理论的新阶段，推动全世界比较文学研究的发展。

世界文学中的亚洲文学

金在湧

一　超越欧洲中心主义文学

以欧洲为中心并深刻影响亚洲多年的世界文学框架正在逐渐解体。究其原因，首先是欧洲文学再也不能强烈吸引全世界读者的目光，而更为重要的是，欧洲以外的地区，尤其在亚洲地区，陆续出现了新的、富有魅力的文学作品。过去作为世界文学的范本而名噪一时的欧洲文学，不再是世界文学的中心，只是世界文学中的欧洲地区文学而已。让欧洲文学回归到欧洲，正是当今世界众多文学人士在主客观两方面所进行的不懈努力。

在“世界文学”这一术语诞生之际的19世纪初，欧洲文学并不是世界文学的中心。它成为世界文学的中心，恰恰是欧洲中心主义风靡全球的19世纪中叶以后。告诉我们很多关于欧洲中心主义亚洲观的爱德华·萨义德，把欧洲中心主义的兴起时间定格在19世纪中叶以前（即近代），不能不说有失客观史实的真实性。欧洲中心主义融入欧洲人的思维模式，是在19世纪中叶以后。把欧洲文学置于世界文学之中心，并将其视为经典规范的观念也随之产生。在此之前，直到19世纪初，欧洲的知识分子和文学家并没有产生过上述念头，相反，把欧洲文学视为世界文学一部分的观点随处可见。从最早使用“世界文学”这一术语的歌德的陈述中，我们可以确认这一点。

多拉与歌德共进了晚餐。“没有和你会面的这几天，我读了几种书，其中包括中国小说。虽然还没读完，但我觉得应该引起足够的重视。”“您说是中国小说吗？恐怕是非常难以接近的作品吧？”“不，并没有像想象的那样生疏。他们的思想和行动以及情感，其实跟我们大同小异。你会觉得自己跟他们并没有什么两样。只不过他们相对来说更加明朗、纯粹，还富有道德感。在他们的小说里所有的东西都非常理性化和市民化，激情澎湃或诗意盎然并不多见。所以，可以说跟我的《赫尔曼和多罗泰》或英国小说家理查德森的作品非常相似。不过有一点不同，在他们的作品里，外界的大自然和人物的形象相互结合得非常融洽。荷塘里金鱼嬉戏的声音不绝于耳，树梢上的莺歌燕语总是那么地动听。不仅如此，白天总是阳光明媚，夜空依然是晴朗无暇。有关月亮的故事不止一次地出现，但不会因月亮的圆缺而出现情景的变化，月光给人的印象也是如白昼一般明亮。屋里的情景如同他们的绘画作品一样简洁而高雅。比如说‘传来了可爱的少女们欢快的笑声。转身寻觅，发现她们坐在漂亮的藤椅上。’这样的句子。单从场景来看，会使人倍感温馨，因为藤椅本身是非常轻快优雅的意象。还有无数的传说出现在故事情节里头，如同谚语一般被使用着。举个例子，有个身体非常轻盈的少女，她站在花蕊上都不会让花枝折断。更有一个品行刚正、勇敢无畏的小伙子，在他三十岁就觐见皇帝的故事也是一段传说。还有很多关于恋人的传说。有对恋人，她们交往很久却守身如玉，有一天晚上共度了良宵却绝不吃禁果，只是以谈笑风生度过了漫漫长夜。有这么多的传说，却一致强调严格的节制，恐怕是中国这个国度能够维持数千年的缘故吧。估计未来也会如此。（中略）当然，我们德国人如果不能跳出禁锢我们的藩篱，不具备高瞻远瞩的视野，就很容易陷入如此玄而又玄的妄想之中。所以，我经常以借鉴其他民族来认清自己，并奉劝其他人也要效仿。时至今日，民族文学没有什么太大的意义，世界文学的大时代已经到来了。”①

---

① 约翰·P. 埃克尔曼：《与歌德对话》，Park young－gu 译，绿色丛林出版社，2000，第253～255页。

从把中国小说放在与自己的作品同一个层面上加以思考的歌德身上，我们几乎找不到19世纪中叶以后，欧洲的知识分子和文学家所共有的欧洲中心主义思维模式。再看歌德读完波斯诗人哈菲兹的德译本诗集后，深受感动而随即刊行《东西诗集》的举措，我们不得不说在当时的欧洲，其实找不到任何一个形态的欧洲中心主义之端倪。这正是我们所要追求的目标。把欧洲地区的文学置于其他地区文学同等层面上进行解读，正是超越欧洲中心主义的先决条件。

二　亚洲文学——世界文学中的后起之秀

在今天的世界文学中，亚洲文学像一颗耀眼的新星一样备受瞩目。不过，欧美地区对亚洲文学的重视，相比1960年代以后拉丁美洲文学在西欧文学界所受到的关注，着实有点姗姗来迟。当然，1910年代，印度的泰戈尔获得诺贝尔文学奖，以及1960年代，川端康成也获此殊荣，在某种程度上向世人告知了亚洲文学的存在，但那并不是一个整体性的动向。与1960年代以后拉美文学在欧美得到广泛关注，以及非洲文学也成为热点话题的事实相比，只能说是相形见绌。因此，虽然近年来欧美地区对亚洲文学表现出了浓厚的兴趣，但不能将其与个别作家在特殊情况之下被西欧接受的情况同日而语。

亚洲文学为什么会如此缓慢地被人接受呢？绕开语言翻译的困难探讨这一现象，可能无法正中要害。拉美文学大多数用西班牙语和葡萄牙语写成，因此欧洲人较为容易接受其作品。欧洲人在西班牙的书店很容易购买和读到拉美文学作品，且不需要翻译。对欧洲人来说，西班牙语并不是陌生的语言。因此，即使不是西班牙人，也能够轻易接触拉美文学。这一点对非洲文学同样有效。众所周知，非洲曾是英法两国的殖民地，所以非洲作家大多用英语或法语进行创作。这也同样使得欧洲人非常容易接触非洲作品并产生共鸣。出于对这些现象的抵触，恩古吉（Ngugi wa thiongo）宣布放弃英语并转为用吉库尤土语创作，在非洲文学界一时成为重要话题，恰好说明了上述情况。

说起亚洲，有很多国家虽然经历过欧美殖民统治，但其中的大多数国家仍然固守着自己的语言。虽然不乏使用殖民主义者语言的国家，如印度和马来西亚等，但大部分的国家，还是坚持用本国语言进行文学创作。而如今，众多阿拉伯国家虽经历了欧洲殖民统治，却依旧用阿拉伯语进行创作，正好表现出亚洲国家深厚的文学底蕴。这又充分说明了亚洲国家在欧洲殖民者入侵之前，早已拥有悠久的文学历史和传统。因此，亚洲文学并非是欧洲人所容易接近的文学。如果没有潜心翻译，就连阅读的目的都无法达到。翻译也是个非常复杂而艰难的过程。只有能够超越翻译的障碍，欧洲人才能读懂亚洲文学，亚洲人要理解别国文学亦是如此。所以，亚洲文学进入欧洲人的视野，其过程之漫长和迟缓，也在情理之中。

不管怎么样，今天的欧美人哪怕是通过翻译，也要领略亚洲文学的风采。以前，欧美人对亚洲文学给予群体性关心，只是针对印度英文文学而已。因为印度英文文学不需要翻译，所以自 1980 年代以后，陆续被欧美人所阅读。而如今，他们对亚洲文学的翻译作品也表现出浓厚的兴趣。其典型的例子是，包括企鹅出版社在内的欧美各大出版社，正在争先恐后地出版阿拉伯文学以飨读者。过去是阿拉伯国家的出版社，把阿文作品译成英文在本地出版；现在欧洲诸多出版社却争着发掘阿拉伯作家并出版其作品。这也证实了亚洲文学作为世界文学一部分的可能性。

三　非西欧的近代和亚洲文学的话语

西欧的近代和亚洲的近代，其发展过程大相径庭。除日本以外的亚洲大部分国家经历过殖民统治的事实足够说明这一点。与西欧的近代化自发形成并带有帝国主义体制的特征不同，亚洲的近代化非常被动，而且只能经历殖民统治。因此，亚洲的近代与西欧的近代截然不同。但是，人们习惯于以西欧的近代标准衡量亚洲的近代，由此导致了难以把握其实质的尴尬局面。为了正确理解全球的近代而不是欧洲的近代，需要转变将亚洲所经历的近代简单视为西欧近代变种的态度。

虽然现在的西欧在纯文学创作方面风光不再，但它依旧掌握着世界文学的话语权。包括亚洲在内的非西欧地区文学的不容忽视性，使得他们在某种层面上也对这些地区的文学进行评价和给予肯定，但其依然以自身的观点进行任意阐释，并对这种主导权总是恋恋不舍。墨守成规的众多非西欧地区的理论家，不仅不对这样的现状进行彻底的批判和反省，还把自身文学放置在过去欧洲中心主义的框架内，进行麻木解释并乐在其中。

近代女性文学在西欧的情况和在非西欧（尤其亚洲）的情况也迥然不同。反殖民主义倾向与女性解放的价值追求，在亚洲女性文学中并不自相矛盾。在西欧各国，国民国家的建设与男权秩序的确立在同一条线上进行，因此，女性文学必然对它采取否定态度。国民国家对女性的压制，自然而然导致了承受近代家长制桎梏的女性对国民国家的批判态度。由此看来，欧洲的殖民主义者在亚洲进行殖民统治的过程中，以女性解放为文明教化的重要内容被加以宣传，可谓是顺其自然的了。英国殖民主义者在印度积极主张陪葬制度的废除，已是世人皆知的历史事实。但是，与当时的男性国民主义者不同，很多印度女性表现出了难以掩饰的困惑和矛盾。因为坚持陪葬制度就是屈服于家长制秩序，相反则是认可英国的殖民主义。这正是西欧和殖民地亚洲在近代化过程中，女性和女性文学所经历的差异所在。因此，对今天的殖民地亚洲国家的女性文学，我们需要与西欧不同的另一种解读方法。面对巴勒斯坦的女性作家萨哈尔·哈利法的小说时，我们更加需要这种眼光。

在亚洲，引领近代化的主导力量，也跟女性问题一样，需要独特的解读方法。在亚洲的近代化过程中，只能由作为中间阶级的知识分子起到关键性作用。在资产阶级尚未成长的情况之下，羽翼未丰的少数有产阶层，只能跟殖民主义委婉妥协。加上无产阶级的成长非常微弱，结果只能由中间阶层的知识分子起到重要作用。矛盾双方的对立强度越大，紧张系数就越高，随之而来的只能是严重的对抗和暴力。所以，为了不陷入这片泥潭，随之产生了阶级联合的思想，这一过程中知识分子的作用尤为凸显。在殖民化的亚洲，走这种中间路线是没有余地的选择。这也是在韩国和其他亚洲国家近代化过程中所共有的现象。拜读印尼著名作家普拉姆迪亚的作品，缺乏这种视角就几乎不可能读懂。

还有一个重要的概念就是离散（diaspora）。众所周知，国民国家发端于欧洲，后来扩散到了欧洲以外地区，现在则成为一个世界性的国家体制。随着国民国家所具有的暴力性日趋明显，在全球范围内对超越国民国家以至建立新世界的向往也越来越强烈。特别是1980年代以后影响扩大的一系列反国民国家主义的话语，在为上述潮流起推波助澜的作用。其中，离散和离散文学得到了空前的关注。因为离散和离散文学正极力冲破国民国家所具有的局限性。笔者也认为离散和离散文学是诊治国民国家和民族主义弊病的一剂良方，同时对在反国民国家论的层面上进行的一系列认真讨论，产生不小的共鸣。但是，把离散和离散文学放在上述单一层面上进行讨论，不管其主旨多么重要，也难免陷入一个狭窄的境地。尤其是在美国、日本等世界主要资本主义国家所进行的有关离散及离散文学的讨论，除了个别例子以外，均以反国民国家主义理论为基础。后结构主义常常强调的混合性和多样性，更把这些理论基础进行了巩固。因此，离散和离散文学所形成的历史性语境已荡然无存，留下的只是以国民国家克服论、混合性以及多文化主义为主要话题的离散和离散文学。在尚未完全摆脱殖民主义残留意识的韩国知识界，更是把中心地带的思维模式和探讨方式，不经过任何媒介和自主意识的过滤而囫囵吞枣，其歪曲程度令人担忧。其实，离散和离散文学形成的地域并非中心地带，而是边缘地带，但有关它的探讨，主要以中心地带的离散知识人士为主而进行。据笔者拙见，这种现实语境很难勾勒出离散和离散文学所具有的具体的、历史的原貌。边缘地带不是不探讨离散和离散文学，而是因缺乏相互之间的沟通渠道而未能产生实质性的互动作用。针对这一现实，迫在眉睫的是根据西欧以外地区边缘地带文学的历史性现状，重组离散文学的话语结构。在与亚洲其他地区离散文学的相互比较中，我们可以发现树立另一种理论体系的可能性。如果不摆脱西欧话语的垄断，就根本无法领略印度的离散文学作家罗辛顿·米斯瑞的作品所具有的丰富含义。

四　亚洲文学与离散

亚洲文学对离散的经验可从两个方面探讨。一个是殖民主义所引起的离散，另一个是国民国家的暴力。首先看一下因殖民主义而导致的离散。

离散是近代殖民主义的膨胀所引起的现象。近代前期固然也有离散的经验，但与近代殖民主义膨胀以后的经验相比，不能算作是典型案例。从众多非洲人被抓到美洲大陆并遭受奴役生活，一直到现在的以色列统治下的巴勒斯坦人，殖民主义产生的离散具有相当长的历史渊源。再看韩国，自日本殖民统治开始以后，漂泊到日本或中国的韩国人越来越多，最终形成了离散，从中滋生出的文学就是韩国离散文学。曾经提过的金石范和金学铁，就是其代表性作家。两位作家的文学，可以与日本的殖民统治分开来探讨吗？这不仅仅是专属于韩国的问题，包括印度在内的很多经历过殖民统治的亚洲国家，均在本国文学中发现了同样的现象。同时，这不仅仅是过去式的话题，更是一个现实性很强的话题。著名的巴勒斯坦诗人穆罕默德·达维希（Mahmoud Darwish）最近推出的诗集，通篇涉及的是关于离散的话题。背井离乡到世界各地漂泊的诗人穆罕默德，近期才得以回访故里，但是等待他的故乡却是在以色列占领下呻吟的荒芜之地。对穆罕默德来说，离散才是问题之本质，他近年来的很多作品，集中表现了离散问题。可是在穆罕默德的诗歌里，我们始终找不到国民国家的矛盾和混合性。对他的诗歌和生活来说，当务之急是早日从以色列的霸占和殖民主义的压制下得到彻底的自我解放。在此之前，对他来说任何形态的克服国民国家弊端的方法，只不过是海市蜃楼而已。诚然，他的诗歌并不拘泥于历史现状，但同时也没有跟上述情况不无关系。背井离乡游弋在异国他乡数十载，也绝非他所愿。他渴望自己也像他的同胞们一样，安居在自己的祖国。但以色列的占领，只能让他离开故乡，至今也无法回归故里。对他来说，离散本身就是放逐。这是与自我选择无关的、在殖民主义暴力下形成的离散。这种离散不止发生在穆罕默德一个人身上。出生在巴勒斯坦的女作家萨哈尔·哈利法也身陷同样的处境。现在把约旦作为主要活动舞台的她，因在故乡无法得到自由的保障，而在异国他乡以离散者的身份进行创作活动。萨哈尔的现状也不是自我选择，而是外部的殖民主义压制强加给她的“放逐的离散”。这种“放逐的离散”反而给离散文学家们提供了新的文学想象力的源泉。我们在他们的作品中，可以领略到在其他作家作品中找不到的人类文明的真面目。在离散文学的讨论中，我们要在尊重历史场景的基础上，去构建离散文学的话语场。

离散的另一个产生原因是国民国家的暴力。在产生“放逐的离散”方面，国民国家的内部暴力不亚于殖民主义的外部暴力般强大。摆脱殖民统治的国家，通常要以国民国家为范本进行国家重建，其过程中产生的独裁、内战、宗教归一等多种形态的压制持续折磨着作家诗人。无法在本国安身立命的作家，不得不被祖国放逐到异国他乡颠沛流离，其间就大量出现离散和离散文学。这种离散在韩国文学中很难找到例子，因而，对我们来说难免有点费解。“三八线”以南的作家在长久的独裁统治下，并没有离开祖国，在国内以多种形态和方式坚持了自己的创作；以北的作家也是在遭到政治肃清后，依然留在了国内。虽然也曾经历了战争，但很少有逃避到海外的作家。因此在韩国，理解上述情况并不容易。在日本进行创作的诗人金时锺，早在济州岛“4·3事件”发生时，逃难到了日本，后来成长为诗人。他的经历也算是典型的内部暴力所引起的离散。从严格意义上讲，中国的金学铁也属此类离散。但是，这种离散在韩国，实在是凤毛麟角。我们可以发现，在亚洲其他国家却有很多这种类型的离散文学，其典型便是伊拉克。在萨达姆的长期独裁统治下，很多作家受到了迫害。他们不得不离开伊拉克，迁徙到阿拉伯或欧洲等地区定居，并在那里坚持了文学创作。因为有众多作家在海外进行创作，所以伊拉克国内文学一度出现了缺位现象。在此过程中，留在国内的作家和海外作家之间产生了隔阂甚至对立，这也给萨达姆政权倒台以后的伊拉克文学界留下了祸根。新成立的政权，曾邀请海外的作家回国，并试图在他们与国内留守作家之间促成和解，但双方的成见较深，导致了矛盾愈演愈烈。海外派作家指责留守作家助纣为虐，后者却抨击前者在国外度过怡然自得的生活乐不思蜀。

居住在加拿大进行创作活动的印度作家罗辛顿·米斯瑞，受宗教国家主义（国民国家外部暴力之一）的迫害，而成为离散文学作家。众所周知，印度在建立国民国家的过程中，印度教的国家主义发挥了强大作用。罗辛顿属于印度的少数宗教袄教（拜火教）。印度教在巩固其中心地位的过程中，对其他宗教和种族进行了无情的迫害。少数种族或宗教的作家深受其害，在忍无可忍的情况下移居到了他国，罗辛顿便是其中之一。他在加拿大发表了多部以印度孟买为背景的长篇小说，这些作品不管在印度还是西欧，皆受到了相当的重视。

摆脱殖民统治以后，因内战、独裁、宗教归一等国民国家内部暴力，产生众多离散作家和离散文学，就是亚洲文学的现状。跟殖民主义导致的离散文学相比，其数量有过之而无不及。人们平时只看到韩国文学在这方面很少有作家进行创作，因此，总以为其比例不太大，但放眼亚洲文学而观之，却不计其数。

与殖民主义抗衡并追求独立的殖民地民众，自然而然要选择一位领袖人物来引导他们的斗争，这些领导者在独立以后，大都成了国家的统治者。头顶反殖民主义斗士光环的那些领导人物，为了使落后的国家现状早日得到改善，需要建立一个强有力的国家政权。他们的辉煌经历成为抵御牵制和批判的盾牌，腐败和独裁也随之产生，最终导致了自下而上的知识分子和民众的抵抗。为了镇压这些抵抗，他们不惜启动宣布非常状态等法西斯性质的政策，这也使民众和国家之间的矛盾更加白热化。最典型的例子是，1975 年，印度总理英迪拉·甘地为了让大法院对自己的判决流于无效宣布了非常状态，印度民众对此立即采取抵抗。

罗辛顿·米斯瑞就是把这些印度社会的复杂历史作为小说的背景，生动描述了民众生活的代表性作家。他在 1995 年发表的第二部长篇小说《完美的平衡》（*A Fine Balance*）便是其中的代表作。作品以英迪拉·甘地宣布非常状态的 1975 年为时代背景，以四名属下阶层（subaltern）为主要人物，描写了在生存与希望的缝隙中惶惶度日的印度民众的真实生活。Ishvar 和 Omprakash 为了洗掉不可触贱民的身份，背井离乡来到城市（似乎是孟买），找了份制衣工作。但他们始终没能跨越社会歧视的高墙，最后沦落为行乞大街小巷的叫花子。他们的女雇主叫 Dina，虽然很多有钱有势的男人频频向她求婚，但她拒绝缺少爱情的婚姻，毅然决然地跟了自己的心上人。谁料不幸从天而降，她成了一个寡妇。为了表示对自己的选择负责，Dina 拒绝了哥哥奉劝的小市民式的安逸生活，雇用两个裁剪熟练工 Ishvar 和 Omprakash，在自己居住的公寓开办了一家服装加工厂。但祸不单行，因公寓楼主的从中作梗和熟练工的不幸遭遇，她再次陷入了破产的窘困境地。无处安身的 Dina，不得不寄宿哥哥家并接受了她曾经拒绝过的生活方式，一个女性的自力更生最终宣告了失败。在父亲的威逼下勉强进入城市的技能学校，并寄宿在母亲的故友 Dina 家的 Maneck，毕业后在迪拜的沙漠荒地找到了一份工作。8 年后，为了参加父亲的葬礼短暂回国的他，目睹了曾经满腔热情的好朋友 Ishvar 和 Omprakash 沦落为乞丐的现实还有 Dina 的一连串不幸遭遇，他感到万念俱灰，愤然选择了卧轨自杀。没有被国民大会等民族主义政党代表其利益，而是被社会和国家彻底排除的下层民众，一直是米斯瑞小说的主人公。他们的阶级成分属于社会底层，被国家政权摧残和压迫是家常便饭，就连印度的社会主义政治势力，也没有代言他们的利益。作者没有描写印度的普通工人或参加劳工组织的工人阶级，而是给予那些不可触贱民和女性等人物更多的关注，也证明了他的创作立场。作者认为，国民大会和社会主义政党，在阶级立场上虽然出现明显差异，但其共同基础就是精英主义。因此，他所刻画的是处于这些政治势力关注之外的那些下层民众。如今，他对精英主义的批判，延续到了对印度国民国家的批判。

从英国的殖民统治下争取独立后，那些政治团体以反殖民主义的民族主义为基础，建立了国民国家，并拥护以印度国民的名义命名的一切。后来，他们口口声声说是为民谋政，但所实行的大部分政策，却代表了印度的资产阶级和相关阶层的利益。其实，所谓国民国家，究其本质是在牺牲大部分民众的利益的基础上，为一小部分人的利益而打出的漂亮幌子而已。由此可见，所谓国民国家的实质是多么的冠冕堂皇，而且他们所鼓吹的民族主义又是多么的虚无缥缈。米斯瑞始终围绕这些问题，创作了这篇小说。Omprakash 为挽救新娘回到了故乡，却接受了国家以计划生育的名义强加给他的结扎手术。他的这一充满戏剧性的遭遇，正是作者对国民国家进行的最强有力的讽刺和抨击。与普拉姆迪亚·阿南达·杜尔的批判不同，罗辛顿·米斯瑞把焦点主要集中在以阶级分化为基础的国民国家自身的强权性上。

反对精英主义的历史解释，同时批判合为一体的国民与国民国家，是米斯瑞的写作立场。因此，很多人认为他可能标榜混合性和相对性，进行后现代的写作，但事实上，他却坚持着巴尔扎克以来的西欧现实主义写作。过于详细而冗长的描写，有时甚至被人指责为自然主义，但贯通整篇的现实主义技法，实在是与后现代相去甚远，着实令人刮目相看。同样是批判国民国家与民族主义的暴力性，萨曼·拉什迪（Salman Rushdie）却采取后现代技法，两位作家可谓各有千秋。米斯瑞承袭托尔斯泰、巴尔扎克等西欧现实主义作家的传统技法，把全球化资本主义的背景下印度社会所带有的各种复杂矛盾，描写得淋漓尽致。这与萨曼·拉什迪的观点存在很大差异。拉什迪认为，无法用传统的现实主义方法描写出在全球化资本主义的边缘苦苦挣扎的印度社会。所以，他选择的是魔幻现实主义或后现代主义。我们可以把拉什迪的长篇《午夜的孩子》和米斯瑞的《完美的平衡》进行比较，从中很容易确认上述不同点。

但是，对国民国家暴力性的尖锐批判和现实主义的创作态度，并不能消除某些读者对该作品的强烈不满。以无能为力的下层民众及其悲惨的下落结束作品、从来不描写有组织的工人阶级、国民国家打着提高生活质量的幌子强行计划生育却对此束手无策的一群懦弱人物、没有一点暗示集体抵抗可能性的结构设置，都可能是遭到批判的目标。更有甚者会指责描写无能为力的下层民众的结果，恰恰是助长国民国家的暴力性。其实，作者为了批判精英主义的历史诠释而描写了下层民众，并不是为了宣扬宿命论而选择人物。作品中的四个人物认为，在 Dina 家共同生活的时光，就是他们所经历的最美好的共同体经验，还有破产的 Dina 回忆这段生活，充分说明了作家的共同体意识。

Maneck 和 Om 成了非常要好的朋友；Ishvar 待两个少年如同亲生骨肉；四个人不仅吃喝在一起，而且一起打扫卫生、收拾饭桌、上街购物，甚至把个人的欢乐和忧愁共分享；四个人对 Dina 关怀备至；Dina 从他们身上感受到了从亲戚那里从来没有得到的尊重；通过几个月的共同生活，Dina 才懂得了什么是家庭的温暖……① （笔者译）

引文列举的是 Dina 估计别人永远不会理解他们的幸福，而对那些美好生活进行自我回忆的部分。还有，Maneck 从迪拜回来后，因为展现在眼前的景象并不是 8 年前的美好生活，由此产生挫败感而选择自尽。这些描述足够说明作者的共同体意识是多么强烈。与国民国家的统治集团内部充满空虚感相比，那些下层民众拥有无与伦比的内在充实感，这正好证明了作者非常向往超越国民国家的新共同体。是在体制内跨越国民国家的局限性，还是在体制外抵御国民国家的局限性，在这个疑问面前，米斯瑞进行的上述努力，可谓非常宝贵！

五　亚洲文学与女性：面纱、陪葬以及殉节

近代女性文学在西欧的情况和在非西欧（尤其亚洲）的情况也迥然不同。反殖民主义倾向与女性解放的价值追求，在亚洲女性文学中并不矛盾。在西欧，国民国家的建设与男权秩序的确立在同一条线上进行。因此，女性文学必然对其采取否定态度。国民国家对女性的压制，自然而然导致了承受近代家长制桎梏的女性对国民国家的批判态度。由此看来，欧洲的诸多殖民主义者在亚洲进行殖民统治的过程中，以女性解放为文明教化的重要内容被加以宣传，可谓顺其自然。

但是，亚洲的情况跟欧洲有很大的不同，比如说印度的陪葬制度。众所周知，印度的陪葬制度在欧洲的殖民主义和印度民族主义相互碰撞时，给印度女性带来了相当大的困惑和矛盾。印度的陪葬制度是丈夫死

---

① Mistry, Rohinton, *A Fine Balance*, New York: Vintage, 1995, p540.

亡后遗孀也随其夫君一同火化的古老传统。这一陋习在英国殖民主义者入侵印度之前，在印度社会无可非议地延续了相当长的时间。据很多知情者所见，因陪葬并不是被迫而是在自愿的情况下进行，所以在印度社会，并不存在明显的抵触情绪。但是，自英国人来到印度后，情况出现了很大的变化。英国殖民主义者认为这是一个非常野蛮的行径，并主张废除这一陋习。随之而来的是印度内部对陪葬制度的是非论争。

在英国人主张废除陪葬制度之前，曾接触过印度教风俗之外的其他文明圈的人们，也对这一非人性的陋习持有强烈的否定态度。占领印度北部地区的穆斯林目睹了陪葬过程后都吓得目瞪口呆。但是，他们并没有要求废除这个制度。因为他们尊重当地的传统，并不想侵犯当地人的习俗。或许有人说，那是因为穆斯林本身就有非常根深蒂固的家长制习俗，所以，并没有深刻地感触到陪葬所具有的非人性的一面。其实，这是缺乏根据的片面之词。曾旅行过印度地区的 14 世纪摩洛哥穆斯林学者伊本·巴图塔（Ibn Battuta），在见识过陪葬制度后，留下了如下一段宝贵的文字。

> 过几天，我到了一座叫阿姆扎里的城市。该城市的居民大多数是异教徒，但从辛德地区的萨米尔来的阿米尔，却是少有的穆斯林。附近有一帮谋反的异教徒，因他们经常杀人越货，阿米尔组织了一场对他们的讨伐。参加讨伐的不仅有穆斯林，还有不少异教徒。经过激烈的战斗，异教徒中有七名战士不幸阵亡。其中，三个人的遗孀决心要焚身陪葬。丈夫死亡后，其妻子殉节是自愿的，并不是非做不可。但是，如果一个女人殉节陪葬的话，她的家人觉得非常体面，她本人也会得到“守节死义”的名声。没有殉节的女人要穿上褴褛不堪的衣服，回到娘家遭一辈子的白眼。不过，这种殉节绝不会强加于人。在上面提到的三个阵亡战士遗孀，从决心焚身陪葬开始，连续三天吃喝玩乐，周边的妇女都来陪伴她们。第四天清晨，每个女人骑乘一匹好马，开始上路。她们身穿盛装、洒满香水，右手把玩佛面核桃，左手拿把镜子不断照看。婆罗门簇拥在身边，亲

朋结伴而行，前面还有乐队敲锣打鼓给她们开道。异教徒们纷纷拜托她们，请代给已故的父母兄弟或亲朋好友问好。“好的，好的……”她们也一一作答。我和伙伴们为了把陪葬过程一睹为快，骑马跟在了后面。跟着她们走了约三英里路，所到之处草木遮天，给人一种阴森森的感觉。森林里有四座圆形屋顶的神庙，庙里伫立着石像，神庙之间设有水槽。因为草木遮天，连一缕阳光也照射不进来。犹如地狱般恐怖的气氛中，我们只能祷告真主阿拉保佑我们平安离开这个地方。遗孀们来到神庙前，下马后泡进水槽里净身。她们把身上的衣服首饰当作礼物捐献出来。每个人用粗棉布缠住腰板，还盖住头部和肩膀。火堆早在水槽边燃烧起来了。往火堆里倒了芝麻油，火势就更加旺盛起来。约十五名的壮汉抱着细柴火守候在旁，另有十名左右的壮汉手持粗柴火等待使唤。乐队等待着遗孀们的到来。几个男人一同用硕大的布匹围住了火堆，为的是减轻她们的恐惧感。据我亲眼所见，有一个遗孀走到他们跟前，伸手拽出了布匹，笑着说：“你们居然拿火焰威胁我！我可知道那火可以烧死人！”。说罢，便把双手合掌在头顶，对火表示敬意，毅然决然地跳进了火堆。随即乐声奏起，一伙男人不断把细柴火扔进火堆里，另一伙则把手里的粗柴火压在那个女人的身上，似乎是为了不让她挣扎。周遭顿时一片哗然。目睹此景的我惊吓不已，要不是身边的朋友把住，差点从马鞍上翻滚下来。朋友们用凉水泼我的脸，我才清醒过来，惊慌失措地离开了现场。

伊本·巴图塔差点从马背上翻落，足以让人想象陪葬制度对当时的穆斯林来说，是多么强烈的精神冲击。这也从另一角度说明了当时统治印度的穆斯林，并不是未觉察到陪葬制度的非人性。他们不想横加干涉异地文化，只是想以最大限度的忍让，去尊重当地文化。事实上，英国人宣布废除陪葬制度时，印度的民族主义者也以同样的理由抨击了英国殖民政府。1829 年，时任印度总督的威廉·本廷克发表法令废除该制度时，加尔各答的民众立即表示强烈抗议，并把殖民主义者的蛮横与穆斯林相比较，说出了如下的一番言论。

> 别说是印度的第一批征服者，就连莫卧儿（Mughul）帝国，宁可把他们的信仰强加给印度人，也不愿意干涉陪葬风俗。

1892 年，英国殖民主义者颁布废除令以后，印度的家长制男人们，立即表示了强烈的不满。他们主张这是印度古老的风俗，因此，对它的否定就是对印度的污蔑。换言之，对印度女性的神圣抉择进行批判，便是与殖民主义者狼狈为奸。

乍看印度民族主义者的主张，似乎跟当时英国的主张一样，民族主义压迫女性的观点很有普遍性。因为对当时的印度妇女来说，公然拥护陪葬制度的印度男性民族主义者，都是家长制压迫的典型。

但事实并非那么简单。从反对陪葬的印度妇女的立场来看，家长制的民族主义者固然是个需要克服的障碍，但英国殖民主义者也同样是来者不善，因为英国殖民主义者就是抹杀印度文化主体性的罪魁祸首。所以，克服陪葬制度和抵御殖民主义的历史课题，一同担负在了印度妇女的肩上。选择其一，她们要么就是殖民主义的合作者，要么就是家长制压迫的拥戴者。如果在英国殖民主义者入侵之前，印度内部掀起了废除陪葬的浪潮，也就不会如此尴尬。所以，民族主义压迫妇女的观点，在印度只能是从某一个侧面反映问题，却不能说明所有的问题。

民族主义压迫妇女的观点，在日本和朝鲜的关系问题上，同样暴露了其片面性。在日本实行殖民统治之前，象征妇女压迫的寡妇改嫁禁令，早已在朝鲜废除。1894 年甲午改革和东学农民运动，促成了寡妇改嫁禁令的废除。这一举措的实施，可以归功于甲午改革初期的军国机务处，所以，也可以看做是开化派的功劳。但是，当时农民运动的要求也不容忽视。正如慎镛厦教授所指出，如果农民运动失败后，没有改革派及时登场，就有可能由封建两班阶层和闵妃集团把持朝政，将之前所有的身份改革案化为乌有，其中当然包括寡妇改嫁禁令的废除。因此可以肯定，寡妇改嫁禁令的废除，并非在日本的压力和干涉下进行，而是在朝鲜国内相关阶级的互助下自主完成。

到了19世纪末，寡妇改嫁禁令的废除能够自主地完成并付诸实施，还要归功于18世纪实学派的改革要求。朴趾源通过他的《烈女咸阳朴氏传》，非常尖锐地指出了寡妇改嫁禁令的非人道性。写就这篇小说时，作者认为不是寡妇不能改嫁，而是随其已故的丈夫同归黄泉，才是问题的深刻性所在。寡妇不改嫁已经是司空见惯的事情了，所以不可能给每个守寡妇人矗立贞节牌坊。在这样的世道里，为了被世人抬举为贞洁烈女，那些寡妇们只能追随其死亡的丈夫撒手人寰。目睹了这种怪现象的朴趾源，大声疾呼妇女守寡是何等的艰难，助长这种风气又是何等的不该。换句话说，且莫谈陪丈夫死亡，就连守寡也是非常压抑和痛苦的，所以应该尽早废除寡妇改嫁禁令。可以看出，18世纪的朴趾源所提出的这些主张，也是那个时期力求改革的其他仁人志士所共鸣的见解。

从谋求改革的历史来看，1894年的寡妇改嫁禁令的废除，是彻底的自主性改革。因此，日本虽然在1905年强迫朝鲜划归为自己的“保护国”，但未能提出所谓文明开化名义上的女性解放口号。假如日本在朝鲜正式实施殖民主义政策时，朝鲜内部没有一点改革迹象的话，那么废除寡妇改嫁禁令等改革内容，很可能将成为日本殖民化朝鲜的合理名分。因为没有哪一个名分能够取代它，成为开化朝鲜的有力借口，正如英国以陪葬制度的废除为重要筹码去宣扬印度的开化（实质为殖民化）。当然，当时日本国内女性权益的不容乐观，使得殖民主义者没能公然宣扬妇女解放，也是一个重要参照因素。

所以，朝鲜国内没有出现民族主义者为了传统和主体性，不惜把妇女当成筹码的举措。就是说，面对殖民主义的日益扩张，视女性为传统象征的看法，并没有在朝鲜出现。因此，民族主义压迫妇女的主张，在朝鲜没有市场。与此相反，朝鲜的妇女解放更具有很强的自主性，妇女们面对殖民总督府和朝鲜男性的双重欺压，为取得自身的解放而不断探索了出路。后来，随着妇女解放的自我意识得到进一步强化，她们也同时考虑了妇女问题和民族问题，并为了寻找最佳解决方案而积极奋斗。

在全世界范围内，韩国的上述情况可谓非常特殊。这可以与阿拉伯的妇女解放运动相联系进行思考。在阿拉伯，妇女头戴面纱的传统在西欧殖民主义的扩张面前，成了一个非常复杂的难题。西欧的帝国主义者统治阿拉伯伊始，就自以为是地宣布，他们是帮助阿拉伯进行文明开化。其中之一，便是把阿拉伯妇女们从面纱中解放出来。阿拉伯的民族主义者们则认为，为了抵御西欧帝国主义的入侵，妇女们必须佩戴面纱，而且这才是从西欧的颓废侵蚀中保护妇女的良方。在两个针锋相对的主张面前，阿拉伯的妇女们陷入了一个左右为难的尴尬境地。这样的情况自阿拉伯摆脱西欧的殖民统治以来，迎来了新的局面。之前，很想摘掉面纱的大多数妇女们，恐怕得到跟帝国主义妥协的骂名而蹑手蹑脚。而如今，在阿拉伯国家接二连三独立的大好形势下，没必要再像以前那样担惊受怕了。因此，她们纷纷摘掉面纱，开始了自由的新生活，整个社会氛围也对此举表现出了包容的姿态。

但是，好景不长。那些独立国家励精图治要完成的近代化，却最终导致了独裁，滋生了腐败，对此开出的药方偏偏是伊斯兰主义，面纱问题也再次浮出水面，成为全社会的一个悬案。伊斯兰主义的信奉者们认为，所谓西欧的近代化，给他们带来的只是腐败和颓废，伊斯兰主义才是真正解决问题的妙方，妇女们自然要重新戴上面纱。今天的阿拉伯妇女们，又要面对曾经困扰过她们的旧问题。特别是美国对阿拉伯国家施加的压力越来越大，这种主张就获得了更加强大的说服力。甚至，佩戴面纱与否，跟一个人反美或亲美的立场直接挂上了钩。对美国支持下的以色列占领地区来说，这种问题显得更加尖锐。这时，巴勒斯坦的女作家萨哈尔·哈利法的创作，就非常值得重视。她既批判以美国为首的欧美帝国主义，又对伊斯兰传统主义所具有的家长制压迫进行毫不客气的抨击。这也是现如今大部分阿拉伯女作家们的共同立场。

第二次世界大战结束后，众多亚洲殖民地国家纷纷争取了独立。与之相比，巴勒斯坦未能真正摆脱殖民主义的阴影，也没有实现国家的自主独立。在家长制传统仍有很大市场的巴勒斯坦，以女性的身份进行创作的萨哈尔和她的文学世界，正好揭示了亚洲现代文学的不均衡性。人们在萨哈尔的作品中感到非常有趣的一点是，作家的女权主义者身份与对民族问题的执着追求之间，存在一定的矛盾。因为，女权主义者通常对民族解放运动持有批判的态度。欧美的帝国主义为了粉饰殖民主义，曾经不遗余力地宣称，解放家长制传统下呻吟的亚洲女性是他们不可推卸的“文明化”责任。因为本国长时间维持的家长制传统绊住了双脚，日本在占领包括韩国在内的东南亚和东北亚国家时，未能公然宣称从传统社会解放妇女。与其对比的是，欧洲殖民主义宣称的女性解放的“文明化”口号，在他们治下的阿拉伯国家和其他亚洲殖民地，产生了莫大的破坏力。该地区的女权主义者，对民族解放抱有困惑甚至反感，也在情理之中。这是因为，要坚持女权主义，就是跟殖民主义妥协；要对抗殖民主义，就得放弃或保留女性解放。法国殖民主义者也曾宣称，从伊斯兰传统中解放阿尔及利亚妇女，是他们在阿尔及利亚必须完成的重要使命。为了让这些谬论不攻自破，弗朗兹·法农（Frantz Omar Fanon）曾积极评价阿尔及利亚妇女身着伊斯兰服装进行抗争的事实（虽然法农的女性观有一定的论争余地），也不得不跟这些矛盾和困惑联系起来考虑。正因为如此，在曾沦落为欧洲殖民地的亚洲国家，女权主义者对民族解放抱有相当大的否定态度。同时，对国民国家的建设，也持有强烈的批判意识。如国民主义等民族解放运动，在为了抵抗帝国主义而发动群众之时，往往会淡化国家内部的现实差距。在这种情况下，批判男性中心主义，就很容易被看做是弱化和分裂国民抗争，转而与殖民主义为虎作伥。这种思维惯性经历了殖民时代也没有止步，而在以后的国民国家建设过程中反复出现。它不仅在受过欧洲殖民统治的国家，还在日本统治下的亚洲国家，表露的非常明显。经历过殖民化的地区和国家，它们的女权主义者往往会对国民国家的建设拥有批判性视角。而巴勒斯坦的女权主义作家萨哈尔，对女权与民族解放两者兼顾的创作态度，值得人们深思。今天，对民族问题或者殖民主义压迫漠不关心，反而把妇女问题从社会层面上剥离出来的女权主义作家们，更需要进行一番新的思考。笔者曾经拜读了萨哈尔的两部英文版长篇小说《仙人掌》（*Wild Thorns*，1976）和《遗产》（*The Inheritance*，1997），从中确实能够感受得到萨哈尔的与众不同。

《仙人掌》是描写一批青年男女对以色列进行抵抗运动的小说。这部作品中最值得重视的部分是对左派的深刻批判。巴勒斯坦的左派们主张以色列和巴勒斯坦的工人，处于同样的境地，所以对以色列进行抵抗，只不过是民族主义情绪的简单发泄。他们认为，更为迫切的是组织一个对付资本家和资本主义的国际大联合。作品的主人公一开始对这些主张表示首肯，但后来发现以色列积极保护本国工人的事实后，对上述观点持有怀疑。她认为，以色列和巴勒斯坦的资本家或许没什么分别，但两国工人的处境却不尽相同。那是因为，回避殖民地现实的任何主张，都不过是无法解决实际问题的纸上谈兵。上述情况，在她的另一部作品《遗产》中也有所体现。抵抗势力的腐败和无能，导致了人们对未来的一筹莫展，以色列也变本加厉地推动着巴勒斯坦的殖民化。作品描写了在这种氛围中度日的一群巴勒斯坦妇女。萨哈尔认为，虽然法塔赫宣称奥斯陆协议是和平的起点，但协议代表们的腐败无能以及对权力地位的痴迷，使得巴勒斯坦中了以色列和美国所设的圈套。通过作品，萨哈尔深刻地揭示了未能真正克服殖民化的社会所面临的失望与郁闷。可以说，这也是作者对殖民地的民族问题，进行一番认真思考的结果。

萨哈尔所面临的现实状况，实在是不容乐观。美国支持下以色列的殖民化占领，以及与之相抗衡而得到一定支持的宗教激进主义，让她的未来世界越来越遥不可及。美国及以色列为了强化殖民主义，让巴勒斯坦的独立越来越渺茫，这也直接导致了国民自律性的发展。宗教激进主义虽然具有一定的大众性，但其根基是强大的家长制传统，所以自然而然地压迫着妇女独立意识的伸展。加上奥斯陆会谈以后，巴勒斯坦内部的合理化民主主义失去了不少力量，超越上述障碍就越发困难了。这种困境或许让萨哈尔的写作更加痛苦，但对饱经沧桑的作家来说，这又会是文学创作更上一层楼的阶梯，同时也是亚洲文学发展的未来之所在。

六　亚洲文学的反殖民主义抵抗主体

大部分的殖民地亚洲国家，走上了与西欧不同的发展道路。在西欧，自始至终由资产阶级主导了近代化。封建贵族阶级的压迫，导致了资产阶级的反抗。到了19世纪，这些反抗的成果，即资本主义体制，在整个欧洲得到了巩固。自此，资产阶级对自我解放的成果非常满足，把各种社会矛盾放置于一旁不顾，更热衷于对自身问题的辩解。对此感到强烈不满的是新兴的无产阶级。他们在社会主义新思想的指导下，要对资产阶级的近代体制进行破旧立新。这就是西欧近代化的前后过程。

但是，殖民地亚洲的情况，相对要复杂一些。亚洲国家不像西欧那样自主地进行了近代化，而是在外部力量的驱使下，被迫走上了近代化道路。因此，它具有与西欧截然不同的特点。

最明显的特点是没能形成资产阶级的统一。编入西欧近代化队伍的亚洲国家，不管自愿与否，都得接受资本主义体制。如不就范，西欧就用刀枪相威胁，甚至不惜动用武力来敲开大门。因此，将其拒之门外，也是相当困难。不过，在亚洲近代化的过程中，各国资产阶级面对自身命运的抉择时却分道扬镳，难以合为一体。一股力量认为，要尽快完成像殖民宗主国一样的近代化，才能实现民富国强的理想。在这一过程中，跟殖民主义者的妥协与合作，需要得到宽容和理解。他们不惜自己落得卖国求荣的骂名，宁可经历风险，也要实现近代化，最终把国家建设成为丰饶富庶的社会。如果其他人主张对殖民主义的反抗，并指责他们是背叛者，他们就反唇相讥对方是不了解近代的守旧派或者是国粹主义者。更有甚者，说对方是不顾民众的安危，只顾自己大义名分的观念主义者。这些人群，我们可称作国民主义者。另一股力量则主张对抗殖民主义，要靠自己的双手，去建设西欧样式的国民国家。他们认为，跟殖民主义勾搭连环，绝不能实现祖国的近代化，所以要组织有效的抵抗。他们经常非难国民主义者为卖国求荣之辈，这种态度亦可称作民族主义者。熟知西欧近代化，并且想在亚洲将它如法炮制的人们，很难分辨出国民主义与民族主义的不同。因为单凭英语的nationalism，就很难解释其内部存在的各种差异。nationalism来源于自主完成近代化的国家，所以在外部力量的驱使下编入近代的国家，很难说明其实质。在西欧国家，nationalism倒可一语道破很多问题，但在亚洲国家却不尽然。它只能理解为将国民主义和民族主义融为一体的复合概念。

在亚洲国家，资产阶级分为国民主义和民族主义的后果是，他们所应该完成的历史课题很难得到充分的解决。在殖民地现实下，拧成一股绳也未必能够充分完成历史使命，何况是分道扬镳、各自为政。这就决定了殖民地亚洲国家的近代化与西欧的近代化，带有明显的差异性。同时，在资本主义经济体制的共同运转之下，随着资产阶级的成长，无产阶级登上历史舞台也是大势所趋。无产阶级自认清自身的处境开始，逐渐接受了社会主义思想。对他们来说，社会主义是解决自身矛盾的最佳选择。在殖民地社会，无产阶级高举社会主义旗帜的结果是，资产阶级的 nationalism 与无产资阶国际主义之间，形成针锋相对的斗争格局。在大部分殖民地亚洲国家，共同出现上述情况，并不是偶然现象。

但是，在亚洲殖民地国家，无产阶级的力量却相当地单薄。编入近代资本主义以后，本国的资本主义方兴未艾，无产阶级的力量也未能得到充足的发展。虽然各国稍有不同，但亚洲国家的无产阶级一开始盲目相信了自己的力量。随着时间的流逝，在经历了几番刻骨铭心的教训后，逐渐懂得并认可了自身的弱点。

殖民地亚洲的资产阶级 nationalism 与无产阶级国际主义之间，随着时间的流逝，逐步以联盟代替了敌视。与国民主义者不与无产阶级形成同盟相比，民族主义者为了拉拢民众，无论如何都得跟无产阶级达成联合，并积极参与其中。资产阶级中倾向于民族主义的一部分人和无产阶级中认识到自我力量微弱的人们，形成联盟也是客观事实。在旁人看来，有时这根链条过于松垮而似乎是各谋其政，但有时牢固得像一道铜墙铁壁。在这样的拉锯式关系中，亚洲殖民地国家的反殖民主义抵抗运动也蔚然成风。

在这一过程中，知识分子不论其出身，都起到了非常坚实的纽带作用。有时是资产阶级出身的知识分子，有时是无产阶级出身的知识分子，轮番担负了重要的责任。当然，比较成长速度来看，资产阶级知识分子往往站在了联盟的中心位置。这是亚洲国家所共有的现象。

印尼作家普拉姆迪亚的亲身经历，告诉我们亚洲近代抵抗主体的典型一面。他被荷兰等欧洲帝国主义国家指定为民族主义者；又因为对印尼民众的依赖，时而被划分为马克思主义者。这种多面形象，才是亚洲近代抵抗主体的真面目。普拉姆迪亚的“布鲁岛四部曲”，显得尤为重要，是因为它正好反映了作者心中的苦闷和倾向性。

印尼的反殖民主义，先行一步于民族主义。16 世纪，荷兰入侵以后，印尼国内虽然有过一些反殖民主义的抵抗运动，但称其为民族主义，难免有些牵强。正式以民族主义的方式反对殖民主义，始于 20 世纪以后。在印尼，基于国民国家形成民族主义，是在 20 世纪初；民族主义真正起到抵抗运动的火车头作用，也是在 1920 年代中期以后。这时候代替爪哇语等各地方言，马来语被指定为印尼语，同时对外宣称了主体性的印尼人以及印度尼西亚国民国家已经诞生。太平洋战争爆发以后，被日本占领的印尼国内，民族主义进一步得到了巩固和发展。印尼民族主义者恰当地利用了日本占领政府宣称的“为了亚洲人的亚洲”口号。有时跟日本帝国主义保持亲密无间的关系，有时却保持适当的距离，印尼人展开了“同床异梦”的战略战术。特别是积极利用日本人鼓动的使用印尼语政策，强化和巩固了民族意识。

日本败走以后，印尼跟卷土重来的荷兰再次进行百折不挠的斗争，终于取得了正式独立，但所面临的情况，跟以前却大不相同。他们要自主地组建政府并运行国家政权。虽然大国列强在暗中仍然作祟，但跟殖民地时代不一样，他们必须得独自去谋取发展。尤其是采纳形形色色的主体意见去运营民主国家是前所未有的工作。反殖民斗士苏加诺亲手缔造了以民众为主体的印尼社会，同时适当地牵制了美国等列强不时提出的各项要求。他能够把国家资源集中利用于民生事业，并最大限度地减少了腐败。但是，1965 年苏哈托发动的军事政变导致 200 多万民众被国家暴力迫害而死的事件爆发后，国家主义也乘机悄然抬头。国家政权与国计民生背道而驰，把资源大肆卖给外国，以此取得暴利的腐败官员大行其道，民众的生活却陷入了水深火热之中。

对国家主义所施行的暴政深有体会，并对它进行彻底批判的人，就是印尼作家普拉姆迪亚・阿南达・杜尔。1965 年，苏哈托篡权后，他被扣上“赤色分子”的帽子锒铛入狱，从 1969 年到 1979 年，他在布鲁岛监狱服刑。在狱中，普拉姆迪亚深刻思考的问题是，在独立后的印尼，为何轻易地出现了国家暴力。虽然如此，他并不盲目地批判国民国家本身。诚如印尼的历史告诉他的，在国民国家被视为普遍国家形态的近代以后的世界里，在西方殖民主义者的傲慢与偏见之下，建立一个国民国家是何等艰难。他也明白，这一过程又是印尼人自立自强、走向成熟的过程，所以，他并不同意把国民国家和近代暴力等而视之的简单逻辑。问题的关键在于，为什么在国民国家，民众不能当家做主，而是少数掌权者我行我素，随其腐败蔓延、暴力横行，甚至民主主义遭到任意践踏？正因为如此，普拉姆迪亚对苏加诺当政时期，给予了高度评价。哪怕是苏加诺因印尼华人问题而自陷囹圄，在监狱里度过了两年的时间。同时，他对苏哈托篡权以后200万民众死于非命以及其后腐败黑暗的政府凌驾于民众头上的时期，进行了尖锐的批判。集中反映这种批判性视角的作品，便是著名的“布鲁岛四部曲”。

自1965年10月入狱以后，普拉姆迪亚在牢房内给狱友讲故事，并以此为蓝本，编织了小说的提纲。到了1973年，监狱当局允许了狱内创作，他就凭借记忆，通过两年的奋笔疾书，于1975年完成了“布鲁岛四部曲”。作品以苏哈托政变为背景，从历史发展的视角，探寻了暴力产生的渊源。据普拉姆迪亚分析，长时间的殖民统治，让人们学会了逆来顺受、苟且偷生，对包括国家政权在内的任何强权，不进行任何抵抗。最终，以自我肯定和自建自律为基础的民主主义却得不到应有的地位。在印尼国内民族主义产生并发展的时期，即从1900年代到1920年代为时代背景的该作品，记录的就是抵抗与顺从不断更迭的那一段历史。作品强调，在卑躬屈膝占据着生存法则的第一条时，克服其弊端的唯一方法便是对任何一个客观对象采取自强不息的态度。在创作中，普拉姆迪亚称之为Javaism[①]的人生态度，即以顺从强者的立场为切入点，亦是个好方法。但在这部作品中，作者以与之相反的、通过抵抗来取得尊严的意识为着

① 以Andre Vitchek和Rossie Indira探访普拉姆迪亚的记录为蓝本，Nageshi Rao编撰了一本书叫做*Exiles*(Chicago：Haymarket，2006)。在这本书里普拉姆迪亚对Javaism进行了这样的解释。“Javaism对强者绝对服从，它终究跟法西斯发生关系。”

眼点，进行了艺术探讨①。依作者之见，抵抗的削弱和服从的强化，在国家取得独立以后，很可能成为国家主义肆意横行的土壤。

作品中的两个人物，即两个印尼“土著”青年明凯和温托索罗，是不断克服荷兰殖民主义者散布的殖民化思想障碍，最终找到自我尊严的典型。但两个人的抵抗路径不尽相同。

祖祖辈辈居住在爪哇的明凯，是没有一点混血成分的印尼人。当他进入“纯欧洲血统”或“混血儿”居多的学校学习欧洲近代学问、体会自由平等思想之时，他目睹了欧洲殖民主义者对印尼人的蔑视和欺压。他学会自强自尊的地方，恰恰是欧洲人教欧洲学问的学府。如果他不去入学的话，很有可能像他的父亲那样，成为一名在欧洲殖民主义者面前唯唯诺诺的地方绅士。在以优异的成绩毕业于这所学校的明凯面前，敞开着一扇通往荣华富贵的大门，他却偏偏选择了抵抗之路（殖民主义学校的优等生，后来变成殖民化的精英帮手，是比较普遍的现象）。就是说，他把欧洲的近代思想转化为自我意识的能量，回过头去批判了欧洲的殖民主义。

“土著”姑娘温托索罗的父母，把女儿许配给荷兰商人、有妇之夫梅列拿，当了梅氏在印尼的二房。像货品一样被出卖的温托索罗，学会的只能是认命和顺从。出嫁之前没上过一天的学校，嫁人后也只能深居简出的她，在丈夫的身边偷学生意经之后，逐渐成为一个能够支撑门面的女商人。这也是为了证明自己也是一个有尊严、有人格的独立个体而拼命学习得来的结果。丈夫也对她的经商能力刮目相看，在这方面对她给予了同等的认可。如果明凯在学校学会了自尊自爱的抵抗方式的话，温托索罗则是通过经济运作，取得了所该拥有的尊严。

作者认为，如果在印尼社会，像明凯和温托索罗的人占据绝大多数，印尼社会早就会争取独立，也不会出现后来国家主义横行的动荡时期。令人叹息的是，在印尼近代历史中，像明凯或温托索罗那样的人少之甚

① 作者写作“布鲁岛四部曲”的最后一部《玻璃屋》时，一改前面三部作品把抵抗分子明凯设为叙述主人公的习惯，把抓捕明凯的印尼警察，设定为叙述主人公。如此强调顺从，也是源于作者对 Javaism 的历史性考察。

少，因此，未能阻挡印尼独立后走向国家主义的大势。或许有人认为，普拉姆迪亚对印尼国家主义的认识和批判过分简单化；而且，他对16世纪以后欧洲殖民主义者和当地协助者的批判，是过于超时空的判断。但我们必须指出的是，普拉姆迪亚更为注重的并不是殖民地本身，而是独立以后的印尼社会；同时，他力图剖析的对象并不只是殖民主义者，而是更为广大的印尼国内“土著”顺从者。

七　个人与社会的辩证法以及亚洲近代文学的生命力

现如今，除日本之外的亚洲现代文学，其殖民地经验的多重性，给我们展现出异彩纷呈的面貌。虽然存在一定的差异，但通过社会与个人的辩证法喷发而出的、对共同体的强烈期望，则是它们所共有的要素。众所周知，如今的欧洲文学早已将个人与社会的辩证法丧失殆尽。究其原因，资本主义的无限膨胀，使得作家们丢失了把个人放在社会中去观察、将社会问题与个人命运相结合的世界观和方法论。为我们所熟悉的、在个人与社会的相互联系中进行创作的近代初期欧洲文学的叙述方式，在全球化的资本主义膨胀面前，居然消失得无影无踪。但是在亚洲文学中，我们有幸找到了这种富有活力的叙述方式。仍在殖民地的祖国进行写作的萨哈尔·哈利法，以及把揭露印度民族主义的国家暴力为己任的罗辛顿·米斯瑞，他们的出发点虽然有些不同，但把个人与社会的辩证法作为着眼点的共同叙述方式，值得我们重新去思考和探讨。与其重蹈覆辙学习欧洲和日本，不如另辟蹊径，这才是亚洲现代文学保持生命力的保障。曾谈论近代文学的寿终正寝而饱受关注的日本评论家柄谷善男，或许更应该关心日本以外亚洲地区文学所放射出的无限生命力。

东亚文学语境下韩国文学发展的新倾向及其研究视角

尹汝卓

一

作为韩国学的海外韩国文学研究，在美国、欧洲、日本、中国（台湾）等地纷纷兴起。近年来，在这些地区中，作为外语教育的韩国文学教育，尤其是运用韩国文学作品进行研究越来越受到关注。在美国和欧洲，韩国文学研究的方向由“源于帝国主义观点的霸权主义学问观”转向了体现着西方对东方关注（佛教、艺术、文化等）的“东方学（orientalism)”。而在日本和中国，则从对韩国影响面的扩增和现状的研究，逐步转向探索共同语言文化圈——东亚共同体身份认同的方向。

随着韩国经济的发展和国际影响力的逐步提升，属于韩国学范畴的韩国文学教育和研究发生了巨大的变化。随着韩国语教育的升温，世界各国对韩国文学教育的研究目的和研究方法也不断地深入并拓宽。但大体的方向是以强调实用性为目的的韩国语教育为主，同时以韩国语教育为目的的韩国文学教育和研究有了长足的发展。然而从原论（本体论）的角度来看，作为韩国学的韩国文学教育和研究却相对萎缩，处于停滞状态。海外的韩国文学研究应当在这两者之间保持平衡，但事实并非如此。

韩国文学研究和教育呈现这种状况，与海外大学的韩国语相关学科仅开设入门（introduction)、阅读（reading)、文学史（history)、翻译（translation）等课程不无关系。在欧洲或美洲，学校虽开设了韩国文学相关课程，但因缺少任课教授而无法开课的情况十分常见。海外刊行的专业学术期刊鲜有介绍或分析韩国文学者，由此亦可推知韩国文学在海外的教育和研究状况。[①]

本文旨在对韩国文学的新倾向和国内外研究现状进行探讨，尤其对近年来韩国文学界呈现出的韩国文学新思路以及作为韩国学的韩国文学的研究视角进行梳理，并展望韩国文学研究的新趋势。与此同时，还将对韩国文学所呈现的新特性，即韩国文学在东亚身份认同语境下的普遍性和特殊性进行探析，并在此基础之上，力求探索韩国文学的发展。

二

提及韩国文学新倾向和典型的韩国文学现象，有韩国在外侨胞文学、多媒体（multimedia）时代的韩国文学、多元文化（multicultural）[②] 社会的韩国文学等。本节力图从普遍性和特殊性的角度出发，对上述文学现象的特性进行考察。

1. 韩国在外侨胞文学

韩国在外侨胞的文学作品在相对较早的时期被介绍到韩国文学界，韩国文学史上随之出现了对这一部分文学作品文学地位的探讨。例如，姜镛讫的《草堂》（*The Grass Roof*）（美国纽约 Charles Scribner´s Sons，1931）获得古根海姆奖（Guggenheim Prize）后，引起了韩国文学界的关注[③]，李弥勒的《鸭绿江在流淌》（*Der Yalu Flieβt*）（德国慕尼黑 Piper -

---

① 尹汝卓：《韩国文学作品的教授、学习》，《作为外语的韩国文学教育》，韩国文学社，2007，第 2 ~ 16 页。

② 所谓多元文化，大体是指人种（race）、宗教、文化、语言、民族（nationality）的多样性，或由性别（gender）、残疾（disabilities）、社会阶层（social class）等社会地位的不平等引起的多样性。J. A. Banks、牟京焕等译《多元文化教育入门》，美国学术出版社，2008，第 33 ~ 35 页。

③ 早期，姜镛讫曾将这部作品寄给李光洙，之后李光洙发表了一篇名为《姜镛讫与〈草堂〉》（《东亚日报》1931 年 12 月 10 日）的书评，1947 年《历史面前》（创作与批评社，1997）的作者金圣七翻译了第一卷。金旭东（音）：《姜镛讫与韩国文学》，《世界比较文学研究》10 号，世界文学比较学会，2004，第 6 ~ 10 页。

Verlag, 1946）也在早期被译介到韩国。[①] 韩国在外侨胞遍布全球各地，20 世纪末，他们的文学作品正式被介绍到韩国，相关讨论也随之活跃起来。尤其是旅居海外的文学创作者，他们的文学既是全球化时代韩国文学多种形态之一，又带有离散（diaspora）文学[②]的普遍性，可以说是韩国文学的一种特殊现象。

因此，呼吁韩国文学史研究应积极包容收纳在外韩国人文学的声音不在少数。但是这种可能性亦要从韩国在外侨胞文学的工具——语言及其文学世界两个方面进行考虑。首先，在语言表达上，应使用韩文。而文学层面上，则应聚焦韩国人以及韩国在外侨胞们的生活状态和想法。韩国在外侨胞文学，体现着韩国文学的两面性。换言之，仅从“韩国”的角度来看时，韩国在外侨胞文学可以丰富韩国文学的成果，体现韩国文学的多样性，但它又脱离了韩国文学的一般属性，可以看做一个特例。然而从韩国在外侨胞居住国的角度来讲，这是他们的文学成果，因为这是他们国家的少数人或少数民族取得的文学成就。[③]

以韩国在外侨胞文学作品为研究对象正式出版的著作如下：[④]

在日韩国人文学：

洪起三的《在日韩人文学》（Sol 出版社，2001）；崔孝先的《在日韩人文学研究》（文艺林，2002）；金焕基的《在日移民社群文学》（新美，2006）；金学烈等著的《在日韩人韩国文学的表现形式和特征研究》（国学资料院，2007）；韩承玉（한승옥）的《在日韩人韩国语文学的民族文化

---

① 1959 年，田惠麟将这部作品的一部分翻译出版（女苑社），此后又有多位译者和出版社翻译、出版这部作品。

② 原是用于指称犹太人流浪经历的希腊语单词，译为离散或分散，近代以后用于指代因殖民或经济原因移民的人在离开故国之后的经历。郑恩景（音）：《离散文学》，子音与母音出版社，2007。

③ 尹汝卓：《中国朝鲜族诗文学的意义》，《现代诗的内涵和外延》，太学社，2009，第 243 ~ 245 页。

④ 在日同胞作家（金史良、金达寿、金石范、李恢成、李良枝、玄月、柳美里、梁石日），朝鲜族作家（金学铁、李根全、金成辉、金哲、李旭、朴花、李元吉），高丽人作家（Anatoly Kim 、朴镇淳、李真、梁原植、姜太水、韩真），在美同胞作家（姜镛讫、金银国、车学庆、李昌来、苏珊・崔、Suki Kim）。

性格研究》（国学资料院，2007）；全北大学在日同胞研究所的《在日同胞文学与移民社群（1～3）》（JNC，2008）；金学东（김학동）的《在日朝鲜人文学和民族》（国学资料院，2009）；李汉昌的《在日韩人文学的入门研究》（JNC，2011）；河相一（하상일）的《对在日离散诗学的理解》（昭明出版，2011）；尹贞花的《在日韩人作家的离散文学写作》（慧眼，2012）；任彩宛（임채완）等的《在日韩国移民社群文学》（Book Korean，2012）；青岩大学在日 Korean 研究所的《在日韩国移民社群的形成》（先人，2013）；细见和之的《移民社群诗人金时中》（诗文学社，2013）。

中国朝鲜族文学：

吴养镐的《韩国文学和间岛》（文艺出版社，1988）；吴养镐的《日帝强占时期满洲朝鲜人文学研究》（文艺出版社，1996）；赵奎益的《解放前满洲地区的韩国诗人和诗文学》（国学资料院，1996）；金承灿（김승찬）等著的《中国朝鲜族文学的传统与演变》（釜山大学出版部，1997）；金虎雄的《在满朝鲜人文学研究》（国学资料院，1998）；吴相顺的《改革开放和中国朝鲜族小说文学》（月仁出版社，2001）；李光一的《解放后朝鲜族小说研究》（庆仁文化社，2003）；黄松文的《中国朝鲜族诗文学的形态变化研究》（国学资料院，2003）；金长善的《伪满洲国时期朝鲜文学与中国文学的对比研究》（亦乐，2004）；表彦福的《解放前中国游移民小说研究》（韩国文学社，2004）；李锺淳的《中国朝鲜族文学和文学教育》（新星出版社，2005）；金京勋的《中国朝鲜族诗文学研究》（韩国学术信息，2006）；金万石的《中国朝鲜族东亚文学史》（韩国学术信息，2006）；金海鹰的《沈连洙诗文学研究》（韩国学术信息，2006）；尹允镇的《在中朝鲜人文学研究》（首尔出版社，2006）；尹允镇的《韩中文学对比研究》（首尔出版社，2006）；李海英的《中国朝鲜族社会史和长篇小说》（亦乐，2006）；张德俊等的《中国朝鲜族文学的昨天和今天》（Prunsasang，2006）；吴养镐的《满洲移民文化研究》（文艺出版社，2007）；崔炳宇的《李根全小说研究》（Prunsasang，2007）；吴贞慧的《中国朝鲜族诗文学研究》（网络书籍，2008）；宋贤浩等的《中国朝鲜族文学的后殖民主义研究（1～2）》（国学资料院，2008，2009）；林香兰的《朝鲜族文学中的生活现场和意识

变化》（韩国学术信息，2008）；金长善的《满洲文学研究》（亦乐，2009）；中国海洋大学海外韩国学重点研究基地项目团的《近代东亚人的离散和定居》等3部（竞进，2010）；崔炳宇的《朝鲜族小说的框架和趋势》（国学资料院，2012）；崔鹤松的《在中朝鲜人文学研究》（昭明出版，2012）；金荣弼的《朝鲜族移民社群的满洲阿里郎》（昭明出版，2013）；吴相顺的《朝鲜族身份认同与文学形象》（太学社，2013）。

高丽人文学：

李明宰的《苏联地区的韩文文学》（国学资料院，2002）；金弼荣的《苏维埃中亚高丽人文学史（1937～1991）》（江南大学出版部，2004）；李明宰等的《压抑、忘却与移民社群》（韩国文化社，2004）；张士选（장사선）的《高丽人离散文学研究》（月仁出版社，2005）；《阿姆河的阿里郎：中亚高丽人诗文学的后殖民主义研究》（文学们，2010）；金从会的《中亚高立人的移民社群文学》（国学资料院，2010）；禹正权（우정권）的《空间 Story telling：高丽人文学》（青铜镜，2011）；赵奎益等的《哈萨克斯坦高丽诗人姜台寿的一生与文学》（网络书籍，2012）；赵奎益等的《韩真的一生与文学：哈萨克斯坦高丽剧作家》（文字享受，2013）；赵奎益的《骚人艺术团和专业艺术团的韩文文学》（太学社，2013）。

在美韩国人文学：

赵奎益的《解放前在美韩人人民文学（1～6）》（月仁出版社，1999）；刘先慕（유선모）的《美国少数民族文学的理解（韩国篇）》（新亚社，2001）；李东河（이동하）、郑孝求（정효구）的《在美韩人文学研究》（月仁出版社，2003）；李承夏（이승하）的《寻找韩国诗文学的空地》（Prunsasang，2006）；洪景杓（홍경표）的《韩国文学的世界化课题》（新文社，2006）；宋明熙（송명희）的《美洲地区韩国人文学的昨天和今天：以加拿大、美国、阿根廷为中心》（韩国文学社，2010）；崔美静（최미정）的《在美韩人移民社群诗学研究》（网络书籍，2010）；金焕基编的《巴西韩国文学选集》（报告社，2013）。

韩国在外侨胞文学：

金从会编的《韩民族文化圈的文学（1～2）》（国学资料院，2003，

2006)；海外侨胞文学编纂事业促进委员会的《海外侨胞文学（全24册)》(海土，2005，2006)；金从会的《移民社群之外》(民音社，2007)；吴贞花等的《透过移民者文化看韩国文学》(梨花女子大学出版部，2007)；金亨奎（김형규）的《民族的记忆和在外韩人小说》(博文社，2009)；崔强民的《后殖民和移民社群文学》(JNC，2009)；张允寿（장윤수）的《游牧生活与韩国移民社群》(Book Korean，2011)；徐贞子编的《移民社群和韩国文学》(亦乐，2012)；建国大学统一人文学院研究团的《韩国移民社群研究目录》(先仁，2013)；李盛夏（이승하）的《离家者之歌：在外韩人文学研究》(国学资料院，2013)。

2. 多媒体时代的韩国文学

多媒体时代的韩国文学是现代社会的特有现象之一，我们可以对此进行探讨。尤其是在电影、电视等大众媒体和以因特网为代表的新媒体成为重要载体之后，韩国文学的生产—分配—消费形态发生了巨大的变化。当然这种现象不是仅仅局限于韩国文学，现代多媒体的发展对韩国的文化、艺术都产生了决定性影响。

现代社会的这种特点，不仅影响着成名作家的写作方式，更改变着新作家和准作家们的写作和沟通方式。例如在网上进行文学创作，并以此跻身文坛的成名作家有朴范信（《Cholatse（抽拉翠峰)》)、黄皙暎（《钵里公主》："侨胞"线上线下连载，《长庚星》)、朴敏奎（《悼念公主的帕凡舞曲》)、金勋（《公无渡河》)、申景淑（《何处传来的铃声响个不停》)、银熙景（《安慰少女》）等，这些作家们将自己的文学作品连载在网站"naver文学社区"（http：//cafe. naver. com/mhdn. cafe）[①] 或自己的个人主页上，尝试与读者交流，最终将作品出版成书。出版界的这种变化，虽然可以视作图书发售者的逻辑变化或出版社的营销策略，但同时也表明韩国文

① 发表在文学社区网的连载作品有孔善玉（音)：《我最漂亮的时候》(2009)；郑道尚（音)：《骆驼》(2009)；金勋：《公无渡河》(2009)；银熙景（音)：《为了少年》(2010)；郑灿（音)：《流浪者》(2011)；许淑景（音)：《薄荷》(2011)；韩江：《希腊语时间》(2011)；金洙英：《妈妈走好》(2012)；沈润景：《装满爱》(2012)。最近在naver网站连载（2013年3月25日~7月10日共108回)，出版后成为畅销书的有赵正来的《密林万里》等。

学作为一种文化商品并未从现代多媒体社会的崭新沟通方式中获得自由。

另一方面，新人作家开始借助网络或 SNS（social networking service），通过多媒体诗、超文本诗、超文本小说、网络文学、粉丝小说（Fan fic）、电脑游戏、SNS 文学等新的文学样式和沟通方式进行创作活动。通过这些文学形式，读者的选择介入文学创作，对创作施以影响，使双向沟通成为可能，积极的用户也主动参与到新文本的创作中。[①] 换言之，以现代媒体为媒介的读者们，不再单纯地接受或批判作品，而是积极地参与到了文本的创作和生产之中。

尤其是多媒体时代的韩国文学教育，已摆脱以经典（canon）[②] 为中心的知识教育，开始积极运用大众文学、大众文化文本、学习者习作，或以生产此类文本为目的开展文学教育活动。因此，在现代社会的文学界或文学教育中，无论是作家、读者还是分配者都十分重要，其赖以传播的媒体的重要性也日益凸显。[③] 由此可见，今后韩国文学必将积极运用和反映多媒体、多元化、多样性等现代社会的重要命题。

3. 多元文化社会的韩国文学

现代韩国社会已经进入多元文化社会。从这个角度出发，我们可以重新审视多元文化语境下的韩国文学。资料显示，居住在韩国国内的外国人占韩国人口总数的2%，且每年有超过10%的韩国人同外国人通婚组建家庭。2007 年 8 月“联合国消除种族歧视委员会”（CERD）认证了韩国社会的多民族性，建议韩国放弃单一民族国家的形象。现在必须承认韩国并非单一民族国家的事实。而且，韩国政府从 2006 年开始制定多元文化政策，修正了此前以非政府机构（NGO）为中心推动多元文化政策

① 尹汝卓等：《媒体语言与国语教育》，首尔大学出版社，2008，第 159 ~ 175 页。最近，名为夏尚玉（音）的诗人使用 SNS 这种新的沟通方式，发表了“SNS 诗”，并出版了诗集《首尔市》1、2（中央书，2013）。

② J. Guillory、朴灿夫译《停战》，《文学研究评论用语》（Frank Lentricchia 等合编），韩新文化社，1994，第 303 ~ 325 页。

③ 尹汝卓：《与韩国的文化教育停战：历史和意义》，《文学教育学》27 号，韩国文学教育学会，2008，第 146 ~ 150 页。

的方向。①

多元文化主体带有丰富的多样性，包括外国人婚姻移民、外国人婚姻移民的子女、外国劳工、外国劳工子女、“脱北”居民、“脱北”青少年、中途入境的海外侨胞。因此现代韩国文学把处在多元文化社会的韩国人的生活和韩国社会的问题作为文学形象化的对象。海外侨胞在异国他乡的经历在韩国现代社会中重现，韩国文学无法回避这个问题。② 以下作品就正式研究了多元文化社会的问题。

小说：

方贤石的《吃龙虾的时间》（创作与批评，2003）；李明朗（이명랑）的《我的同父异母兄弟们》（实践文学社，2004）；金在莹的《大象》（实践文学社，2005；短篇，创作与评论，2004 年秋）；孔善玉的《流浪家族》（实践文学社，2005）；朴范信的《Namaste》（侨胞出版，2005）；孙洪奎（손홍규）的《蟒蛇猎人》（文学社区，2005 年夏）；全胜泰的《过江的人们》（《文学手册》，2005 年秋）；千云英的《再见，杂技》（文学社区，2005）；金中美（김중미）的《硕大的根》（黑牛，2006）；黄晳暎的《钵里公主》（创作与批评，2007）；李时白（이시백）的《谁杀死了马儿》（生活展现的风景，2008）；郑道尚（정도상）的《蔷薇花》（创作与批评，2008）；金勋的《公无渡河》（文学社区，2009）；徐圣兰（서성란）的《红辣椒》（华南出版社，2009）；全圣泰（전성태）的《狼》（创作与批评，2009）；具景美的《老挝老挝是我爱》（现代文学，2010）；孙洪奎（손홍규）的《伊斯兰精肉店》（文学与知性社，2010）；韩洙英（한수영）的《冥王星的屋顶》（文学社区，2010）。

诗：

河锺五的《另一边的天国》（文学社区，2004）；河锺五的《地狱般

---

① 尹汝卓：《作为多元文化教育的韩国语教育：现实和方法论》，《国语教育研究》第 22 册，首尔大学国语教育研究所，2008，第 11～17 页。

② 导演金镐善以 1905 年乘移民船前往墨西哥的朝鲜人汉尼昆（Henequen，龙舌兰）为原型的电影《汉尼昆》（1997）和金英夏的小说《黑色花》（文学社区）就是其中的代表作。

陌生》（兰登书屋［韩国］，2006）；河锺五的《没有国界的工厂》（生活之窗，2007）；河锺五的《亚裔韩国人》（生活之窗，2007）；河锺五的《Bed town》（创作与批评，2008）；河锺五的《入境者们》（Sanzini 出版社，2009）；曹仁善（조인선）的《歌》（文学与知性社，2010）；权甲夏（권갑하）的《美丽的共存》（Altoran，2011）；河锺五的《帝国》（文学社区，2011）；河锺五的《南北拟声拟态词词典》（实践文学社，2011）；河锺五的《新朝鲜学》（书之家，2012）。

青少年文学：

吴美京的《延边来的阿姨》（熊津出版，1994）；金香伊的《您认识米芽儿吗?》（青鸟少儿，2000）；曹大炫等的《屋顶上的古马拉大叔》（文公社，2003）；国家人权委员会企划、金钟美（김중미）等著的《布鲁西亚的剪刀石头布》（创作与批评，2004）；金一光（김일광）的《孤独的吉米》（玄岩社，2004）；朴彩兰的《没有国境的村庄》（西海文屋，2004）；金玉爱的《妈妈的国家》（青蛙，2005）；袁有顺（원유순）的《我妈妈是女布兰卡》（中央出版社，2005）；金宋顺（김송순）的《摩卡和梅欧》（文学社区，2006）；朴彩兰的《因为黑所以不热吗?》（蓝色自行车，2007）；洪宗义（홍종의）的《粪斗》（国民书馆，2007）；孔善玉的《不要哭，珊荅!》（Jrrandom，2008）；金丽玲的《菀得》（创作与批评，2008）；金基贞等的《红橙黄绿青蓝紫褐》（四季，2008）；安善模（안선모）的《My Name Is Min Ca Vin》（Deakyobook，2008）；任熙玉的《艺瑟的妈妈叫顾提安》（I Korea，2008）；申东一的《妈妈是大王吴权的女儿》（云杉儿童，2009）；金亨镇（김형진）的《破分校的孩子们》（吃书的孩子，2009）；吴美京的《给天使插上翅膀》（同胞孩子们，2009）；全秉浩（전병호）的《通往春天的公交车》（童谣：Proonibooks，2009）；朴惠善的《威风凛凛的朴寒星》（童谣：Proonibooks，2010）；裴峰起的《你好拉扎得》（文学与知性社，2011）；秋正京的《我的名字叫芒果》（创作与批评，2011）。

电影：

宋海成的《白兰》（2001）；朴赞郁等的《六人视线》（2003）；朱

贤淑等的《旅程》（2003）；朴庆熙等的《假如你是我 2》（2005）；朴英勋等的《舞者的纯情》（2005）；刘珍熙（유진희）的《如果你是我：动画版》（2005）；安东会等的《如果你是我：动画版 2》（2008）；李再民（이재민）的《Skein》（2008）；张秀英的《Seri & Harr》（2008）；金东贤的《你好，陌生人》（2009）；卢景泰的《稻草人之地》（2009）；申东一的《好朋友》（2009）；沈相国的《寻找罗尼》（2009）；尹尚孝的《难兄难弟》（2010）；《我的小英雄》（2012）；韩智胜的《爸爸》（2012）。

如上所示，在 21 世纪的韩国文学或电影中，以多元文化为素材的作品非常多，而这些作品也大都在商业或艺术方面取得了成功。这些与多元文化相关的韩国文学、文化作品正通过多元文化现象诉说着韩国社会及韩国人的新的矛盾和生活。特别是分别以多元文化社会中的儿童和青少年为对象而创作的儿童文学、青少年文学或电影更是以多种多样的形式将问题阐释得尤为深刻。

同时，多元文化社会是否应当认同和接纳多样性和差异性也备受争议。现在，多元文化社会中的少数人不再是我们需要照顾的他者，因为他们已经成为我们社会中的一员，是与我们共存的伙伴。在这样的语境下，多元文化和多元文化教育已不仅仅是对少数人的关怀和帮助，更重要的是通过对少数人的家人或邻居的多数人进行教育改变其意识，并将这种改变付诸实践。随着这些活动的进行，以多元文化问题为题材的文学或大众文化也会有新的突破，而不再局限于同情关爱少数人或他者的层面上。

三

这一部分，将对韩国国内外韩国文学研究现状进行梳理，为分析韩国文学研究的新视角奠定基础。具体将从三个方面进行考察：从第三者而非韩国文学内部视角进行的海外韩国文学研究，这部分研究体现着韩国文学研究的宏观倾向；韩国文学与别国文学的比较研究；对以中、日、韩为代表的东亚文化的特殊性的探索和对这些文化之间的交流的研究。

1. **第三者视角下的韩国文学研究**

海外韩国文学研究首先具有从第三者视角进行研究的特征，这是区别于韩国国内韩国文学研究的一点。由于国内韩国文学研究往往倾向于盲目的民族主义和主观的爱国主义，因此这类文学研究的优势在于对韩国文学的客观评价而非精细分析。尤其在评价韩国文学在世界文学中的地位时，第三者客观的研究视角更具有绝对必要性，同时这种研究还有利于韩国文学的全球化。

从这个意义上来讲，积极促进世界各国研究者对韩国文学的研究是十分必要的。但事实上，除了美国的第一代韩国学研究者美军（E. W. Wagner，G. K. ledyard，J. B. Palais 等）和第二代“和平服务团”（B. Cumings，C. J. Eckert 等）外，从事韩国学研究的纯外国人研究者并不多。[①] 大多数情况下，是韩侨、韩国人或韩侨的配偶在从事韩国学和韩国文学的教育、研究或翻译工作。这虽然有利于避免因文化、语言差异造成对韩国文学作品的误解或翻译过程中的失误，但同时也会影响韩国文学评价的客观性。

当然，这种情况下，研究的方法和内容会因韩国国际地位的变化和研究者看待韩国的视角不同而千差万别。例如，20 世纪 90 年代在美国和日本，人们对韩国的政治情况持否定态度，这种态度对美日两国的韩国文学研究产生了很大影响。因此，这个时期的韩国文学研究和介绍以描述民族化运动和独裁斗争的文学作品为主。还有在中国，1992 年中韩建交以前，中国的韩国文学研究大都以朝鲜作品为主，对朝鲜古典文学和中国古典文学之间的授受关系进行比较研究。中韩建交以后，研究重心逐渐转移到了韩国文学和韩国国内各种各样的文学倾向和交流关系上。[②]

同时，还必须积极地探索出一个方案来克服海外韩国文学研究的先天性缺陷，即海外严重缺乏韩国文学作品或研究资料等基础性资料。因此，

---

① 尹汝卓：《韩国语教育和韩国学》，《作为外语的韩国文学教育》，第 9 ~ 12 页。

② 尹汝卓：《中国的韩国文学研究和比较文学研究》，中央民族大学海外韩国学中核大学育成事业团《中韩文化比较研究》，民族出版社，2011，第 1 ~ 18 页。

海外韩国文学研究虽具有从第三者视角进行研究的优势，同时也具有局限性和枝节性问题。但事实上，海外聚焦的资料或教材所收录的韩国文学作品一般都是韩国国内并不十分重视或认可的。因此，为了解决上述这些问题，韩国文学经典作品收录选集和文学通史亟待普及。

作为韩国学的韩国文学教育和研究的萧条与国外高校中韩国学相关学科的课程局限有关，与介绍、精读、翻译也有关系。因此，欧洲和美国的高校中未能开设韩国文学相关课程。另外，海外刊行的专业学术期刊中几乎没有介绍或分析韩国文学的文章，这也可以说明海外很难找到关于韩国文学的正规研究。

例如，美国的“亚洲研究协会”（The Association for Asian Studies, 1941），它的协会志 *The Journal of Asian Studies* 中几乎没有关于韩国文学的论文。在日本，比起学术期刊，日本的韩国文学研究者更倾向于通过著书出版发布研究成果。中国也存在类似情况，在《民族文学研究》（中国社会科学院民族文化研究所，1983）、《中国文学研究》（湖南师范大学文学院，1985）等专业学术期刊中很难找到关于韩国文学的研究。只有《中国比较文学》（上海外语大学，中国比较文学学会，1984）中有几篇相关研究论文和介绍韩国文学的资料。

相反，由美国、欧洲、中国等地的韩国学研究者组成的“国际韩文学会”（International Korean Literature Association, 1992）、“欧洲韩国学会”（Association of Korean Studies in Europe. 1976）、“国际韩国学及比较学会”（Association Internationaled' Etudes Coreenes Comparees, 1992）、“中国朝鲜－韩国文学会”（1979）、“日本朝鲜学会”（1950）、中国延边大学和中央民族大学等刊行的学术期刊（《东疆学刊》，《朝鲜－韩国学研究》）或日本的《朝鲜文学的介绍与研究》（1970）等期刊上的韩国文学研究则比较多。因此在这一地区才能孕育出像中国的韦旭昇、日本的大村益天等著名的韩国学研究者。[①]

---

① 尹汝卓：《韩国文学的世界化问题：指标和前景》，《国语教育》136号，韩国语教育学会，2011，第183～185页。

2. 韩国文学和世界文学的比较研究

对于作为世界文学一个部分的韩国文学，在早先的比较文学论方法研究中，运用对比研究探索其方向的转移。作为文学研究方法之一的比较文学研究旨在对比两个或两个以上国家的文学。这一研究方法始于19世纪的法国，到了20世纪，经P. Van Tieghem、J. M. Carre、M. F. Guyard等文学研究者，以“说者”、“听者”、“译者”的概念为中心发展起来。这些人认为应用比较文学方法论在伟大的法国文学传统基础上，对日后法国文学和周边国家国民文学的形成和发展具有很大的影响。

但是所谓比较文学的文学研究方法论自从脱离法国之后，就以多种多样的形式发展起来。与其说它是不发达国家文学受发达国家文学影响而发展起来的文化传播论层面的概念，不如说它扩展成强调不同文学之间普遍性的“世界文学”概念，或试图寻找不同文学之间共通性的“一般文学”概念。其中，前者是从歌德（J. W. Goethe）开始在德国文学中主要使用的概念，后者是随着比较文学方法的兴起，被美国吸纳，由勒内·韦勒克（Rene Wellek）、雷马克（H. H. Remark）等发展起来的概念。①

这样一来，现代比较文学不仅为研究无具体和实证性影响关系的两国以上文学的共性和差异对比研究赋予了意义，而且将研究领域扩展到文学与邻近艺术领域相互关系的研究方面，例如文学和美术、文学和音乐、文学和建筑、文学和电影等。② 探讨韩国画的留白美学与短篇抒情汉诗或朝鲜时代的平时调的含蓄性之间共性和差异的研究，就是其中的代表性例子。它不仅对不同国家的文学进行比较，还研究国家内部不同文学形式之间的影响授受关系。

由此，所谓比较文学的现代文学研究方法与最初的萌发阶段相比，发生了很大变化。但是在讨论近代以前的东亚文化或东西方近代文化的

---

① 金学东：《增补版比较文学论》，新文社，1984，第9~25页；
李惠顺：《比较文学》I，中央出版，1984，第16~63页。

② 金学东：《增补版比较文学论》，新文社，1984，第53~59页；李惠顺：《比较文学》I，中央出版，1984，第141~159页；U. Weisstein，*Einfuhrung in die Vergleichende Literaturwissenschaft*，李由英译《比较文学论》，洪城社，1986，第181~200页。

过程中，仍然以不得不受发达国家文学影响的相对主义观为中心，同时反驳这种相对主义的观点也开始崭露头角。从传统文学吸纳外来事物与外来文化交融的辩证视角，通过传统文学与纳新的外国文学相互影响树立新的文化传统。①

另外，在引入这种观点时，无论是曾属汉字语言文化圈的韩国古典文学的独创性，还是不同于西方文学的东亚文学的价值，我们均能对其做出正确的评价。即，东亚近代文学并非单纯被动接纳西方近代文学，而是通过吸纳西方文学形成新的东亚文学传统，这可以看做一个能动的过程。积极地评价由此形成的文化传统，并在此立场上，超越帝国主义的“缺乏理论”，在“差异论”的脉络中，认证其他文化的多样性及其差异性，这成为最新的研究方向。

3. 以东亚为主的文学关系史研究

现在让我们缩小讨论的范围，将焦点对准东亚文学的交流和关系史。首先近代以前的东亚文学交流是共同语言文化圈内的文学交流。这种情况下，中国的文学传播到韩国和日本，东亚三国的汉文学即为其代表。近代以来，东亚传统文学败落，西方近代文学传入，填补了东亚传统文学的空缺，同时，东亚文学应超越东亚，确立其世界文学地位的观点也发展起来。

在这样的背景下，兴起了关于东亚文学整体性的新讨论，讨论有一个特性，即过去影响和被影响的垂直关系史须转换为水平交流关系的观点。这种指向认同区别于西方的东方，其中也包括东亚的特性，即中日韩相互间的独立性，同时认同三国之间的共性和差异。于是，一个新的命题诞生了——必须重新整理以东亚为中心的文学交流史。

此前，无论是探讨近代以前的东亚文学还是探讨东西方近代文学，我们都惯于采用比较文学的方法。这种观点以认为不得不接受文化发达国家文学影响的相对主义为出发点。相反，欲重新整理不同国家的文学

---

① 宏观上，东亚近现代文学受西方文学的影响而逐渐发展起来；微观上 7.5 调日本俳句受日本唱歌和韩国文学繁荣昌盛时期唱歌的影响，例如金晓月等人的《民谣调抒情诗》。

关系史的观点以否定这种相对主义为出发点。即，从认为传统也要吸纳外来事物的辩证角度，阐释历史传承下来的传统文学要同纳新的外国文学相互影响，由此形成新的文学传统的观点。这种观点聚焦于吸纳外来事物的文学圈的应对能力和文学的独立性。

引入这种观点时，无论是韩国文学还是中国文学，其独创性都在东亚近现代文学的价值发现层面，得到了公正的评价。即，东亚近现代文学不是单纯地接受西方近代文学，而是通过批判吸收树立新的东亚文学传统，其形成过程不是一个被动的过程而是一个能动的过程。同时这种研究观超越了帝国主义的文化研究观——“缺乏理论”，可以说它在“差异理论”的语境下体现了认同不同文学多样性及其价值的研究倾向。①

东亚各文学圈关系的研究，要以东亚累积的丰富文学资料为中心持续进行。这是具有现实意义和未来指向性的，在重视诗文的文化传统仍然发挥作用的海外研究者们的观点中，可以确定这一点。中国、日本和韩国比周边其他国家保有更丰富的文学资源，由此可以预测未来的文学研究仍将以东亚为中心。另外这些东亚国家之间的文化、经济交流非常活跃，这也可以说明东亚各文化圈关系史研究的前景广阔。

四

从现在开始，我们不仅要探讨韩国文学的新倾向，同时还要为截至目前韩国文学史探讨过程中重点提到的争议赋予意义。其中关于韩国文学的新倾向，前面的章节考察了多样性和认同少数者的多元主义文学，以新媒体为沟通（生产和消费）方式的多媒体文学，取悦和迎合读者的商业化大众文化，形象描绘跨国移民、边际人生活的在外同胞文学等，可以说这是一个面向未来的研究领域。

另外，关于韩国文学史上重点提及的争议的探讨，可以总结为抛弃

---

① 尹汝卓：《批判的文化研究和现代诗研究方法》，《韩国诗学研究》18 号，韩国诗学会，2007。

和克服宏大叙事民族文学论，探索新的可能性。换言之，必须超越民族文学、地域文学的界限，朝着世界文学的方向发展，并在这样的语境下与东亚共同体命题关联起来，为韩国文学重新定位。同时，这种论旨还探索韩国文学作为世界文学的可能性及其意义，这一部分亦是笔者欲重点考察的部分。总之，以前关于韩国文学特性的探讨都是围绕分裂文学或世界文学等由来已久的命题进行的。其中，前者以反映近代以来东亚分裂国家特殊性的韩国文学为论据，后者面临世界化、全球化时代，以作为普遍文学的韩国文学为论据。

前者的问题在解放以后带有理念论战性质的民族文学的概念理念的争论性格的民族文化的概念和多样的脉络中成为论点。历经日帝强占、解放、朝鲜战争、开发独裁实现的现代化、反独裁斗争之后，民族文学成了韩国文学史的重要论题。具体说来，日帝强占时期有“国民文学派”或“新民族主义”的文学论，解放以后有“朝鲜文学家同盟”的进步民主文学论，朝鲜战争以后有排挤左翼意识形态的纯文学论。20 世纪 70 年代以后，民族文学成为民众文学的同义词，民众文学的理想状态是“在民族主体的生存和大多数成员的福利面临危机时可以正确应对”。但是，20 世纪 90 年代“现实社会主义”之后，对民族文学论的批判之声渐起，接着对民族文学的正式批判和反驳正式开始，再接着是民族文学更新论，后来人们开始毫不反感地使用韩国文学这一概念。自此，韩国文学成了 21 新世纪新时代的文学论题和谈论焦点。[①]

后者的问题是从特殊性和一般性的层面重新解释全球化时代韩国文学作为世界文学的特性。其中，认为韩国文学是特殊文学的观点强调韩国文学区别于西方文学或世界文学的亚洲、东亚、韩国文学特性。这种观点与早期为应对西方中心论提出的第三世界论、东方学一脉相承。同时，如果只强调韩国文学的特殊性，走极端，这种观点也是国粹主义的民族文学论、国民文学论或陷入自我中心主义的地域文学论。

---

① 黄宗然：《想象民族的文学》，《文化社区》创刊号，1994；金兴奎（音）：《韩国近代文学研究和殖民主义：对金哲、黄宗然言论的批判性探讨》，《创作与批评》147 号，2010，第 300 ~ 325 页。

另外，将韩国文学视为普遍文学的观点，又无法打破近代帝国主义重视普遍价值，认为反映普遍人性的文学必须是世界名作或古典的逻辑局限。认为不同文学之间缺乏差异或将世界普遍文学设为韩国文学发展终点的见解都属于这种情况。在这种情况下，韩国文学必须走出韩国或者东亚成为世界文学，为此韩国文学的翻译或者介绍成就要发挥桥梁作用。而且在此基础上，关于韩国文学的正规研究也将成为可能。[①]

有一句流行的口号叫“民族的就是世界的”，与此口号相呼应，欲在世界文学的语境下审视韩国文学的论证很多。例如，“世界文学论”（白乐晴）、“东亚论”（林亨泽、崔元植）等主要聚焦于韩国文学须呈现的特殊性；“具体的普遍性”（郑正镐［音］）、“跨国通行”（黄宗然）等聚焦于韩国文学须具有的普遍性。除这两种观点外，还有一种中庸的观点，但大多数情况下是这两种观点的尖锐对立。

然而，上述两种阐明韩国文学同世界文学关系的观点本身也存在问题。从反思的角度来看，我们应当采取认同文化间差异性的文化相对主义观点，进而在相互文化理解的语境下定位韩国文学与世界文学的关系，即，不是将作为他者的外国文学或作为普遍文学的世界文学视为模范，而是认同和尊重韩国文学与世界文学之间存在的差异，我们必须在这种“差异理论”的思路下理解二者的关系。

五

新时代的韩国文学，面临着必须同在外同胞文学、多媒体文学、多元文化文学、地域文学等共存的现实。如今，对韩国文学界有着绝对影响力的其他文学圈不复存在，曾支配韩国文学界的宏大叙事，曾作为高级文学、纯文学赋予韩国文学传统性的纯血主义也早已失去力量。因此，现在必须在新的基础上建立韩国文学的新坐标，并以此为前提定位韩国与周边其他国家文学之间的关系。

---

① 尹汝卓：《韩国文学的世界化问题：指标和展望》，《国语教育》136号。

如上所述，在讨论韩国文学的普遍性和特殊性时，必须考虑韩国文学同周边文学圈的关系，也就是说在东亚身份认同的语境下进行考察十分重要。这一观点无论是对曾十分重视诗文的东亚的文学传统，还是对克服西方中心主义的对策来说，都是十分必要的。另外，韩国文学尚未为读者所厌弃，仍是世界文学界最为朝气蓬勃的文学之一。而且从这个层面上来讲，韩国文学探讨的基本框架对韩国学未来的发展也将发挥积极作用。

实际上，韩国文坛仍不断有畅销书作家涌现，拥有忠实读者的作家也大有人在。虽然韩国是世界上尖端媒体普及最快的国家，在韩国文学界，以印刷媒体为代表的出版文学仍具有不可小觑的影响力。同时，随着韩国文学与新媒体产业的相互影响，韩国文学的存在领域也大大拓宽。例如，尝试将文学作品改编成电影、戏剧、漫画等，反之也可以将大众文学的成功转化为文学作品的成功。这充分诠释了多媒体社会“一种资源多方利用”（one source multi - use）的特性。

如此，韩国文学虽处于当代社会瞬息万变的环境中，但仍然进行着各种各样的探索，并不断成长、发展。因此，对韩国文学的研究将依然反映韩国文学的现实，将来也将保持现在进行时或将来进行时。虽然其范围和地位势必发生改变……

（卢雪花　译）

20 世纪上半叶哈尔滨俄罗斯侨民文学与报刊

刘艳萍

中国俄罗斯侨民文学是世纪之交学界热议并倾力研究的“离散文学”或“移民文学”的重要组成部分，也是世界俄罗斯侨民文学（以欧洲俄罗斯侨民文学为主流）的东方奇葩。随着俄罗斯友谊勋章获得者李延龄教授主编的《中国俄罗斯侨民文学丛书》[①] 和《中国俄罗斯侨民文学》[②] 的问世，中国俄罗斯侨民文学才真正地浮出历史地表，从“隐学”走向“显学”。而对此做出重大贡献的就是20世纪上半叶在哈尔滨、上海、天津等中国城市先后创办的各种文艺性刊物，它们成为今天中国俄罗斯侨民文学“认祖归宗”的历史记录和现实依据。那么，这些刊物是在何种背景下创办起来的？其生存状况如何？对今天有何启示？笔者将围绕这些问题进行阐述，不当之处，敬请指正！

一　哈尔滨俄罗斯侨民文学和报刊出现的历史背景

中国俄罗斯侨民文学和报刊是伴随着19世纪末至20世纪上半叶几次大规模的俄罗斯移民潮而出现的。1897年，中俄签订修筑中东铁路的条

① 李延龄主编《中国俄罗斯侨民文学丛书》，中文版5卷，北方文艺出版社和黑龙江教育出版社联合出版，2003。

② 李延龄主编《中国俄罗斯侨民文学》，俄文版10卷，中国青年出版社，2005。

约，为此，从俄罗斯涌来大批移民，他们中既有工程技术人员、工人，也有医生、演员、教师和神职人员，还有记者、艺术家和作家。例如，时任哈尔滨商业学校（1906 年创立，是哈尔滨最早建立的学校，为哈尔滨的教育事业做出了贡献）教师的著名教育家 H. 博尔佐夫等。他们虽然以不同的身份来到中国东北，但是一个共同的特点就是受教育程度普遍很高。在繁重的工作之余，在异国他乡的孤寂中，他们迫切需要精神上的慰藉，这就为中国俄罗斯侨民报刊的出现提供了契机和最早的受众群体。根据 O. 巴基奇的著作《在哈尔滨的俄文报刊：1898 ~ 1961 年历史书刊简介》所述，1898 ~ 1917 年，在哈尔滨共出版了 32 种俄文杂志和 45 种俄文报纸。①

1917 年的十月革命和随之爆发的国内战争，使大批不满于革命"血腥"的人士离开俄国，一批反对苏维埃政权的白俄军官和士兵在战争失败后逃离俄国，还有一批"持不同政见者"因为支持反革命活动而受到苏维埃政权的批判，并被驱逐出布尔什维克，被迫移民。譬如，1922 年，托洛茨基曾下令把包括许多作家在内的 1000 余名学者用船遣送出国，这就是有名的"哲学家之船"。② 这些人中，一部分人去了欧洲，另一部分人则来到了中国东北。据史料记载：这次移民潮，流亡国外的俄罗斯移民大约在 150 万 ~ 200 万人③，而"在前哥萨克军官谢苗诺夫的领导下，接近 20 万人越过中俄边界流落到哈尔滨"④。这就使哈尔滨的俄罗斯移民陡增到 25 万人以上，创下历史新高。与上次移民潮显著不同的是，这次移民以知识分子居多，被称为"白俄侨民"，其中有社会活动家 B. Ф. 伊万诺夫（曾担任过阿穆尔政府行政长官）、E. 特鲁普斯基（曾担任过西伯利亚高尔察克政府长官）；在大学里从事教学的高尔察克集团的重要

---

① 〔日〕泽田和彦：《哈尔滨俄罗斯侨民杂志概述》，刘丽霞译，《俄罗斯文艺》2012 年第 1 期，第 67 页。

② 张坤：《论中国俄侨女诗人的群体崛起》，《俄罗斯文艺》2012 年第 1 期，第 42 页。

③ 张岩、李延龄：《论俄侨女诗人莉·哈茵德洛娃诗歌创作》，《俄罗斯文艺》2012 年第 1 期，第 46 页。

④ Сюй С. Литературная жизнь русской эмигранции в Китае（1920 ~ 1940 – ое годы），Москва：Изд. ИКАР，2003.

代表人物尼·弗·乌斯特里亚洛夫教授和格·克·金斯教授。此外，还有一大批诗人、作家和一些青年文学爱好者。譬如，组织成立“青年丘拉耶夫卡”协会的西伯利亚前哥萨克军官、诗人阿·阿恰伊尔，阿·涅斯梅洛夫，瓦西里·别列列申等。俄罗斯侨民知识分子的存在与活动，直接促成了哈尔滨俄罗斯侨民报刊的兴盛。20世纪20、30年代是俄罗斯侨民报刊的繁荣时期，仅在哈尔滨一地的俄文刊物就达到400多种，其中俄文杂志近300种，俄文报纸100多种，数量可谓惊人。

20世纪30年代，苏联实行强制性的农业合作化及肃反扩大化，迫使一批农民和知识分子流亡国外，他们很多人是偷越国境线而潜逃到中国哈尔滨，或者由哈尔滨转道到上海、天津等地的。中国俄侨作家鲍里斯·尤利斯基在作品《米隆·沙巴诺夫的结局》中对此进行过生动的描述：1930年年初，一批东正教旧教徒，携带自己的家人和家畜及生活用品，渡过黑龙江来到了中国东北。在渡江过程中，他们不得不与边防人员进行战斗。[①] 他们之所以将哈尔滨作为首选地或者中转站，是因为伴随着中东铁路的修建而兴起的哈尔滨，那时已跃升为俄罗斯侨民的第二家园（第一家园是欧洲的柏林、巴黎和布拉格等地），也是继符拉迪沃斯托克之后俄罗斯侨民生活与精神文化的中心，是被称为“东方莫斯科”的国际大都市。19个国家在此设立了领事馆，除俄罗斯移民外，这里还有来自28个国家的移民。[②] 尽管日帝在1931年以后控制了东北地区，实施限制并排挤俄罗斯侨民的政策，使得许多俄罗斯侨民被迫离开哈尔滨去往上海、澳大利亚等地，但是到1940年在以哈尔滨为主的中国东北地区居住的俄罗斯侨民还有6万人之多。[③] 无论就移民数量，还是保持俄罗斯文化特色方面，哈尔滨都远非其他城市和国家所能比。例如，20世纪30

---

① 〔日〕望月恒子：《20世纪初期日本对中国俄侨文学的认知》，杨雷译，《俄罗斯文艺》2012年第1期，第33页。

② 张岩、李延龄：《论俄侨女诗人莉·哈茵德洛娃诗歌创作》，《俄罗斯文艺》2012年第1期，第48页。

③ 〔日〕望月恒子：《20世纪初期日本对中国俄侨文学的认知》，杨雷译，《俄罗斯文艺》2012年第1期，第31页。

年代，上海有俄侨 15000 ~ 20000 人,[①] 天津也不过数千人，而同时代的日本俄侨不超过 2000 人,[②] 可见，作为俄罗斯侨民在东方的中心，哈尔滨当之无愧。

同时，哈尔滨还是中国俄罗斯侨民文学的发祥地。老辈俄侨作家数量不是很多，大部分俄侨作家是青少年时代随父母移民到哈尔滨，汲取这块土地的营养和文化而获得创作灵感，并最终成为作家的，如诗人瓦·别列列申、奥·斯阔毕浅克、尤·克鲁森斯滕－别捷列茨、叶·拉钦斯卡娅、拉·安捷尔先等。有的甚至就出生在哈尔滨，如尼·扎瓦茨卡娅等。尤其令人关注的是，哈尔滨俄侨诗人和作家中，女性占了不小的比重，影响较大的有拉·安捷尔先、莉·哈茵德洛娃、维·扬科夫斯卡娅、玛·科洛索娃、纳·列兹尼科娃和叶·拉钦斯卡娅等。她们是那个黑暗年代一道亮丽的风景线，以其才华横溢和手法细腻活跃在当时的哈尔滨俄侨文坛上。诗人或作家的创作必须借助于出版物才能为读者所阅读，于是，俄罗斯侨民出版物也蓬勃发展起来。据统计，从 1930 年到 1945 年，大量登载文学作品的哈尔滨俄侨报刊竟有 243 种之多。

二　哈尔滨俄罗斯侨民报刊的种类与内容

俄罗斯侨民出版物是俄侨生活中的一个重要组成部分，它像一面镜子映现了俄罗斯侨民的愿望和需求。以日本占领中国东北为界，可把中国俄罗斯侨民出版业的发展分成两个大的阶段：第一阶段，20 世纪 20 年代，俄罗斯侨民出版业处于鼎盛时期，各种报刊如雨后春笋纷纷出现，仅哈尔滨就发行了约 270 种定期出版物,[③] 其中，既有儿童报刊《燕子》、《红日》，也有妇女报刊《女报》、《妇女与生活》，还有《军事简讯》等军事报刊和《满洲里报》等学术报刊。而《亚洲之光》、《叶尼谢伊斯克

---

① 李延龄：《再论哈尔滨批判现实主义》，《俄罗斯文艺》2012 年第 1 期，第 5 页。

② 参见〔日〕望月恒子《20 世纪初期日本对中国俄侨文学的认知》，杨雷译，《俄罗斯文艺》2012 年第 1 期，第 31 页。

③ Государственный архив Хабаровского края（ГАХК）. Ф. 28. Оп. 1. В1. p139.

的哥萨克》、《远东哥萨克》、《哥萨克的道路》等均是俄罗斯哥萨克人创办的杂志，共计24种，大大超过欧洲和北美的俄侨同类刊物；第二阶段，20世纪30年代中国东北沦陷后，俄罗斯侨民出版业受到限制，内容被严格审查，报刊的数量也明显减少。尽管如此，20世纪20~30年代，几乎所有的俄侨政治、宗教与文艺团体都创办了自己的报纸或杂志：具有民主倾向的出版物如《前进报》、《曙光》（1920~1940年初）、《祖国之声》、《传声筒》（1921~1940年初）、《戈比》等；黑帮分子的《俄罗斯之声》；法西斯分子的报纸《我们的道路》等；此外，还有文学杂志《边界》（1927~1945年）、《亚洲通报》（1909~1945年）等。

哈尔滨俄侨报刊绝大多数为私人创办，如20世纪20年代中期哈尔滨102家报纸中有72家属于私人所有，杂志也类似，只有少数报刊是官方机构主办的。其中影响较大的报刊、创办人及编辑有：《传声筒》报和《边界》杂志，创办人是来自阿穆尔边疆区的犹太新闻记者E. C. 考夫曼；《论坛》报，A. 切秋林创办，И. H. 罗姆巴赫为主编，常务主编为M. A. 什涅尔索恩；《曙光》报，M. C. 列姆比奇创办，Г. H. 西普科夫担任编辑；《生活新闻》报，З. M. 克里奥林和C. P. 切尔尼亚夫斯基创办，И. Ф. 布伦克米列尔为主编；《哈尔滨总览》，年刊，C. T. 杰尔纳夫斯基创办。①

《边界》是哈尔滨俄侨报刊中影响最大的文艺周刊，1927年开始发行，拥有稳定的读者群，发行了18年，出版了862期。《边界》的版面不大，20~28个页面不等。从1929年夏开始，《边界》转为周刊，每周六出刊。就其内容看，可谓丰富多彩，而且配以五颜六色的插图和照片，很是新颖。它的出版商是E. C. 考夫曼，主编先后由Г. H. 西普科夫和M. C. 罗科托夫（比比诺夫）担任，他们的努力大大提升了《边界》的威望，订阅者和读者的数量显著增加，堪与巴黎俄侨文艺类刊物《带插图的俄罗斯》相媲美。《边界》于1945年8月停刊。②

《边界》杂志所登载的文章既有政治性论文，也有专门阐述俄罗斯文

① Весь Харбин на 1924г. —Харбин, 1924, pp. 129 – 130.

② Мелихов Г. В. Российская эмиграция в Китае（1917 ~ 1924гг）. —М., 1997, pp. 78 – 79.

化各种观点的文章。譬如，有关战争的危险性、欧洲法西斯主义的形成以及对日本干涉中国内政的看法。这样，杂志不仅使读者了解到当时复杂的世界政治局势，而且对此加以评论，指出日本最近有可能进行的政治军事行动。除了当地新闻和可靠的国际消息外，《边界》也介绍俄罗斯历史纪念日，作家、作曲家和艺术家的生活与活动，音乐会或戏剧演出的广告，甚至还有文艺家讲座的摘要、方志学和经济消息等，这些内容无疑丰富了哈尔滨俄侨的业余文化生活。此外，杂志还辟有“妇女之友”、“书讯”等专栏。《边界》繁荣时期（1931～1936 年）的印数近 25000 册，多数订阅者是哈尔滨及中东铁路沿线的俄侨，此外上海、北京、青岛、朝鲜、日本发行了 200～300 册，剩下的是其他俄侨所在之地，如波罗的海国家、波兰、捷克斯洛伐克和欧洲其他地方，在波斯、土耳其、南北美洲以及澳大利亚也有订阅者。[①]《边界》杂志的通讯记者遍布世界许多国家和城市。

《曙光》也是受到俄侨普遍欢迎的报纸，创刊于 1920 年。这是一家大型报纸，分早报和晚报，由富有传奇性的天才记者、出版商 M. C. 列姆巴维奇和西伯利亚人 Г. Н. 西普科夫主持。《曙光》报不仅在哈尔滨，而且在整个中国乃至俄罗斯域外都是最受欢迎的报纸之一，在俄侨文化生活中占有相当高的地位[②]，印数不断增加，至 1924 年发行量已达到 12000～15000 份。《曙光》报把一大批欧美著名的俄侨作家和记者也吸引进其团队中，从而建立起广泛的通讯网。《曙光》出版社在 1920 年还发行了幽默文学和戏剧杂志《启明星》、天津的周报《我们的曙光》和上海的《上海的曙光》。1942 年 8 月 20 日，《曙光》报被日本傀儡政权“满洲国”的半官方刊物《哈尔滨时代》所取代，被迫停刊。《曙光》发行时间长达 22 年，版面也由最初的 4 个版面扩展到 1930 年以后的 8 个版面至 16 个版面，是哈尔滨俄侨定期出版物中存在时间最长的报纸。

《传声筒》报自 1921 年开始发行后便成为《曙光》报强劲的竞争对

---

① Дальневосточный путь（Харбин），1923，p. 28.

② Мелихов Г. В. Российская эмиграция в Китае（1917～1924гг）. —М.，1997，p. 79

手。它由《家园》出版社出版，С. Я. 阿雷莫夫和 И. И. 别杰里内依（稍晚是 И. Л. 米列罗姆和编辑兼出版商 Е. С. 考夫曼）担任主编。该报在报道俄罗斯侨民文化生活事件等政治新闻的同时，还刊登戏剧与音乐剧评论、艺术活动家、俄侨作家和苏联作家的照片。[①] 与《边界》和《曙光》一样，它也辟有“妇女之友”专栏，对女性读者充满着真诚的关怀和精神上的支持。化名为“卡里奥斯托罗”、“公爵夫人”、“当代唐璜”等名家的座谈以及丰富有趣的“满洲里故事”消除了俄侨生活沉闷的气氛，给人带来轻松和愉悦。特别是对一些感觉前途渺茫而失去信心的女性俄侨以极大的鼓励，成为她们的精神支柱。

《亚洲通报》是由俄罗斯东方社会学家学会（ОРО）主办的内部杂志，于1909年7月创刊，1938年停刊，总共发行了54期。杂志的定期和印数都不固定，印数主要取决于“ОРО”的成员数和预订数。И. А. 托博罗洛夫斯基、Н. К. 诺维科夫等先后担任不同时期的责任主编。从1918年起，《亚洲通报》由 Н. А. 昆达基、И. Г. 巴拉诺娃、П. В. 什古尔蒂娜等人参加的特别委员会编辑。该杂志发表的基本上是“ОРО”成员的文章，内容多是亚太国家和俄罗斯远东的历史、文化生活等各方面的情况。[②]

此外，比较有名的刊物还有《俄罗斯生活》、《哈尔滨小姐》、《俄罗斯美人》、《儿童画》、《儿童诗》等。限于篇幅，在此不一一赘述。

三　哈尔滨俄罗斯侨民报刊所载文学的题材与主题

综观哈尔滨俄罗斯侨民报刊所刊登的文学作品，其题材可以分为两大类：一是俄罗斯题材；二是中国题材。这两大题材中，尤以前者所占比重最大，而且每类题材中又蕴含着不同的主题。

在第一类题材中，抒发对祖国的怀念之情是第一大主题。例如，阿.

① Мелихов Г. В. Российская эмиграция в Китае（1917 ~ 1924гг）. —М. , 1997, p. 79.

② Русский эмигрант（Харбин）. —1920, pp. 1 – 3.

涅斯梅洛夫的《第二个莫斯科的》、《盖尔·吉茨涅尔》，亚历山德拉·巴尔考的《回忆》和科洛索娃的诗集《先生，摆脱不了的俄罗斯!》等作品都以祖国俄罗斯为题材，表达对祖国的思念、远离祖国的苦闷和身在异国他乡的失落感。维克多里娅·扬科夫斯卡娅的诗《在国界边上》这样写道："我住在远离湖畔的草房，/俄罗斯国界从那里通过，/我苦苦地思念/我梦中的家乡……"①

由对祖国的怀念生发出坚定地保护俄罗斯传统文化的意志，即对东正教的虔诚与膜拜是另一大主题。哈尔滨俄罗斯侨民失去了故国的根基，视东正教为逝去生活的寄托和精神家园，表达出强烈的宗教情感。他们恪守教规，按时去教堂（哈尔滨在 1940 年以前大大小小的教堂多达几十座）做礼拜。十字架、圣水、唱诗班、圣诞节、受洗日和复活节不仅是他们尊崇的圣物或节日，而且也被俄侨诗人写进诗作中，譬如，E. 毕彼科娃的《基督复活》、E. 涅杰里斯卡娅的《多样的命运……》等。俄侨诗人和作家把崇奉东正教作为保持民族文化独特性的鲜明体现，因此，后来"文革"中当许多教堂被毁时，女诗人 M. 维吉在《副本》、《大哭》等诗中表达了哀痛之情。

对苏维埃政权、国内战争与革命以及肃反扩大化、强迫农业合作化等给普通人带来伤害的批判与反思，也是哈尔滨俄侨文学俄罗斯题材所表达的主题之一。例如，涅斯梅洛夫的《哈尔滨——我的摇篮》："'俄罗斯的!'因为又饿又怕，/于是不顾一切铤而走险。/没什么理由感叹和唱歌，/他们祖国已被疾病传染。"② 在诗中，诗人倾诉了自己离开祖国的原因是祖国俄罗斯染上了疾病，委婉地表达出自己对苏维埃政权的不满和怨恨。

在第二类中国题材中，俄侨诗人把中国特别是哈尔滨作为第二故乡，表达自己对她的亲近之情。瓦·别列列申称中国为"温柔的继母"，涅杰里斯卡娅则称中国哈尔滨为"我的小祖国"。诗人们对哈尔滨比较完整地

---

① 张坤：《论中国俄侨女诗人的群体崛起》，《俄罗斯文艺》2012 年第 1 期，第 44 页。

② 李延龄：《再论哈尔滨批判现实主义》，《俄罗斯文艺》2012 年第 1 期，第 5 页。

保持了俄罗斯文化传统心存感激，也视这片热土为自己的重生之地。涅斯梅洛夫的同名诗和小说《老毛子》分别刊登在1940年《边界》杂志第24期和第30期上，内容都讲述了俄罗斯人逃难到中国时，边防军如何无情地开枪打死父母，而中国人又如何收养俄罗斯孤儿的情景，生动感人。作家将作品命名为《老毛子》，实际上反映了当时的哈尔滨人对俄罗斯人的印象和观感，在他们的想象中，老毛子就是“长着棕红色胡须的俄罗斯人”。

这种称呼既有哈尔滨等中国东北民众对沙皇时代掠夺中国大片土地的俄国侵略者的历史记忆，又含有对当日与之朝夕相伴、共度苦难的俄罗斯侨民的重新认知和接纳，这是一种复杂的情感。同样，俄罗斯侨民对中国人也充满复杂的情感，一方面亲近她，另一方面又感到这毕竟是异国他乡，是客居之地，不是永久生活之地，因此，当抗日战争爆发后，哈尔滨的大批俄罗斯侨民相继离开了哈尔滨。

四　哈尔滨俄罗斯侨民报刊对中俄文学与文化的巨大贡献

哈尔滨俄罗斯侨民报刊不仅是俄罗斯侨民文学的载体和生命，也对中俄文学做出了巨大贡献，主要表现在：首先，扩大了俄罗斯传统文学与文化在中国的传播。《边界》等文艺性刊物每期都登载1～2篇俄罗斯经典作家的原创小说，1～2篇翻译故事，这就为哈尔滨俄侨和懂俄语的中国人打开了了解俄罗斯文化与文学的窗户。例如，1937年是俄国伟大诗人普希金逝世100周年纪念日，仅在当年头3个月，在《公报》、《朝霞》、《哈尔滨晚报》、《喉舌》、《我们的道路》等俄侨报刊上，就分别发表了76、60、55、40、35篇纪念普希金的文章和报道，总数达301篇。[①]可见，哈尔滨俄侨诗人和作家对祖国文学是关怀备至的，对俄国文学的始祖普希金是敬而仰之的。

---

① 〔日〕生田美智子：《哈尔滨俄罗斯人：东方俄罗斯侨民的同一性问题》，何雪梅译，《俄罗斯文艺》2012年第1期，第60页。

其次，培养了一大批哈尔滨俄侨诗人与作家。对 20 世纪 20、30 年代的俄罗斯人来说，哈尔滨仿佛世外桃源，为远离政治漩涡的他们提供了舒适安静的创作环境，A. 涅斯梅洛夫、瓦·别列列申、B. H. 伊万诺夫、尼·巴依科夫、玛·科洛索娃、拉·安捷尔先、维·扬科夫斯卡娅、米哈伊尔·谢尔巴科夫等一批年轻的诗人和作家，伴随着《边界》、《传声筒》、《朝霞》、《丘拉耶夫卡》等刊物在成长，有的甚至亲自参加报刊和文选的编辑与出版工作。其中，《边界》的贡献尤大，几乎每期都登载 7 ~ 8 篇哈尔滨俄侨诗人和作家的原创作品、翻译作品或特写，它对俄侨诗人和作家不啻是驰骋文学才华的“练兵场”。正如著名诗人和俄侨文学研究者尤里·杰拉比阿诺在诗选《流亡者的诗神》序言中强调指出的：“在中国‘有很多文化和天才之人’。”[①] 显然，哈尔滨成为堪与欧洲相媲美的中国俄侨的基本文学力量之所在。

不仅如此，一些在苏联国内不得发表的文章也在哈尔滨俄侨报刊上得以刊载，保留了与俄罗斯主流媒体不同的声音。比如，“白银时代”著名诗人 K. 巴尔蒙特在苏联时期是不被“普罗文学”承认的，作品也得不到发表的机会，可是他的最后一本书《为社会服务》即是 1937 年在哈尔滨出版发行的。尽管发行量较小，但是《边界》第 48 期登载了娜塔莉亚·列茨尼克娃为此撰写的书评，《哈尔滨时报》1937 年 12 月 7 日也发表过 B. 阿巴利亚尼诺夫的书评，这些书评在“白银时代”文学得以翻案的今天价值弥贵。

最后，丰富了 20 世纪上半叶中国东北文学。哈尔滨俄罗斯侨民文学是特定历史时代的产物，其语言基本是俄语，但是这并不意味着其读者群只能是俄罗斯侨民。哈尔滨在当时是多民族融合区，当地的哈尔滨人不可能不受到俄罗斯语言和文化的影响。拉·安捷尔先在自传中就曾谈到，中学毕业后，她教中国孩子学习俄语。也正因此，许多哈尔滨人有深厚的俄语基础，这为他们阅读《边界》等俄罗斯侨民报刊扫除了语言

---

① Колосова М. В. Отражение политический взглядов русского Китая в периодический печати // Ученые записки Дальневосточного университета. Вып. —Владивосток, 1995, p. 48.

障碍，从而通过报刊这一媒介再次了解和认识了俄罗斯民族文学与文化，也促进了中俄文学与文化的直接交流。从这个意义上说，哈尔滨俄罗斯侨民文学也是中国东北文学的重要组成部分。

综上所述，哈尔滨俄侨报刊在20世纪上半叶起到了中俄文化交流与传播的作用。正是因为有了俄侨报刊，生活在中国东北特别是哈尔滨地区的俄侨不再感到被遗忘和被抛弃，报刊给予他们克服生活道路上各种困难的勇气和力量，使他们开阔了眼界。同时，俄侨报刊也为中国人了解俄罗斯侨民的日常生活和文化习俗以及著名俄侨诗人与作家的作品创造了条件。从另一方面来看，俄侨也从不同民族文化的比照中学会理解中国传统文化，认识中国民族特殊性，从而获得了共同生活的经验。

韩国汉字词的异质化问题*

李承子

过去，韩国与日本都曾有用汉字记录本国语言的历史，以此来丰富本国的词汇，并由此形成了包括中国在内的汉字文化圈。汉字文化圈内的国家中，韩国接触汉字和汉语文言文（日韩称之为“汉文”）的历史较为久远。从词汇以汉字为基础构成这一点来说，三国的汉字词汇具有同质性，但在其漫长的发展过程中，各国的汉字词在含义及用法上发生了很多变化，还进一步体现出带有本国特色的词汇特征。

在汉字文化圈内，汉字词在与其他词汇的关系中所体现出的异质性特点也可在它与其他语言的相互影响关系中一探究竟。特别是就韩国的汉字词而言，只有通过比较分析中、日、韩三国汉字词在其形成和发展过程中的特征及意义变化的兼容特征，才能解析其形态特征、固有词化、含义变化、含义的缩减和扩展等异质性特点。

一　汉字词概念的理解

众所周知，韩国语词汇可分为固有词、汉字词、外来词三大类。其中，虽然汉字词和外来词一样，不同于固有词，都具有借词性质，但是

* 本论文是在2009年“上海市教育委员会（创新）项目资助”（上海市教育委员会出资）的援助下完成的研究项目之一（项目编号：09YS286）。

汉字词又和外来词不同，单成一个体系。这跟韩国人对汉字和汉文的传统观念有关。即，虽然直到新罗初期，汉字和汉文仍具有舶来性质，但进入高丽时期之后，这种意识不断变弱，逻辑性和抽象性的语言在韩国语中根深蒂固，开始主宰韩国人的语言和思想观念。这使固有词数量逐渐缩减，汉字词与固有词也被同等视之。①

我们有必要把汉字词与韩国的汉字词同语源研究中谈到的“汉字起源词”区分开来，也要明确地同中国国内语言学界使用的“汉源词”这一用语区分开来。

汉字词在字典中通常被解释为“以汉字为基础的词”，“可用汉字记录/进行书写的词”，“由汉字组成的词”。② 这些释义不无道理，但似乎又感觉有些模棱两可。其原因在于与汉字有关的词并不一定全是汉字词。

首先，从语源论的角度来看，虽然有的汉字词起源于汉字，但其在语音和语义上都无法与汉字“联姻”，因此就不能被看做是汉字词。在这种情况下，有时音和义可能都发生变化，有时也可能会只在发音上有所改变。

例如：“짐승—走兽”、“사랑—爱”、“사냥—狩猎”，从语源论的角度来看，这三个词分别来源于“衆生”、“思量”、“山行”，但在读音上发生了变化，在含义上也与原义不尽相同，彻底被固有化了。“店铺”指“小规模贩卖物品的店家”或“在路边临时摆摊卖东西的地方”。虽然它的语源被确认为“가게（假家）”，但由于经过了一连串的音变，它与汉字的关联性已不复存在。因此，我们无法再将这类词看做是汉字词。这类词语常被称为“固有化汉字词”或“归化语”，并被纳入到韩国语的

① 朴英燮：《韩国语汉字词汇论》，博而精出版社，1995，第116、158页。

② 汉字词的词典释义整理如下：
《标准国语大辞典》：可用汉字进行书写的单词；《韩国语大辞典》：由汉字形成的词语；《蓝皮国语辞典》：以中国汉字为基础形成的词语；《Empas 国语辞典》：可用汉字进行书写的单词；《Daum 国语辞典》：源于汉字的与固有词相对的词；《韩国民族文化大百科辞典》：由一个或两个以上的汉字结合而成，使用韩国语式发音的韩国语单词；《斗山百科辞典》：韩国语中使用的汉字词汇；《维基百科辞典》：由汉字组成的韩国语单词。

固有词体系中。[①]

所谓“归化语”，就是“在韩国人的语言生活中，经长久以来的使用，单词在音韵结构上发生变化，使得它们与原来的汉字及现在韩国的汉字音都毫无关联，以至于在韩国人的思想意识里将它们看成固有词而非汉字词”[②]。“归化语”的定义可从它与借词、外来词的关系中加以理解。李德浩（1980）提出以“是否被同化成韩国语”这一差异作为辨别外来词和借词的标准。也就是说，借词意味着被同化为韩国语的词。相反地，赵世用（1991）将非固有词看做是借词，把被同化成韩国语的词看做是归化语。赵贤勇（조현용，2009）大体上吸收了赵世用的观点，把外来词看做非借词以避免用语混乱，他在借词、外来词、归化语中，将借词放在最高的位置，其次分别是外来词和归化语。[③]

其次，有的词并非韩国汉字词的读音，而是借用了汉语的发音，我们将这些词看做外来词而非汉字词。例如，像“자장면”、“깐풍기”这样的词，虽然跟汉字有关联，但“Zhajiangmian［炸醬麵］”、“ganpengji［干烹鷄］”属于借用了汉语发音的外来词，而非汉字词。

最后，从音韵论的角度来看，这类词虽然跟汉字的汉语发音有联系，但借用历史已久，且随着在日常生活中不断被使用，逐渐被看成非汉语口语借词，这样的词不能被看做是汉字词。如：“가지、배추、고양이、대패”等。

在韩国，判定是否属于汉字词的第一标准可以说是汉字的读音。汉字的借音和音读两种读法中，依照借音来发音的词被认定为外来词，用韩国传统的汉字音来音读的词则属于汉字词。也就是说，在读音上，只有构成词语的个别音节同汉字的韩国语音读相一致时，这类词才能被认定

---

① 语源研究中有一个需要注意的概念就是“취음어（取音语）”。取音语指无关于汉字词义而只借用汉字的读音来记录物名的词语，是朝鲜书吏们常用的标记方法。尤其是到了近代，实学家们为探索韩国语固有词的语源而广泛使用这类词，只凭汉字附会这一简单的语源解释就将固有词的起源与汉字相联系起来的这种单纯的说法遭到巨大质疑。黄胤锡更深入地将固有词和汉字的音、义巧妙地联系起来，试图在汉字词中寻找固有词语源（例如：봄 < 本，여름 < 여 < 炎热，가을 < 을 < 裁收，겨울 < 겨슬 < 居室）。

② 李得春：《浅谈韩国语汉字词的划分标准》，《新国语生活》，2006，第16册第1号，第3页。

③ 赵贤勇：《汉字词系归化语的类型研究》，Linguistic Research 26（2），2009，第85~99页。

为汉字词。

因此，目前被称为韩国汉字词的词一定要同时满足以下三个条件：

第一，从标记方法来看，应能用汉字记录；

第二，从发音方法来看，其汉字音要符合韩国的音读法；

第三，从分布范围来看，须为韩国语词汇体系中存在的词。

即，在韩国语词汇体系中，除固有词以外的词都看成是借词，借词再分为汉字词和外来词，依照韩国语中汉字的传统发音方法发音的借词属于汉字词，借用汉语发音的词同源于其他语言的借词全都属于外来词。总而言之，传统的韩国汉字词一定要存在于韩国语词汇体系中，同时还要具备汉字的传统发音特点。

二　汉字词的形成与发展

汉字文化圈内的国家中，韩国接触汉字和汉文的历史最为久远。随着汉字由中国传入韩国并得到广泛使用，韩国语的词汇体系发生了前所未有的巨大变化。公元前后，汉字已深入朝鲜半岛。到了 4 ~ 5 世纪，汉字先后成为高句丽、百济、新罗三国的共通文字。

在直接传入的儒学文化以及经由中国传承而来的佛教文化的影响下，朝鲜半岛三国时期已经引入了不少汉字词。这个时期的汉字词是韩国语中不存在的全新概念的零散单词，但三国统一后形势发生了巨大变化，连韩国语中原先存在的固有词也开始用汉字词表示，从而形成了一个与固有词并存的汉字词系列，韩国语词汇的二元体系也由此形成。

据《三国史记》及《三国遗事》记载，三国时期的词汇大多为固有词。尽管人名、地名、官位名称和王号等都用汉字记录，但这只表现在词的形态上，事实上这些词都是韩国的固有词。吏读标记法中广为人知的“閼智（알지）”、“赫居世（혁거세）”、“尼師今（닛금）”等词即是如此。三国时期固有词的鲜明特征在于其纯粹性①，但到了新罗统

① 李得春：《朝鲜语词汇史》，延边大学出版社，1988，第 46 页。

一三国时期，在改革行政区域、改编军队结构、整编土地制度、发扬儒学和汉学这一系列政策下，固有词的纯粹性遭到破坏，汉字词被广泛运用于人们的语言生活当中。景德王十六年（757 年），全国 9 个州及其辖下的郡、县地名变更，759 年，文武百官官名变更，这些都为汉字词取代固有词提供了条件。从《三国史记・地理志》的记载中可以看到如下几个例子。

永同郡本吉同郡　固有词“길（吉）-”⇒汉字词“영（永）”
固城郡本古自郡　固有词“잣（自）”⇒汉字词“성（城），성곽”
泗水縣本史勿縣　固有词“믈（勿）〉물”⇒汉字词“수（水）”
鵝洲縣本巨老縣　固有词“거유〉거위（巨）”⇒汉字词“아（鵝）”
新平縣本沙平縣　固有词“새（沙）”⇒汉字词“신（新）”

景德王时期正式形成的汉字词不断深入韩国语的词汇体系，最终形成一个与固有词并行的体系。对于这种二元体系，李基文认为，汉字词主要被用在文化概念及知识性概念当中，形成了韩国语词汇的固有词和汉字词双重体系，这种双重结构经过高丽和朝鲜王朝千年历史的锤炼变得更加牢固，他还指出“中世纪和近代的韩国语词汇史就是这一双重结构深化过程的写照”①。

三　开化时期汉字词的演变

经历了高丽和朝鲜王朝，固有词和汉字词二元体系的地位愈加稳固。而进入开化时期，引入了在中国和日本出现的新文明词之后，汉字词领域发生了急剧的变化。这一时期汉字词领域产生的变化体现在两个方面：一个是量的变化，过去闻所未闻的新文明词大量流入；另一个是质的变化，形态相同的汉字词在含义上发生了改变。

① 李基文：《国语词汇史研究》，东亚出版社，1991，第 19 页。

（一）量的变化

首先我们一起来看看新文明词大量流入而引起的数量上的变化。

在吸收外国文化、标记外语词汇时，在目标词没有对应词汇的情况下，中日韩三国都选择使用音译或创造新词的翻译方法。使用音译法时，各国都尽量在符合本国语言音韵体系的前提下找出最接近于该外来词基础发音的标记词。如表1所示[①]：

表1　中日韩三国外来词翻译示例

外　语	韩国语	汉　语	日　语
Chocolate	초콜릿	巧克力	チョコレート
Guitar	기타	吉　他	ギター
Taxi	택시	的　士	タクシー
marathon	마라톤	马拉松	マラソン
whiskey	위스키	威士忌	ウイスキ

音译词通常仅在本国范围内流传，相反地，意译则有所不同。中日韩三国同属汉字文化圈，从这一点来看，源于汉字的外语词汇的翻译并非只是某一种语言的问题，而是所有东亚语言学者都应该共同思考的问题。韩国是东亚三国中最晚接触西方文化的国家，历来受到中国政治和文化的影响，开化时期又同日本交流甚多，在这一历史发展过程中受到汉语及日语词汇的巨大影响。就开化时期中国和日本给韩国汉字词带来的影响，崔范勋（1990）指出："虽然在19、20世纪的交替时期主要使用汉语系用语，但到了1910年以后，日语系用语单方面传入韩国，通过大量集体教育而得到普及。"[②]

从朴英燮（1997）整理的资料来看，在开化时期和日本殖民地时期，

① 转引自金海燕《关于中日韩英语借词的音译和翻译问题的研究》，2009（参照《东亚中韩词典》例句，2002）。

② 姜英安（音译）：《目前韩国所使用的哲学术语的形成背景》，philinst. snu. ac. kr / thought/05/02pdf31 中再次引用。

英语词汇的表达方式可分为汉字式转写、韩文式转写和两者并记等，但韩文式转写大部分是通过与西方人的直接交流而实现，汉字式转写多为从汉语或日语中直接音译借用而来。宋敏（1990）将这种开化时期新文明词中的汉字词称为非传统的汉字词，他同时指出这种非传统性汉字词被吸收进韩国语的时期至少可追溯到18世纪70年代。[①] 根据宋敏（1990）的研究，这一时期传入的汉字词汇涵盖了政治、经济、社会、教育、学术、制度、天文、地理、新文化等方面，切实反映了当时的文化制度，同时意味着可指代这些领域的名称几乎都已经确定下来。

另一方面，这一时期传入韩国的汉字词中，有一些词体现出中国式对译词和日本式对译词之间的碰撞，处于不稳定的关系当中，但最终日本式的对译词成为主流。一部分词"倒流"华夏，被中日韩共同使用起来（主要为哲学术语，如哲学、逻辑学、形而上学、伦理学、存在等），也有大部分词原汁原味地传承于日本。因此，这一时期的韩国汉字词逐渐以日本式词汇为中心而形成。举例说明如下。[②]

表2　采用日本式对译词而非中国式对译词的例子

韩国语	汉　语	日　语
화란（和蘭）	荷兰	和　蘭
독일（獨逸）	德国	獨　逸
불란서（佛蘭西）	法兰西，法国	佛蘭西
농구（籠球）	篮球	籠　球
축구（蹴球）	足球	蹴　球
기차（汽車）	火车	汽　車
자전거（自轉車）	自行车	自轉車
영화（映畫）	电影	映　畫
우편국（郵便局）	邮政局	郵便局
세관（稅關）	海关	稅　關

① 宋敏：《词汇发展演变的形态及其背景》，《国语生活》22，1990，第70~71页。

② 朴英燮：《开化时期韩国语词汇资料集（5）外来词篇》，博而精出版社，1997（转引自金海燕《关于中日韩英语借词的音译和翻译问题的研究》，2009，第13页）。

续表

韩国语	汉 语	日 语
대통령（大統領）	大总统	大統領
오전（午前）	上午	午 前
등교（登校）	上学	登 校
하교（下校）	下学	下 校
토요일（土曜日）	星期六	土曜日

最后，和“门户开放”政策一同涌入韩国的日式新文明词促使韩国语的汉字词体系发生了翻天覆地的变化。姜英安（강영안）以20世纪30年代和40年代初韩国的哲学文献为中心，对目前韩国正在使用的哲学术语的形成背景做了研究，结果表明韩国的哲学术语大多为汉字词，虽然其中一部分是经由中国流入韩国，但绝大部分都是从日本直接传入的。①

现如今，新的汉字词仍在不断地被创造出来。从韩国国立国语研究院所进行的“2002年新词”统计中可以看出，2002年的408个新造词中，汉字词及与汉字词相关的词共有204个，占总数的50%；与固有词相关的词共有90个，只占总数的22.1%。从“2003年新词”统计中可以看到，656个新造词中，汉字词及与汉字词相关的词共有374个，占总数的57%，但与固有词相关的词共有122个，占总数的18.6%。“2004年新词”统计中汉字词的数量仅次于外来词，所占比重之大是固有词远不能及的。② 现如今在韩国，仍有许多汉字词不断地被创造出来，这也为汉字词数量的增加贡献了一份力量。

（二）质的变化

当我们说到汉字词在质上的变化时，从广义上来说汉字词的固有化问题也应被纳入其中，而从狭义上来讲这通常也只被称为语义演变。

韩国语的汉字词体系中所呈现的变化不仅仅催生了新的词语形态，

① 姜英安（音）：《目前韩国所使用的哲学术语的形成背景》，philinst. snu. ac. kr / thought/05/02pdf，第26~31页。

② 李得春：《浅谈韩国语汉字词的划分标准》，《新国语生活》，2006，第16册第1号。

也造成了汉字词含义的变化，这是汉字词领域出现的质上的变化。换言之，现在我们使用的汉字词大部分可以说都在语义上发生了很多变化。

表 3 汉字词语义变化的例子

例 词	原 义	常用义
경영（經營）하다	营造	管理并运营企业或事业等
발행（發行）하다	出发	出版书或印刷品
발명（發明）하다	发明，证明	创造出原来没有的技术或事物
방송（放送）하다	（犯人）松绑	通过广播或电视将能听到声音或看到影像的用电波传出去
사회（社會）	奉上三牲的祭祀	共同生活中所有形态的人的集合
탈의（脫衣）	脱上衣	脱衣服
실내（室內）	指代别人的妻子	房间或建筑等的里面
창업（創業）하다	建立王朝	事业等的初次开始
총각（總角）	未婚男女	未婚男性

如上所述，单词原本的含义已经逐渐消失，成为历史，不被认知为现代韩国语的词义。这种词义变化在吸纳日本新文化的开化时期也大量产生，将古代书籍中使用的词汇再用于汉字词的创造，并赋予其现代含义。“의무（義務）”、“권리（權利）”、“허무（虛無）”、“연역（演繹）”、“선천（先天）”、“후천（後天）”、“이성（理性）”、“공간（空間）”、“구체（具體）”等也是从古籍中借用而来的词。[①] 这类词的现代含义同古籍中的原义相去甚远。

经研究，单词发生词义变化的原因大致可以从语言、社会、历史、心理等四个层面进行解释。韩国汉字词词义变化的突出特点在于语言的革新性，从这一方面来说，四大原因中社会和历史性原因引起的词义变化最为突出。时代的变迁促进语言的革新，即赋予古代中国通用的词汇以现代含义，由此产生的词义变化既为主流，亦是特点。[②]

---

① 姜英安：《目前在韩国使用的哲学术语的形成背景》，philinst. snu. ac. kr / thought/05/02pdf，第 37 页。

② 朴英燮：《韩国语汉字词汇论》，博而精出版社，1995，第 159 页。

但是，考虑到在与中国、日本有机流动的动态关系中形成的韩国语汉字词的整体特点，除了革新性以外，和同一汉字文化圈内其他语言的相互关系也是一个重要原因，同样不可小觑。

如果能够正确地认识韩国语汉字词体系形成过程中，中、日间有机流动的动态关系，那我们就可以更加客观地分析在汉字词的词义属性研究中所体现的词义变化、词义缩减及扩展现象。例如，“애로（隘路）”一词在韩国语中意为“窄而险的路”，除此之外，还有“做某事遇到的障碍、难关、困难”等意思。与汉语的比较中体现出的词义扩展现象，其实是因为韩国语汉字词与日语“あいろ［隘路］”一词同步的缘故。另外，“중고（中古）”一词的义项①为“远古和近古之间的历史分期”，与在汉语中的词义相同，同时它还具有汉语中没有的词义——义项②“中古，陈旧，破旧”之意，这属于同一单词在韩国语中的含义比在汉语中更为丰富的情况。义项②与现代汉语中的“二手”一词词义相对应，在韩国语中也很常用，像“중고품（二手货）”、“중고차（二手车）”等。汉语中没有的这种词义仍然可以在与日语的比较中找到对应。即日语中的“中古”和韩国语一样包含两种含义。但是，用作义项②的时候，“古”字采用训读，与义项①中的音读不同，并且是作为形容词来使用的。因此，在同汉语对比后可见，“중고（中古）”一词的含义扩展很有可能是韩国语将日语中形态相同的音读汉字词和训读汉字词合二为一进行使用而产生的现象。

相较韩国语而言，日语中对汉字词的划分更自由一些。用日本传统的汉字音音读出的汉字词是“漢語（かんご）”，训读出的汉字词是“和製漢語（わせいかんご）”，用音读和训读发音的汉字关联词都可以看做是汉字词。我们需要注意的是，尽管汉字书写相同，但音读和训读在含义上是有差异的。例如“目下”这个词，训读为“めした”时，有“下级，手下”的意思，音读为“もっか”时，则表示“现在，马上，当前”的意思。韩国语中汉字词“목하（目下）”与音读的日语含义同步，这使得含义表达有所不同。该词在汉语中的意思与韩国语是一致的。

研究韩国语汉字词，特别是比较中韩同形异义词时，如果只是单线式地把韩国语和汉语放在一起进行比较的话，很难客观地讨论韩国语汉字词的特点。只有把包括日语汉字词在内的中日韩三国的汉字词放在一起比较，才能如实有效地进行讨论。特别要注意的是，日语中被认定为汉字词的词范围相当广泛，因此与之相比较时，除了汉字书写形态以外，还需要掌握词的读音及其关联意义，只有这样才能准确地进行对比分析。同日语中的音读相比，训读时产生的含义差异更大，这一点也是需要特别注意的。

四　韩国语汉字词体系及形态意义属性

（一）韩国语汉字词体系

韩国语词汇体系中的汉字词数量庞大。调查结果显示，汉字词所占的比重大概在 45% ~70% 。根据朴英燮（1995）的统计，《韩国语大辞典》所载录的 153470 个词中，汉字词有 81362 个，汉字词和非汉字词的比重分别为 53% 和 47% 。

我们通常将数量如此庞大的汉字词分成三类到五类。最常见的分类法是以“何时”和“何地”为两个基准点，将汉字词分为“源自中国古籍的词”、“经中国传来的佛教经典中的词”、“源于中国的口语即白话文的词”、“日本创造的词”、“韩国独创词”五大类①，但朴英燮（1995）以这五大类为前提，统观韩国语词汇，指出中国白话文系汉字词除了被借用为法律术语以外，其影响是微不足道的。他主张将汉字词综合为“中国书面语系汉字词”、“佛教语系汉字词”、“日语系汉字词”、“韩国固有汉字词”这四大类。

从韩国语词汇体系中汉字词各体系的内容来看，在中国古籍里有据可循的传入的词语以日常用语为主，而从经典中传入的词语则以概念性用语为主。日语系汉字词以专业术语和学术用语为主，韩国汉字词中虽

---

① 沈在箕：《韩国语词汇论》，集文堂，2000，第 48 ~49 页。

然也有日常生活用语，但由于受儒教文化影响，包括红白喜事关联词在内的服饰、食品等相关文化词是其一大特点。①

从汉字文化圈内文化输入国的角度来看，韩国汉字词可以说在历史变迁过程中受到同一文化圈内其他国家的影响而形成。因此，韩国汉字词的体系也可分为“中国系汉字词”、“日本系汉字词”以及诸如“辞说时调（辭時調）”、“私塾先生（訓長）”、“田地（田畓）”、“书柜（冊欌）”等词的“韩国固有汉字词”三大类。

（二）韩国语汉字词的四大属性

韩国语汉字词的问题只有通过比较和考察中日韩三国汉字词在历史发展过程中的特征以及词义变化中反映出的兼容特征方可以客观地、切实地进行研究。三国的汉字词均以汉字为基础构成，在这一点上具有同质性，但经过悠久的历史发展过程，词的含义和用法都发生了很大变化，并带有各国独有的词汇特征。三国汉字词的相互关系和独有的特点在汉字文化圈内的相互比较和考察中得以展现全貌。只有以这种认知为基础来理解和研究韩国语汉字词，才能客观地阐述汉字文化圈内韩国语汉字词的特点。

开化时期新产生的汉字词多为“日本制造”。19世纪中叶，中日韩三国受到西方工业化的冲击，经历了传统社会和传统文化的现代化变迁。虽然日本是通过朝鲜半岛接触到汉字及汉文化的，但明治维新后，日本却率先迈入现代化的门槛，使用汉字对反映西方文化、制度、文明的新词进行翻译。而后，中国和韩国又吸纳、使用了日本的翻译词汇。目前在中国使用的金融、投资等社会科学相关词语以及一些表抽象意义的词中60%~70%都是从日本传入的。② 由此可知，无论是汉语词汇还是韩国语词汇，在开化时期形成的新汉字词主要源于日本。

汉字文化圈内的汉字词是在历史变迁过程中，在各国相互影响下形

---

① 朴英燮：《韩国语汉字词汇论》，博而精出版社，1995，第162页。

② 李兆忠：《漢字が表す二つの世界》，《放談ざっくばらん．人民中国》3，2003（http：//www.peoplechina.com.cn/maindoc/html/200303/fangtan.htm）。

成的。[1] 只有在三国的有机联系中，才能对韩国汉字词做出正确的研究。在汉字文化圈里，如果将以汉字为基础的词汇看做全集的话，那么中日韩三国的汉字词就是这个全集里的各个子集，它们形成了一个文氏图。也就是说，三国的汉字词在相互影响下形成了7种关系，同时各国的汉字词在内部再划分为四个方面。[2] 这一关系可用文氏图表示（见图1）。

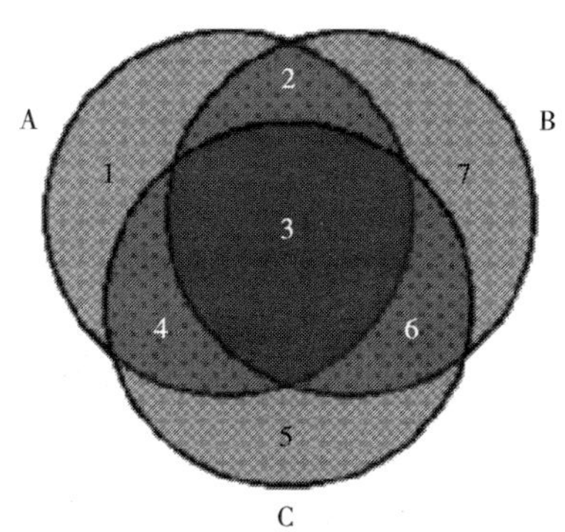

图1　中日韩三国汉字词关系示意

通过图1，关于汉字词的形态和含义特点可归纳如下。

第一，集合A、B、C三个圆相交时，共形成7个分区。因此，中日韩三国的汉字词就存在相交图示中形成的7种关系。

①中日韩三国共通的词汇；

②只有中韩两国共通的词汇；

③只有韩日两国共通的词汇；

④只有中日两国共通的词汇；

⑤韩国本国的汉字词；

⑥日本本国的汉字词；

⑦日韩两国不用的中国词汇。

---

① 当我们说到韩国固有汉字词时，通常都将其范围局限于只在韩国使用的汉字词，但是朴英燮（1995）通过考察历史文献发现“大学生、不合理、无人岛、不可分”等“韩国制造”的词被反用于中国和日本。

② 对于中日韩三国汉字词的这种文氏图关系，作者早在《韩国汉字词的研究角度》（《中国朝鲜语文》2008年第6期）中就有所提及。

第二，集合 A、B、C 三个圆相交时，每个圆内部都产生了 4 个部分。以集合 A 为例，各国汉字词内部划分出的 4 个分区如下。

①与另两国共通的词汇（3 区）；

②只与另一国共通的词汇（2 + 3 区）；

③只与另一国共通的词汇（4 + 3 区）；

④本国独有的汉字词（1 区）。

汉字词汇体系的形成和发展特征中，韩国语汉字词的类似特征更为明显。因此，考察韩国语汉字词时，只有在与中国、日本汉字词的联系中明确阐述以下 4 个方面，才能客观地阐述韩国汉字词的特点。换言之，为了正确理解韩国语汉字词的特征并找出异质化问题的答案，我们就需要认同这种关系，从①中日韩三国共通和非共通的词汇；②中韩共通和非共通的词汇；③韩日共通和非共通的词汇；④韩国独有的词汇这四个方面进行阐述，在单线式比较中也一定要参考第三国的分析事项。也就是说，我们要注意的是，虽然汉字词的形态考察会明确划分为这四个方面，但是研究其意义属性时就需要在此基础上再进行细分。尤其是对于过去通常只从局部层面进行个别研究的同形异义词，一定要全面地对含义的转变、缩减、扩展等现象进行研究。在同特定种类语言的比较中考究汉字词含义时，我们常以同形和异形来划分，而此番我们要在此基础上再以意义属性为基准，细分为同形同义、同形异义、异形同义、异形异义进行研究。比起与汉语、日语的交叉比较过程，这类研究将会更加复杂。

（卢雪花　宋诗怡　译）

论《洪武正韵译训》与《洪武正韵》的关系及其文献价值

金基石

一 《洪武正韵》的性质、编纂目的及其版本

《洪武正韵》（以下简称《正韵》）初行本是明太祖洪武八年（1375）由乐韶凤、宋濂等十一名学者奉诏编成的一部官方韵书。《正韵》初行本问世以后，以其特殊的官韵地位，明代屡次翻刻，流传甚广。① 然而从清代开始，《正韵》的地位急剧下降，受到学者们轻视，再无翻刻。学者们普遍认为《正韵》"错误疏漏"，"纰漏百出"，在韵书研究和音韵史研究中几乎将其排除在外。②

明太祖朱元璋推动编纂《正韵》的目的非常宏大，即当作巩固明立国之本——文化事业的一个环节，制定出国家的标准音。③ 换句话说，他要通过编纂《正韵》彻底摆脱过去的官韵文风，尤其是元代旧

---

① 后世编纂的书几乎都按照《正韵》的文字排列顺序，《永乐大典》也按照"用韵以统字，用字以系事"的八十韵本的体式编纂。

② 现在学者也不是那么重视《正韵》。现代研究《正韵》的论文只有刘文金的《洪武正韵声类》（1931）一篇，专门著作只有宁忌浮先生的近作《洪武正韵研究》（2003）一卷。

③ 从明建国初期洪武元年开始，朱元璋就把各领域经传的编纂和刊行工作作为国家文化事业来推动。这些经传有如下书目：《元史》、《大明集礼》、《大明日历》、《皇明实训》、《昭鉴录》、《大明律》、《诸司职掌》、《洪武正韵》、《大明志书》、《春秋本末》等。

韵书的结构体系，实现所谓“一以中原雅音为定”。[①]

为实现这个目的，当时的编纂者们根据所谓的中原雅音，以南宋毛晃、毛居正父子的旧韵书《增修互注礼部韵略》为稿本，对旧韵书的韵部进行了大胆改革，着手“一以中原雅音为定”的编纂工作。通过归并旧韵，共得平、上、去声各二十二部，入声十部，共得七十六部。可是，由于当时的历史语言条件的限制（中原雅音还不是全社会共通的交际语言）、编纂方法的失误（在旧韵书的基础上改并重编）、编纂者方言的制约（以吴人为核心、为中坚）、编纂者音韵学水准和编纂时间的局限等多方面的原因，最终未能摆脱传统韵书的大框架和南方方言的范围，所编韵书“古今南北音杂糅”。[②]

以上《正韵》失败的原因中，最致命的问题是以旧韵书为基础的编纂方法。若按照明太祖御令，实现韵书革新，首先应建立完全摆脱传统《切韵》框架的崭新音韵体系，彻底改革编纂体系，但由于当时编纂者的音韵学水准和编纂时间的局限性，他们选择了最容易的编纂方法——改并重编。这样编纂的韵书自然不能符合朱元璋的要求。《正韵》刊行后，由于朱元璋的不满，在洪武十二年（1379）重新编纂了重修本八十韵本。[③] 宁忌浮在最近出版的著作《洪武正韵研究》中，对《正韵》初行本七十六韵本及重刊本八十韵本进行了对比研究。宁先生认为《正韵》的初行本及重修本都无法实现编纂代表中原雅音官韵的目的。[④] 重修本

---

① 关于《正韵》的编纂目的，《太宗实录》洪武八年有如下记载：是月《洪武正韵》成。初，上以旧韵起于江左，多失正音，乃命翰林侍讲学士乐韶凤与诸廷臣，以中原雅音校正之。至是书成，赐名《洪武正韵》，诏刊行之。

② 宁忌浮指出《正韵》的编者对于《礼部韵略》、《增韵》、《平水韵》和《韵会》没有深入研究，他们的音韵学造诣与他们试图修改的毛氏父子还有非常遥远的距离。宁忌浮：《洪武正韵研究》，上海辞书出版社，2003，第11页。

③ 吴沈作序，洪武十二年编纂的《正韵》八十韵本比洪武八年编纂的七十六韵本增加了“微尾未术”四韵。

④ 宁忌浮通过对《正韵》的编纂目的和编纂过程、《正韵》和《增修互注礼部韵略》的传承关系、《正韵》七十六韵本和八十韵本重修本的对比研究等，对《正韵》的成果和缺点进行了详细客观的考证和分析。可以说这部著作是中国学者在《正韵》研究方面取得的最具代表性的学术成果。

《正韵》也因不明原因销声匿迹，在后世鲜为人知。[①]

1443 年，也就是民族文字训民正音创制后的第二年，世宗命令申叔舟、成三问等学者将洪武八年（1375）刊行的《正韵》（七十六韵本，十六卷）翻译成新创制的谚文。申叔舟等人历经十余年艰辛。在端宗三年（1455）最终将《译训》（16 卷 8 册）完成刊行。他们在《译训》中归纳出近代汉语洪武韵三十一声母和七十六韵母体系，记述了近代汉语音韵史上的诸多音韵变迁现象。

综上所述，我们不禁产生如下疑问：①以世宗为首的朝鲜学者为何选定了《正韵》作为范本来正确把握汉语音呢（译洪武正韵，以正华音）？②《正韵》的翻译，即《译训》的编纂工作为何要长达十余年呢？

二 《正韵》和《译训》的关系

如上所述，《正韵》之所以受到学术界的轻视，是因其在体系和内容上有如下的致命弱点和缺陷：

第一，编纂者受到方言的制约，音韵体系具有复古倾向。第二，编纂者由于水平所限和时间紧迫，出现了许多常识上的错误。当时中原雅音的时音状况，较之《正韵》早出五十一年的周德清所著《中原音韵》（1324）中有极为详细的反映。中原雅音已经只分阴阳，不分清浊，入声消失分别派入平、上、去三声（浊音清化，入派三声）。可是《正韵》却退了步，将中原雅音中已经消失的浊音系统和入声系统重新恢复成体系。换言之，《正韵》的编纂实际上不是以中原音为基础，而是以所谓南方读书人（江左名儒）的方言音和读书音为根据。此外，《正韵》“疏漏百出”，诸如“分韵与反切矛盾，小韵重出，切语混乱，体例前后不一致，四声难以相承”等等。[②]

---

① 明朝时《正韵》重刊本八十韵本虽然比初刊本七十六韵本地位更高，但是在后世失传，几乎没人知道它的存在。最近宁忌浮先生首次发现八十韵本在北京大学图书馆收藏，才被学术界知晓。

② “分韵与反切矛盾，小韵重出，切语混乱，体例前后不一致，四声难以相承”

因此中国学术界多年来主要关注《蒙古字韵》、《中原音韵》、《中原雅音》[①]、《韵略易通》（1442）等代表北方音韵的所谓成功韵书，《正韵》被贴上"官韵败笔"的标签，在韵书研究中被彻底遗弃。《译训》的命运却与此形成鲜明对比。《正韵》的对译本《译训》早年失传，在1950年被发现后，其文献、学术价值引起了学术界的高度关注。作为最早用表音文字训民正音反映中国传统韵书音和15世纪中国北方音真实状况的韵书，《译训》受到高度评价，是对汉语音韵史研究有非常重要参考价值的历史文献。[②]

《正韵》编纂在洪武八年七月开始，同年十二月完成。也就是说，只花了半年的时间。在如此短的时间里要成功地编纂出有别于旧韵书框架的、面貌一新的韵书几乎是不可能的事情。学者们最终不得不交出"迫之以速成之作"。与此相反，翻译《正韵》编纂《译训》的工作却花了十几年之久的时间。从世宗二十六年（1444）开编，到文宗元年（1451）完成原稿，文宗又命申叔舟等反复校正，到端宗三年（1455），才编纂成功。那么是什么原因使朝鲜学者的《译训》编纂工作如此艰苦呢？虽然有种种原因，但其中的关键原因是《译训》的编纂绝不是简单地把《正韵》的汉字用训民正音表记，进行单纯一一对应的翻译或注释。

三　《译训》的编纂过程和编纂体例

《译训》的编纂者从编纂初期开始，对初行本《正韵》音系的理解和处理就遇到了各种难关。当时他们发现《正韵》虽然标榜"一以中原雅

---

① 学术界虽然对于《中原雅音》是韵书名称，还是某种方言名称的问题存在争议，但是现在公认为韵书名称。崔世珍的《四声通解》范例第9条有如下记述，亦可证明这一点。《洪武韵》与《蒙古韵》同音字，入载于下而不着蒙音，其异者则随载于下而各着所异之蒙音，故今撰字序不依《通考》之次也。至于《韵会》，《集韵》，《中原雅音》，《中原音韵》，《韵学集成》及古韵之音，则取其似或可从而着之，非必使之勉从也。

② 宁忌浮《洪武正韵研究》（2003）的附录《〈洪武正韵译训〉学习笔记》中有如下评价。"介绍前人的研究成果，不得不特别提到十五世纪朝鲜学者的卓越贡献。申叔舟等人用朝鲜拼音文字训民正音译写《正韵》，着有《洪武正韵译训》一书。"

音为定”，但是它的音系，特别是声母系统不仅跟当时他们理解的实际语音相去甚远，而且与他们所推崇的“天下万国所宗”的北京音出入很大。

在当时他们所掌握的中国北方音中，舌上音四母和唇轻音一母已消失，全浊字平声接近于次清，上去入声和全清相似，在北方话实际音中已经不使用入声韵尾。然而更加明显的是和朝鲜学者相当熟悉的元代韵书《古今韵会举要》(1297) 的音系也有很大差距。可是按照明太祖命令制定的钦定韵书的体例和音系“然不敢轻有变更”。

编纂者处在这种立场上进退两难，首先应明辨《正韵》正音（反切音）和时音差异（正俗异同之变)。这个工作是史无前例的庞大的语言现状调查和表记检验工作。世宗命编纂者“就正中国先生学士”，为此他们“往来至于七八”，“凡誊十余稿，辛勤反复竟八载之久”。① 据《世宗实录》记载，集贤殿的申叔舟、成三问、孙寿山等学者为了解决音韵学的疑问曾先后到中国辽东半岛十余次。明使倪谦、司马恂来朝，成三问、申叔舟询问《正韵》，“欲从大人学正韵，愿大人教之，三问、叔舟将《洪武正韵》讲论良久。”

当时在世宗主导下，以对《正韵》研究为中心的汉语音韵学质正活动，无论在时间上，还是范围上都算是史无前例的学术探究活动。通过广泛的质正活动，朝鲜学者发现了《正韵》“泥古”之毛病，认识到不可照搬原著定其为标准汉语音。《译训》的编纂宗旨，是为朝鲜人提供最标准、最实用的汉语韵书。但《正韵》的实际音系是与这种宗旨背道而驰的系统。在当时的情况下，只能在维持《正韵》音系的同时再编纂出一本可以反映中国北方实际音的韵书。为了实现这个目的，学者们最终提出一个折中的方法，那就是并记《正韵》的反切音（读书音）和北方“俗音”（时音）的双重注音体系。具体的操作程序如下：

① 《译训》的序文中有如下记述：然语音既异，传讹亦甚，乃命臣等就正中国先生学士，往来至于七八，所与质之者若干人。燕都为万国会同之地，而其往返道途之远，所尝与周旋讲明者又为不少，以至殊方一地之使，绎老卒伍之微，莫不与之相接，以尽正俗异同之变。且天子之使至国而儒者则又取证焉。凡誊十余稿，辛勤反复竟八载之久，而向之正罔缺者，似益无疑。(《译训》序)

(1)《正韵》的体系和字序，反切几乎完全保留，在各小韵的代表字旁表记声母，共计三十一个声母；

(2) 声母和代表字之间用“训民正音”表示小韵的字音；

(3) 有时在代表字下边的反切后表记其俗音；

(4) 在韵字下方标示出有两种发音的又音；

(5) 如有时遇到难字，根据情况附加注释，对其发音方法进行说明。(例如“萧”字下的注释)[①]

世宗在召集学者翻译《正韵》的同时，“虑其浩穰难阅，以览者病”，又命申叔舟编纂《正韵》的索引《四声通考》(1455，失传)。《通考》放在《译训》之前，并在后面附加范例，作为韵书阅读的指南。[②]《通考》也采用“以图韵诸书及今中国人所用定其字音，又以中国时音广用不合图韵者，逐字书俗音于反切之下”的编纂体例。虽然《四声通考》已经失传，但是参照崔世珍的《四声通解》可以对这种注音体系做出如下的推测[③]：

> (1)《正韵》的七十六韵可根据四声合并成二十二个韵部。例：一，东董送屋二，支纸置……
>
> (2) 各小韵按照韵图的清浊顺序排列。例：见溪群疑……
>
> (3) 各小韵全部用四声连接，在平声的第一个字前面标示三十一个声母；
>
> (4) 在小韵的第一个字上表记训民正音；
>
> (5) 四声以点别之，平声则无点，上声则二点，去声则一点，入声则亦一点；

---

① 申叔舟在《译训》序文中对此有如下说明：“夫洪武韵用韵并析，悉就于正，而独七音先后不由其序。然不敢轻有变更，但因其旧，而分入字母于诸韵各字之首，用训民正音以代反切，其俗音及两用之音又不可以不知，则分注字之下，若又有难通字则略加注释，以示其例。且以世宗所定《四声通考》别附之以头面。后着凡例为之指南。”

② 如果看《译训》的序文，《四声通考》变成了世宗所著，但在崔世珍《四声通解》中有如下记述：乃命高灵府院君申叔舟，类粹诸字会为一书，冠以谚音，序以四声，谐之以清浊，系之一字母，赐名曰《四声通考》。

③ 宁忌浮：《洪武正韵研究》，上海辞书出版社，2003，第70~71页。

（6）韵字下方表记俗音或又音；

（7）取消反切；

（8）不加注释；

（9）将七十六韵本《正韵》的14，576个韵字全部收录其中。

根据以上的内容，宁忌浮指出《通考》的题目和内容模仿当时朝鲜学者非常熟悉的《礼部韵略七音三十六母通考》即《七音通考》的可能性很大。并且没有反切或注释，按照平、上、去、入四声的顺序排列声母，从这样的编纂体系可以推断出是参照了之前对朝鲜影响甚广的元代韵书《蒙古字韵》的体系。

朝鲜学者凭借科学精神和创造性劳动使《译训》最终摆脱了单纯翻译本或注释本的束缚，为世间留下了超越正本《正韵》的“后出转精之作”。从版本价值来看，《译训》完整地保留了《正韵》初刊本的内容。例如，庚韵“层”字小韵的反切在嘉靖等版本都是“木登切”，而在《译训》中如同初刊本用“才登切”来注音。[①]

但是，在《译训》中有些地方可以看到复古倾向和沿袭南方音的倾向。例如，“疑，喻，影”母的合流（即零声母化）作为近代汉语的一般变化规则，在《正韵》之前已经完成。虽然在《正韵》中合并了“牛”和“尤”，将“银”和“寅”处理成同音等方式遵循了北方时音，但申叔舟却说，“本韵疑喻母诸字多杂”，“今于逐字下从古韵喻则只书ㅇ母，疑则只书ㆁ母，以别之”。(《译训》范例第6条)[②]

四　韵书范本选择和《正韵》的特殊地位

朝鲜朝为何把中国传统韵书史上“编纂最为粗糙”的失败之作《正

---

① 宁忌浮：《洪武正韵研究》，上海辞书出版社，2003，第69页。

② 根据金武林的统计，在《译训》义母中的俗音相关的平声13/21，上声11/20，去声14/25，入声4/8，相当于合计42/74（57%）。与《中原音韵》的接近100%的消失，还差很多（《洪武正韵译训研究》，第72页）。

韵》奉若圭臬，进而被确立为汉语标准音的范本来进行庞大的翻译工作呢？

当时，中国的音韵学可以称得上是最为先进的语言学理论和方法论。朝鲜早在高丽时期就引进中国韵书《礼部韵略》作科举科目之用。之后，各朝代都十分重视音韵之学。尤其在朝鲜朝时代，更加积极输入和刊行各种中国韵书，从世宗时期开始，召集汉文造诣精深的学者由他们编纂符合朝鲜国情的韵书。

仅世宗时期朝鲜历史文献中列举过的中国韵书就有：《集韵》、《古今韵会举要》、《蒙古韵略》、《中原音韵》、《切韵指掌图》等。这一时期，因科举考试之需，刊行次数最多的是中国韵书《排字礼部韵略》。在众多韵书中，为什么独有《正韵》被称颂为"天下万国所宗"？最为关键的应该是朝鲜朝时期的"至诚事大"的国策和《正韵》有"天子之尊"的特殊地位。《正韵》是一部遵照太祖御命修纂《礼部韵略》而成的官韵，因此在当时的历史条件下，《正韵》具有了权威性，这一点不容置疑。

其实，太祖朱元璋对《正韵》初行本七十六韵本甚为不满，于是下令重新整理。洪武十二年，重修本八十韵本刊行，但还是与朱元璋的编纂目的相去甚远，即与中原雅音统一汉语音还是有距离的。洪武二十三年，太祖在翰林院甚至再次命令重新对重修本进行校正（命翰林院重加校正）。当时，朝鲜不仅无法知晓除了《正韵》七十六韵本以外，还有重修本八十韵本，甚至从未听闻。更遗憾的是，他们收集整理的《译训》中一部分俗音已经在八十韵本中通过校定七十六韵本的内容获得了补充，可是他们无法了解到这一点。（例如，支纸置的分离；宫和公，供和贡，虫和崇的合并等）如果这部八十韵本能在朝鲜得以传播，《译训》就不会是现在这个样子。

当时，在世宗的主持下，朝鲜完成了三大国家级的语言学工程：一是民族文字训民正音的创制和颁布（1444～1446）；二是朝鲜语汉字音规范韵书《东国正韵》的编纂（1447）；三是中国汉字音标准音韵书《译训》及其《四声通考》的编纂（1455）。这三项语言学事业相辅相成，有机联系在一起。在《译训》序文中对于训民正音和《译训》的关系及《译训》的编纂动机，申叔舟做了如下说明：

我世宗庄宪大王留心韵学，穷研底蕴，创制《训民正音》若干字，四方万物之声无可不传。我东方之士，始知四声七音自无所不具，非特字韵而已也。于是以吾东国世事中华，而语音不同，必赖传译，首命译《洪武正韵》。

崔世珍甚至在《四声通解》序文中说训民正音的创制目的同汉语翻译有直接关系。

世宗庄宪大王…始究学译，当先声韵，创制训民正音，命译洪武正韵。

在朝鲜朝各个朝代，为了"至诚事大"的国策，均把对译谚解看做头等工作来推进，认为"我国事大，莫重译事；译学，实国之重事"，同时也认识到"汉音有关事大"。[①] 如果从这样的国家需求来看，编纂用于翻译的中国韵书成为当务之急。因此世宗大王创制训民正音后，命令首先翻译《正韵》。因为他坚信《正韵》是"天下万国遵照的标准"，故确信掌握了《正韵》的音系就能知道当时中国的标准音。[②] 从结果来看，毋庸置疑，《译训》不愧为一部成功的翻译韵书，是朝鲜学者对中国音韵学的卓越贡献。不过，我们又不能否认世宗在选定中国范本韵书选择上的失误，即便这种选择是不以人的意志为转移的必然结果。在当时的历史条件下，只能无条件地选择明朝唯一承认的官韵，绝对无法选择像《中原音韵》或《中原雅音》这种民间韵书。不可否认，正因为选定了《正韵》，才给《译训》的编纂工作增加了相当沉重的负担。

其实在当时的朝鲜，在之前的科举考试中一直使用的《礼部韵略》（一百零七韵阶，实际多用一百零六韵阶）和《古今韵会举要》仍有很大的影响力。1297 年，熊忠将元代黄公绍于 1292 年编纂的《古今韵会》缩写成了《古今韵会举要》，其体系继承了刘渊的一百零七韵式《礼部韵略》。初期世宗命令崔恒翻译《古今韵会举要》，目的是要推进用新创的

---

① 世宗壮宪大王，至诚事大，恪谨侯度，凡于咨奏，必经睿览。

② 《译训》序文中有如下说明："自沉约着谱，杂以南音，有识病之，而历代未有厘正之者。洪惟皇明太祖，愍其乖舛失伦，命儒臣，一以中原雅音，定为洪武正韵，实是天下万国所宗。"

训民正音对收录字开展注音工作。① 可是这项工作演变成了校正朝鲜汉字音，最终无疾而终。其中主要原因可能是学者们认识到中国本土汉字音体系和世宗设想的理想的朝鲜汉字音体系存在很大差距。最终发展成以最初的《古今韵会》翻译工作为基础，参照以前传承下来的朝鲜汉字音体系来编纂《东国正韵》。

如果想要深入讨论《正韵》和《译训》的关系和学术价值，除上述问题外，还需要对洪武正韵三十一声母的归纳、"清音浊化"过程的记述及入声韵消失过程的记录等问题进一步进行研究。这些问题将在下面的论文中分别进行讨论。

参考文献

[1] 강신항:《사성통해연구》，신아사，1980。
[2] 강신항:《훈민정음연구》(증보판)，성균관대학교출판부，1990。
[3] 김무림:《홍무정음역훈연구》，월인，1999。
[4] 박병채:《홍무정운역훈의 신연구》，고려대학교민족문화연구소，1982。
[5] 성원경:《동국정운과 홍무정운역훈음의 비교연구》，《건국대학술지》，1970。
[6] 이숭녕:《홍무정운역훈의 연구》，《진단학보》，1959。
[7] 유창균:《몽고운략과 사성통고의 연구》，형설출판사，1974。
[8] 정연찬:《홍무정운역훈의 연구》，일조각，1972。
[9] 崔玲爱:《洪武正韵研究》，台湾大学博士论文，1975。
[10] 董同龢:《汉语音韵学》，台湾学生书局，1968。
[11] 金基石:《朝鲜韵书与明清音系》，黑龙江民族出版社，2003。
[12] 金基石:《朝鲜对音文献浅论》，《民族语文》1999 年第 5 期。
[13] 李得春等:《中韩语言文字关系史研究》，延边教育出版社，2006。
[14] 宁忌浮:《洪武正韵研究》，上海辞书出版社，2003。
[15] 应裕康:《洪武正韵声元音值之拟定》，《中华学苑》1970 年第 6 期。

① 世宗在中国韵书中格外重视《古今韵会》，确实命令对其进行翻译。世宗二十六年二月丙申（十六日）朝的记事中记录有"命…以谚文译韵会"，并且崔万里的上疏文中也有"又轻改古人已成之韵书，附会无稽之谚文"的记载。

[16] 应裕康:《洪武正韵韵母音值之拟定》,《汉学论文集》, 1970。

[17] 王力:《汉语语音史》, 中国社会科学出版社, 1985。

[18]《洪武正韵》(1375), 영조본 (1770), 대제각 (1987)。

[19]《洪武正韵译训》(1455), 고려대학교 출판부, 1974。

[20]《四声通解》(1517), 대제각, 1975。

(卢雪花　王冠桥　译)

横渡大海的木柱之民俗学及文化学价值

金光林

一　漂到新潟县的一根木柱

日本江户时代末期，今天新潟县柏崎市的日本海（东海）岸边有一个叫椎谷的小村庄。1825 年 10 月，椎谷的渔夫在当地海岸上发现了一根漂来的木柱。渔夫准备用它烧火，将它放在檐下。一位好奇心重的人从檐下经过，发现木柱上刻着“峨眉山下桥”几个字，便去向当地学识渊博的佑光寺观励大师请教。观励大师看完很是兴奋，认为这根木柱必是从中国四川峨眉山沿长江顺流而下漂洋过海奇迹般地漂到了日本新潟县。他将木柱上的“峨眉山下桥”拓下来送给周边的文人雅士，请他们赋诗。观励大师决定以《行余篇》为题，让当地文人为这根木柱出一本诗集。

日本家喻户晓的僧侣、诗人、书法家良宽禅师（1758 ~ 1831）就为这根木柱题了一首诗：

不知落成何年代，
书法遒美且清新，
分明峨眉山下桥，
流寄日本宫川滨。

良宽禅师还为这根木柱写了两首日本传统诗——和歌。

中国峨眉山麓江边桥桩漂到日本新潟，众人感到甚是稀奇，便要求谱一支歌：

众人信服黄祖国，朽木有心漂过洋，
朽木亦有缠绵意，秋夜月影诉衷肠。

良宽的第一首和歌描述了许多物品从海上漂到日本的现象；第二首和歌显然是参照了李白的《峨眉山月歌》。

19 世纪中叶，新潟地区的汉学家蓝泽南城，通过观励大师得知这根木柱，对此表现出浓厚的兴趣，并为其作了题为《使我心在峨眉巅》和《峨眉山桥歌咏集序》的两篇长汉诗。蓝泽在这两首汉诗中表达了对峨眉山的无限憧憬，并将这根木柱从峨眉山漂到日本看做是佛教中所说的“奇缘”。

铃木牧之是新潟的商人，也是从事文化活动的文人雅士。受观励大师所托，他也为这根从峨眉山漂来的桥桩题了首诗：

峨眉山下桥杭応观厉上人需

素向滔滔不问津，长天万里自由身。
三秋弄月釜山浦，独夜漂波椎谷浜。
字样逸雄惊墨客，浮踪磊落恼诗人。
殷勤写意下翰处，一扫痲沙见真实。

这首汉诗，亦表达了作者对这根桥桩从中国四川峨眉山远渡漂到日本新潟的惊叹之情。

铃木于 1837 年在当时的首都江户出版了一部介绍雪国新潟风土人情的书《北越雪普》，畅销一时。这本书中也提到那根漂到新潟海岸的木柱，木柱因此家喻户晓。

铃木的《北越雪普》在当时江户大众小说家山东京山的协助下出版，山东在书中为这根木柱标注了一段说明。铃木发挥了他小说家本色，对于这一段木柱的“漂流记”进行了文学加工。现将其中的一部分翻译如下：

> 但是这木柱被洪水冲入江中，在水流湍急堪比大海的洞庭、赤壁、浔阳、扬子四大江，没有腐蚀亦未沉没。行五百里水路直入东海，受千次汹涛拍打，历万次狂风吹拂而毫无损伤，意气洋洋地漂入我国海域到达北海地方，被当地贫民发现欲取之生火，幸为有识者所遇幸免于付之一炬的厄运，后集众多文人褒扬于一身，亦为当地领主所重，收于藏宝库，享万古不灭之福。神奇而不可思议，真乃世间罕见之珍宝。

铃木对这根木柱的描述不免有些夸张，但就是这看似不可能的现象，即一根木柱从迢迢中国四川峨眉山穿过数条大江横渡大海和海峡到达日本海岸，让当时对这根桥桩感兴趣的众多文人墨客觉得奇极妙极，又不可思议。峨眉山是中国佛教圣地之一，这使他们对木柱更感兴趣，由此亦可看出在他们的意识中确实存在对中国文化的憧憬之心。

早在江户时代，中国的古典文化就在日本相当普及，用汉文写文章的人比比皆是。憧憬、向往中国文化的人也随之增多。虽然江户时代的日本对中国文化有着强烈的憧憬，但那并不是一个可以自由前往中国的时代，所以在日本国内出现了一批儒学者，他们专门到长崎旅行，因为在那里，他们可以直接接触到中国文明。在这种氛围下，一根被认为从中国四川峨眉山漂来的木柱自然而然地引起了广泛的关注。

1825 年，漂到新潟海岸的木柱引起了新潟地区极大的关注。直到 1837 年，铃木牧之出版《北越雪谱》这根木柱随之为人所知。但是在这本书出版之前，远在日本长崎的长崎领主就已经知道了这根木柱的存在。当时的长崎平户领主是松浦静山，他在从 1821 年开始撰写的《甲子夜话》（1841 年完成的巨著，是长达 278 卷的百科全书）中介绍了这根木柱。当时松浦听闻新潟海岸漂来一根木柱后，急求木柱上刻字的拓本，从一个独特的视角进行了分析，松浦断定这根木柱来自中国四川峨眉山。另外，他还介绍了当时日本江户时代岛根（县）的海岸曾经也出现过漂木一事，有人看到上面铭文上的标注认为那是朝鲜的木柱。

如上所述，1825 年这根木柱漂至日本新潟海岸后，引起了新潟及其他地区的广泛关注。由于木柱上刻着“峨眉山下桥”，人们一致认为这根木柱从中国四川峨眉山漂来，对此毫无异议。人们还注意到木柱的上部刻着人像，并由此推测这根木柱可能是峨眉山下某座木桥的桥桩。当时关于海外民俗的知识十分匮乏，因此没有人可以做出进一步的推测。

二　立在峨眉山脚下的良宽诗碑

1978 年，中日邦交正常化后，在营造中日友好氛围的过程中，1825 年漂至新潟县海岸的木柱再度被提及，引起关注。

1989 年，当时日本的中国佛教研究学者柳山圣山成立了日中友好汉诗协会，积极推进日中友好交流活动，他提议在峨眉山脚下立一座诗碑，并在上面刻上良宽禅师为漂至新潟县的木柱所作的汉诗，中国对于这一提议欣然接受。随后，在良宽禅师的故乡新潟开采石料，刻上碑文，从木柱漂入的新潟海岸装船出发，经由日本大阪、中国上海、长江逆流而上，于 1990 年 8 月在两国相关人员和文化界人士的见证下，良宽禅师的诗碑最终安立在峨眉山脚下。这座诗碑的正面刻有良宽禅师的汉诗，背面刻着当时中国佛教协会会长赵朴初为良宽禅师所作的回诗。内容如下：

禅师诗句证江流，
流到宫川古渡头，
今日流还一片石，
清音长共月轮秋。

良宽禅师的诗碑立在峨眉山下后，时任中日友好协会副会长、日本文学研究家林林即向中国《人民日报》撰稿介绍了良宽禅师诗碑在峨眉山安立的原委。同时，发表了一首诗：

远碑不畏逆流难，
新潟诗魂落四川，
木往石还情意重，
峨眉山下吊良宽。

当时，任日本中日友好汉诗协会副理事长的棚桥篁峰在北京人民大会堂庆祝良宽诗碑落成的庆典上也朗诵了一首诗：

峨眉山下吊桥新，
诗魂回来清音膦，
良宽携手共相语，
扶桑赤县友谊频。

在峨眉山脚下安立良宽诗碑时，中日两国以良宽、中日书画为主题开展了一系列活动，良宽为来自峨眉山的木柱赋诗一事也作为中日文化交流的典型事例得到了大力宣传。良宽诗碑立在峨眉山脚下时，《四川日报》（1990 年 8 月 26 日）用“新潟诗魂落巴蜀，和汉相亲添异彩”形容了当时的情景。《人民中国》日语版（2000 年 11 月刊）为纪念良宽诗碑在峨眉山脚下安立，写道：“中日友好的故事将与青山绿水碧树同在，永存于佛教圣地峨眉山和两国人民心中。”

以良宽诗碑立于峨眉山为契机，1994 年良宽禅师的故乡新潟县高柳町与中国四川省峨眉山市签署了友好城市交流宣言书。2005 年日本进行行政改编，高柳町并入柏琦市，再由柏琦市与峨眉山市签订友好城市协议书。在这样的友好交流过程中，1999 年，位于四川省峨眉山市诗碑附近的冯冈小学也被命名为冯冈良宽小学。

1825 年，日本新潟海岸发现一根被认为是来自中国四川峨眉山的木柱后，许多文人墨客带着好奇留下了诗篇。良宽禅师的汉诗只是其中的一首，但唯有他的诗被刻下来，并在中国广为流传，可以说这多少有点偏向。这可能是出于想通过著名僧侣良宽来强调中日文化交流的意愿，或欲将良宽禅师这一杰出人物介绍到中国的想法。但是在此过程中也有许多历史事实没能如实地传承下来。1825 年漂到日本新潟的木柱很可能是朝鲜长柱，而不是来自中国四川峨眉山，日本的许多民俗学家很早就提出了这种可能性。

三　木柱是朝鲜长柱的可能性

近代以前，朝鲜村村立有长柱，长柱是民俗信仰的一部分。而且长柱被洪水冲走横渡大海漂到日本海边的情况也偶有发生。史上日本海岸发现疑似朝鲜长柱的记录有数条之多。1765 年，日本岛根县附近的海岸上就曾发现一根上部刻着人像的长柱，柱体刻着“自官门东距十里　坊名德真面亩同坊”。当时的日本考古学家藤原贞幹在他的著作《好古日录》（1765）中判断这根木柱应该是朝鲜界碑，材质像松木。1785 年，岛根县同一地区的海岸上又发现了另一根上部刻有人像，但柱体文字已模糊的木柱。当地儒学者中川显允在《石见外记》（1827）中判断这根木柱是界碑，猜测它的材质是松木。19 世纪后期，日本山形县海岸又发现了四根木柱。关于这四根木柱，当地民俗学家羽柴雄助在 19 世纪末发行的《东京人类学杂志》（第 28 号，1888）中，以报告的形式进行了介绍。四根木柱中，有一根上部刻着人像，柱体上刻有“振威大将军”字样，还有一根木柱上刻着一个貌似戴帽子的人像。这两根木柱在日本海岸被发现后，被视为神物，以神体之名供奉在神社中。《东京人类学杂志》中，羽柴介绍这两根木柱的来历时认为它们来自中国或朝鲜，事实上《东京人类学杂志》刊出的后续报告（同杂志第 65 号、66 号，1891）表明中国没有这种木柱。而这两根木柱与朝鲜长柱很像，应该是朝鲜长柱。羽柴也曾在《东京人类学杂志》（第 28 号，1888，第 65 号，1891）中介绍了山形县海边发现的另外两根木柱。这两根木柱上部均刻有人像，柱体上则分别刻有“一名仓西距地名永老司”和“县东距二十里地名红津”。据说，其中刻有“一名仓西距地名永老司”字样的木柱被当地神社当作神体供奉了起来。

18 世纪到 19 世纪，日本的海岸上发现了上述六根木柱，从木柱上部都刻有人像和主体上所刻的文字来看，这些木柱极有可能都是朝鲜长栍。

接下来，我们来探讨一下民俗学者和其他学者如何解析这根漂到日本新潟海岸的木柱。

1890 年，铃木券太郎发表在《东京人类学杂志》第 36 号上的演讲稿中分析这根木柱是朝鲜的路碑。

日本历史地理学家吉田东伍在《大日本地名辞书》（1906）中对首次发现木柱的新潟海岸的地名进行了分析，并因朝鲜民俗习惯中确有这种木柱而判定这根木柱来自朝鲜。

日本新潟县柏琦市的乡土史学家关甲子次郎在介绍此地历史和风土人情的《柏琦文库》（1906）中认为，1825 年漂至此地海岸的木柱来自朝鲜釜山地区，书中附上了好几幅图画，包括朝鲜长栍和在日本山形县发现被推定为朝鲜长栍的木柱。日本新潟县新闻工作者文人坂口仁一郎在《北越诗话》（1918）中介绍了观励禅师为木柱所赋的诗，并断定这根木柱来自朝鲜无疑。因为釜山有一座叫峨眉山的山，坂口曾到朝鲜旅行，对朝鲜的长栍和地理形态比较了解，这根木柱应该就是来自那里。

日本新潟县柏琦市乡土史学家骑野博、月桥奈曾分别在《位于韩国的峨眉山》（1993）、《通过吉田东伍分析的峨眉山下桥的木柱》（1999）中，从民俗学角度论证 1825 年漂至新潟海岸的木柱是朝鲜长栍。在新潟县柏琦市博物馆工作的渡边三四一在《朝鲜长栍漂流记——关于“峨眉山下桥”木柱的位置》（柏崎市博物馆报告第 23 号，2009）中，再次区别开 18 世纪到 19 世纪日本海岸上发现的木柱，通过科学分析日本海（东海）洋流和木柱木质，最终得出了 1825 年漂至新潟海岸的木柱是朝鲜长栍的结论。

1825 年，也就是木柱漂到新潟海岸之时，日本正处于江户时代末期。受闭关锁国政策的影响，日本同海外的直接交流非常少，因此对朝鲜长栍鲜有人知。直到近代，日本开放门户，与朝鲜的人际往来增多。随着人们对长栍知识的增加，认为这根木柱是朝鲜长栍的人越来越多。

四　朝鲜出现的峨眉山地名

但是如果说1825年漂到日本新潟海岸的木柱是朝鲜长栍，那么木柱上为什么又刻着中国的地名“峨眉山”呢？很久以来，这个疑点都没能释清，直到韩国民俗学家金斗河的著作《法首和木柱的资料与解说》（集文堂，1990）问世。此书在很大程度上解释了这一疑点。金斗河在这部著作中详细分析了中国清代医学典籍《医宗金鉴》（1742）、《引痘略》（1831）以及朝鲜古典记录。书中提到，中国找到了医治痘疮的方法，传说四川峨眉山神女“天老仙娘”能治痘疮，中国人在寻找痘疮疗法的过程中因此产生了对“天老仙娘”的民俗信仰。18世纪朝鲜爆发痘疮，这一信仰被朝鲜接纳，朝鲜随之出现了许多同峨眉山有关的地名。金斗河在书中指出，当时朝鲜的汉城、平壤、平安南道的阳德、黄海道的遂安郡和新溪县、大丘、釜山等地都有叫“峨眉山”的地方。而金斗河的结论也与中国的普遍认识相符。

从中国的传说来看，北宋时期，在四川省峨眉山万年寺修行的茂真大师，首创了医治痘疮的“入痘接种法”，清代《医宗金鉴》中说的能医痘疮的峨眉神人就是茂真大师。2005年，四川省峨眉山佛教协会为纪念茂真大师的功德，为他立了一座花岗岩雕像。另外，经确认，中国民间的确存在关于“痘疹娘娘”或“天花娘娘”的信仰，“痘疹娘娘”或“天花娘娘”是能医痘疮的道教女神；四川峨眉山地区也有类似的信仰，在那里人们将能医痘疮的女神称为“金宵娘娘”、“碧宵娘娘”或“天花娘娘”。

如此看来，朝鲜出现大量叫“峨眉山”的地名，与痘疮肆虐和祈福过程中产生的对中国峨眉山神女的信仰确有关系。

这根木柱是否真的同上述民族信仰有关系，我们不得而知。但就中国而言，除四川省外，河南省郊县，安徽省和县，山东省博山县，福建省归化县，泰宁县，广西省崇善县，浙江省杭州市，重庆市等地也都有叫“峨眉山”的地方。因此1825年漂到新潟海岸的木柱即使不是朝鲜长性，也无法断定它是来自四川省峨眉山的，我们很难排除它来自中国其他“峨眉山”的可能性。

若将1825年漂到新潟海岸的木柱判定为朝鲜长牲，会有一个疑点——这根木柱上刻着一般朝鲜长牲上没有的铭文“峨眉山下桥”。朝鲜那么多长牲上都不曾出现这样的铭文。如果这根木柱真的是朝鲜长牲，那么它或许是立在朝鲜某座“峨眉山”脚下的桥桩。

五　东亚的历史、文化纽带

1825年新潟海岸发现的木柱到底是朝鲜漂来的长牲，还是来自中国的某座峨眉山，时至今日依然不能百分之百确定。但是通过这根木柱的“漂流记”，可以确定：中日韩三国有着深厚的历史及文化渊源，中国有佛教圣地峨眉山，并在医治痘疮的过程中产生了对峨眉山神女的信仰。18世纪，朝鲜痘疮肆虐，人们接纳了这一信仰，并出现了许多与峨眉山有关的地名。日本也存在佛教圣地峨眉山的形象，人们对中国文化有着强烈的向往，因此漂到新潟海岸的木柱备受关注，文人墨客纷纷题诗作词，表达内心的感动和对木柱的想象。到了现代它又成了中日文化交流的象征。遗憾的是，尽管这根木柱将中国、朝鲜、日本三国的历史、文化全部联系起来，但是现在的日本文化界人士却只强调与中国之间的关联而轻视或无视与朝鲜的联系。

参考文献

[1] 坂口仁一郎：《北越詩話》上卷，1918。

[2] 東郷豊治：《良寛全集》上，東京創元社，1959。

[3] 相馬昌治：《良寛と蕩児その他》，実業之日本社，1931。

[4] 松浦静山：《甲子夜話続編1》，東洋文庫360，平凡社，1979。

[5] 鈴木牧之：《北越雪譜》，岩波文庫，1936。

[6] 宮栄二他：《鈴木牧之全集》上卷，中央公論社，1983。

[7] 目崎徳衛:《南城三餘集私抄》，小澤書店，1994。

[8] 藤原貞幹:《好古日録》，日本随筆大成22，吉川弘文館，1976。

[9] 大庭脩、王晓秋:《日中文化交流史叢書　第1巻　歴史》，大修館書店，1995。

[10] 金斗河:《守神和长柱－法首与长柱的资料与解说》，集文堂，1990。

[11] 任東権著、竹田亘訳《大将軍信仰の研究》，第一書房，2001。

[12] 窪徳忠:《道教の神々》，講談社学術文庫，1986。

[13] 渡邊三四一:《漂着チャンスン考—〈娥眉山下橋〉標木の資料的位置づけをめぐって》，柏崎市博物館館報第23号，2009。

[14] 韓泰植:《娥眉山下橋柱と長牲について》，印度学仏教学研究第87号，1995。

[15] 月橋奈:《娥眉山は韓国にあり》，私家版，1993。

[16] 旗野博:《吉田東伍の周辺—娥眉山下橋について》，越佐文人研究会発表要旨，1999。

[17] 新関公子:《〈娥眉山〉からの標木と良寛の詩》，越後タイムス連載，2002～2003。

（卢雪花　崔敬和　译）

太极“气韵”与中韩日传统舞蹈“韵律”

向开明

“太极”作为传统文化《易经》的分支，具有独特的思维方式和理论体系，它的主要精神包括阴阳、刚柔和吉凶三者的融合，而其“思想”观、“气韵”观，又与众多学科融会贯通。从舞蹈文化的“气韵”观及史学、文学、艺术学、生理学、力学、比较学的角度窥视和探索太极文化可以发现，它具有独特的文化体系和气韵方式，而这一文化和气韵方式与中、韩、日舞蹈文化及其动律方式有着极其深刻的内在联系。

太极文化由于自己特殊的生存环境和发展历史道路，凸显和发展了人类最深刻的本性——人伦的一面，同时，也形成了与西方文化鲜明对照的文化类型。

一　太极“气韵”观

追根溯源，历史上存在着一个极其广袤的汉文化圈，此文化圈的一个显著特征是对汉文化的学习和认同。汉文化圈包括中国、日本、韩国等。中国土生土长的道教文化和经过中国文化改造过的佛教文化在不同的历史时期，传入日本、韩国和东南亚。在太极文化影响下的绘画、医学、建筑、音乐、舞蹈及其代表人物，都带有强烈的中国文化特色。儒学在日本、韩国等东亚国家已深入到各自的生活方式、伦理观念、政治制度之中，并且，与“汉文化圈”的核心地区——中国的表现形态十分接近。①

“太极”独特的“气韵”观中，“气”论占据了古代社会大部分意识领域，影响着中国乃至东亚舞蹈艺术表现风格的形式及体系的建立；“韵”的审美价值的确立对舞蹈美学思想产生了直接的影响：构成了舞蹈艺术之理念“气韵”观。而阴阳、八卦之说，又是具有代表性的中国古典身韵建立其体系之思想观之一；至今，韩国的国旗用的是太极阴阳和八卦图案，具有代表性的传统乐舞贯穿着太极阴阳相近的思想观，体现着相通或不同的韵律特征；作为日本主体民族的大和民族，尽管神道是他们的信仰之一，但其理论与祭仪的形成与发展却与儒学和佛教有不解之缘，“和”文化融合于儒家思想之理念，具有代表性的歌舞伎艺术以及传统乐舞，也体现出相同或不同的韵律特征。

所谓“气”这一概念是中国传统文化精神的代名词，有广义和狭义两方面的解释，广义而言，“气”是世界最基本的元素。《老子》四十二章中曰“道生一，一生二，二生三，三生万物，万物负阴而抱阳，冲气以为和”。这就是说“道”是“有物混成，先天地生”。《老子》二十五章的浑然之气，所指的这个“气”就是“一”，也就是“道”自身。气分阴阳是“一生二”；阴阳二气相交而生成的第三者，是“二生三”；如此继续，生生不息，从而构成了天地万事万物；因此，自然万物乃阴阳二气互相激荡而和谐统一的产物。也就是说，自然界的一切运动包括人的肢体的演化，最终都是由“气”的变化决定的。而狭义的“气”指的是呼吸。“意”则为意念，“意”者心之所思也，也就是说是人心理上的内在意识，而这种内在意识是自身能感觉到，客观却不易觉察到的一种微妙的特殊思维现象。“形”则是我们所说的形体（动作、造型）；而“韵”就舞蹈艺术而言，它是一种连绵不断的非静止的形态，是在气、意、形相互作用后所形成的一种风格和情感。“韵”本身与节奏、时间有直接的关系，借助有限形态来传达不尽的余味。

---

① 《东亚文化论坛》1998 年第 3 期，上海文艺出版社，第 2 页。

“气”是舞蹈艺术四元素中占重要地位的元素之一，也是舞蹈艺术具有旺盛生命力的决定因素。俗话讲“内练一口气，外练筋骨皮”，就是这一道理。舞蹈者可在气息的运用中，提高自身的能力，达到技艺的完善，同时，根据不同气息的运用方式，可产生不同的韵律风格。运动的强度越大，需要的氧就越多，这就需要充分掌握好气息的运用，才能舞起来、动起来。然而，舞蹈并不是只掌握好气息的运用便可以了，还需有“气、意、形、韵”四者间的平衡以及内与外和谐统一，“气、意、形、韵”结为一体才会成为完整的舞蹈艺术。

舞蹈者的意念是与“气息”运用形成连带关系的。它可以在呼吸的同时，通过舞蹈者大脑高级神经的活动，用“心灵”去指挥动势完成动作，动作必须听从舞蹈者意念的支配。也就是说，舞蹈者把曾经的经历或感知积累起来（包括动态、力量、形象、技艺、节奏等），以联想的方式，借助于想象，根据舞蹈动作的具体要求和情绪的需要，在自己内心或特定的气息运用中进行力的分配，进而展现出动作舞姿、气质、情感及千变万化的舞蹈技艺，并在形体上丰富的舞姿变化流动中，形成优美的韵律风格。

二　太极“气韵”与中国传统舞蹈“韵律”

舞蹈作为一种文化现象，它的产生和发展经历了多种多样的变化过程。从原始舞蹈的耕作、图腾崇拜、狩猎、巫俗、战争、性爱等内容产生的各种形式的舞蹈，从民间、民俗到宫廷礼乐直至走向舞台表演艺术化，形成了一种具有特殊性质的文化形态。

太极文化包含着中国古代哲学思想，而太极“气韵”中阴阳交合、浑然一体的宇宙观对立统一衍生出虚实相生、刚柔并济、对称和谐的审美原则。从太极阴阳鱼图形表象中可以看到，太极以圆与曲，动与静为核心，构成其特殊的运动规律，其中渗透着阴阳、动静、虚实、正反以及无限循环的运动哲理，构成了太极“气韵”的“形”与“劲”。

所谓“形”则为“圆”、“曲”；而“劲”在中国武术“太极拳”以及借助中国武术“太极拳”的力学原理形成的中国古典舞中，体现得更为淋漓尽致。比如：“太极拳”中有沾粘劲儿、化劲儿、借劲儿、发劲儿、沉劲儿、提劲儿、立劲儿、跳劲儿、肘劲儿、弹劲儿、含劲儿、开劲儿、合劲儿、靠劲儿、抻劲儿、按劲儿、抖劲儿、卷劲儿（围劲儿），等等，而“沾粘劲儿”则是太极拳中的“气韵”核心。这种“圆”、“曲”运动规律与太极拳的“劲儿”，同中国古典舞的体现和运用大为相近。

中国古典舞最为突出的美学特征便是讲究“气韵”。实际上这是朴素的辩证唯物论观点在传统舞蹈美学思想上的生动体现。无论是过去的戏曲舞蹈，还是以戏曲舞蹈和中华武术为主要基础，以多元素吸收的原则所建构的中国古典舞韵的“圆”之核心，以及以“圆形”动态所概括的“拧、倾、圆、曲”动势节律的身法态势、“提、沉、冲、靠、含、腆、移”的动作元素，都体现出中国古典舞的审美特征。正如唐满城先生在《论中国古典舞“身韵”的形、神、劲、律》一文中所言：“中国舞在人体上强调‘拧、倾、圆、曲’绝不是什么人杜撰出来的审美标准，从出土的墓俑和敦煌画中不难看出这一点，它是自古至今一脉相承而又不断发展演变的。如秦汉舞俑的‘塌腰蹶臀’、唐代的‘三道弯’，戏曲舞蹈中的‘子午相’、‘阴阳面’、‘三块瓦’、‘拧麻花’，中国民间舞中的‘辗、拧、转、韧’，中国武术中的‘龙形’、‘八卦’，无一不贯穿着人体的‘拧、倾、圆、曲’之美。”①

中国古典舞身韵在众多的节奏变化中形成平衡，内与外和谐统一。意、气、力、形四者是相互贯通、紧密联系、缺一不可的整体。以形取意，以意领气，以气发力，以力贯形，互相之间有如血脉相连，高度地融合在形体的表现之中。完美的动作、情感的表现是意与气合、气与力合、力与形合有机作用而生成的产物，这使得舞蹈的动作和韵律延绵流畅、明快洒脱、刚劲有力，形成了独树一帜的舞蹈风格，体现出中国独特的舞蹈艺术风格和魅力。

---

① 中国舞蹈家协会：《舞蹈论丛》1989年第2期，第38页。

中国古典舞中的“韵”，包含“气韵”、“韵味”、“神韵”等方面。一切内涵的呼吸、意念、神态、律动、节奏都可以称为“韵”。

中国古典舞中的“气”，只是一种自然或精神美的阶段，只有将“韵”以某些程式、方法加以外化，使其得以有机结合，才会达到艺术美之境界。

三 太极“气韵”与韩民族传统舞蹈“韵律”

韩民族传统文化的一个原初的观念形态，是由社会生产方式和人们的生活、宗教信仰所决定的多神教的自然崇拜意识：将佛、儒、道三种思想熔为一炉，形成“天人合一”，主张阴阳、刚柔之气为原初的哲学思想内涵，从而实现人与自然的和谐统一。

韩民族的这种文化特征，为韩民族舞蹈文化的形成提供了理论依据，并影响着传统舞蹈文化的发展。从舞蹈发生学角度看，每一个民族舞蹈的发生与形成均与该民族的生产劳动、日常生活、宗教信仰有着密切的关系。

在世界众多民族舞蹈中，韩民族舞蹈是最富有韵律感的民族舞蹈之一，一直受到人们的喜爱和欣赏。这里的原因除其具有特殊的民族文化底蕴之外，还因为韩民族舞蹈律动之美、韵味之浓、风格之独特、表现力之强，而这一切同样是由于“气”、“意”、“形”、“韵”始终贯穿了韩民族舞蹈律动的全过程。

韩民族舞蹈之所以具有极大的魅力，其本质上则是因为舞蹈的韵律有其独特的个性，且这一个性特征始终贯穿于“气、韵”之中。韩民族舞蹈个性律动特征：内外结合、动静结合、以呼吸作为动作的动力，带动全身肢体的律动，并在不同长短节奏中，形成柔韧性律动、含蓄性律动、顿式律动和弹式律动。其最基本和最具典型的则是柔韧律动，也就是所讲的那种“粘劲儿”和“连贯性”。“粘劲儿”是一种柔韧的力量，即彼此粘接，又彼此对抗，是由内发于外，又由外回收于内的“气韵”组合。这种“粘劲儿”构成了韩民族舞蹈韵律的核心。其动律在围、拧、含、曲、圆的形态上，将温顺、细腻、优雅、祥和、缓慢、持重等诸多情感内涵有机地结合在一起，体现出"和谐"、"起伏"、"张弛"、"谦让"和"含蓄"的审美特征。

韩民族舞蹈的一起一落、举手投足，动律上的风格韵味则是完全融于气息运用，也就是呼吸之中。呼吸（气）除产生有形动作的视觉再现外，还能表现情感，控制"力"的大小。呼吸有长短、动静、轻重、缓急，里面自然也就包含着时间和节奏的性质。韩民族舞蹈正是通过这种呼吸的运用，通过动作与动作之间的连接，在转换变化和节奏中形成一种内在的律动，也就是这种"粘劲儿"。韩民族舞蹈中的呼吸运用与日常生活中的人们正常呼吸有所不同，它是一种"气起丹田"的深呼吸，而且整个呼吸过程是由意念控制的。在这一吸一呼的过程中始终贯穿着一种有控制的、柔韧的力量，这一动作的过程，即为"粘劲儿"。而这种"粘劲儿"又始终贯穿在韩民族固有的节奏之内。韩民族最具代表性和风格的节奏为"古格力"节奏，它便是很有"粘劲儿"的节奏类型。"古格力"是属于三拍子的一种韵律性节奏，它的速度较为缓慢、均匀，并且富有弹性，律动的起伏也较大。这种气、意有机结合便产生了不同形态上的形体动作，进而附入情感意念则表达出富有感情的具象内容，从而传情达意。韩民族舞蹈的这种"粘劲儿"中的韵律风格，不仅在"古格力"节奏中体现出来，在"阳山道"的节奏内，它又体现出柔韧、明亮的"粘劲儿"，有很强的连接性。在"它令"长短节奏中又体现出内在延伸的"粘劲儿"和外延的"粘劲儿"。特别在韩民族传统舞蹈《僧舞》、《萨儿普里》、《念佛》长短节奏中这种"粘劲儿"和连贯性更体现出深沉、含蓄、压抑的情感。而"安当"长短节奏中，又体现出情绪欢快、明朗、跳跃律动式的"粘劲儿"，同时还扩展出一种"弹劲儿"。因此，韩民族的舞蹈是一个呼吸、意念、特殊形态、节奏的有机结合体，只有相互衔接、运用得体，才会产生出独具魅力的韵律风格。

太极文化蕴涵着太极"气韵"的概念及其运用，它与韩民族舞蹈文化及其律动方式有着深刻的内在联系，主要表现在：宗教文化观相通，

"气韵"观相同，韵律方法相近。

四　太极"气韵"与日本传统舞蹈"韵律"特征

中日两国一衣带水，同属东亚汉文化圈。由于历史的渊源，在传统上有诸多相似之处，给人以"同文同种"的印象。尤其是在文化和思想信仰方面。

日本古代文化的发展深受中国的影响。中国古代的文化、生产技术以及汉字，或通过朝鲜半岛传入日本，或直接传入日本。中国文化东渡的过程中，对日本影响最深的首先是中国的文字与儒家思想的传入。公元3、4世纪时，朝鲜百济国博士王仁把《论语》和《千字文》带到了日本，这是汉字正式传入日本的标志。[①] 日本的皇太子拜王仁为师，跟他学习中国的经典著作。到了6世纪，日本又聘用中国五经博士、医学博士、易学博士等学者到日本。这些学者带去了儒家、医学、占卜等书籍，在日本传播儒家思想，对君主的尊崇和专制思想的维护，对日本的统一起了极大的作用。而在太极文化影响下的"气韵"理念，也与中国早有相通之处。日本江户时代的学者林罗山就这样讲道："太极理也，五行气也，太极之中本有阴阳，阴阳之中亦未尝不有太极。五常理也，五行气也，亦然。"[②]

日本舞蹈的种类是很多的，他们的舞蹈无论是宫廷舞蹈、寺院舞蹈还是民间民俗舞蹈，都渗透着神道、茶道和花道一样的日本民族精神，即"真"、"忍"、"哀"、"幽玄"、"风雅"、"空寂"等审美观念。日本人民把舞蹈与文学、戏剧等同起来，使舞蹈具有很高的社会地位。他们认为舞蹈是一个民族文化素质的象征、修养的表露，因此，在古时候，舞蹈便是上层贵族子弟必修之课，舞蹈发展到后来，才成为广大民众消遣娱乐的重要活动之一。日本舞蹈无论是高雅的"歌舞伎"、"能"，还是

---

① 王家骅著《儒家思想与日本文化》，浙江人民出版社，1990，第3页；详见《日本书纪》应神天皇十五年条和《古事记》应神天皇条。

② 《日本思想大系28 藤原惺窩・林罗山》，岩波书店，1980，第471页。

“民俗艺术”的大众舞蹈，都共同反映出一致的审美特色，即落腰、低姿态、不离开地面、用脚踏出音响节奏等。由于日本文化的特征所致，日本传统舞蹈动作的总体风格是：动作平稳、节奏缓慢、舞姿柔和但包含着一种内在的强力，很少有大幅度的腾踏跳跃等激烈动作。舞蹈姿态一般表现为屈膝半蹲、坐腰、后背挺直、臀部下垂、五指并拢。舞蹈行进时，全脚掌着地，重心自然垂向大地，拖地而行，表现出一种对土地的眷恋之情。

太极“气韵”与日本舞蹈文化及其律动方式也有着深刻的内在联系，主要表现在信仰观相连、“气韵”观相通、日本舞蹈“韵律”与中国舞蹈的太极“气韵”观相近等诸方面。

五 最具东方舞蹈特色的中、韩、日“袖”舞艺术

“袖”舞艺术是东方舞蹈的一大创造。“袖”的运用，除延长了人的肢体，大大扩展了身体的表现力外，还通过舞者手臂、手腕、腰腹等不同力量、不同幅度的运动，使“袖”变化万般，形成无数的舞蹈形态，其传情丰富、鲜明，超过了许多表情手段。“袖”的徐缓、抑扬、飘忽、回旋所产生的形式美，完全可以把人们引入一个非物质的境界之中，赋予“袖”文化在舞蹈艺术以人文精神的内涵和意蕴。

中、韩、日“袖”舞艺术共同之处虽都是以“袖”为其舞蹈道具的一种表现形式，但从文化发生、发展的脉络和“韵律”特征以及舞蹈作品等的比较分析中，不难看出它们相互间既有其相同之处，又有其各自不同的特点。由此，也形成了既有共性又有个性的舞蹈形象塑造，并各以独有的魅力体现着丰富多彩的审美特征。

“袖”与中国古代乐舞之间的关系是十分密切的。它既是服饰的组成部分，同时，在舞蹈中又是道具。从原始舞蹈利用皮条抛甩的祭天、祈雨，到夏、商、周（三代）先秦女乐，汉、唐乐舞，直至元、明、清时期的戏曲舞蹈的服饰及其乐舞表演，都以“长袖善舞”这一美妙的词语来形容“水袖”的表演功能。

“袖”已经成为中国古典舞的一种独特语言。它源于华夏民族的宽衣大袖，又在流畅的动态美的追求中加以变化，大胆地加长与夸张，从而经过历史的演变，形成了中国戏曲服装中独具特色的“水袖”。中国古典舞的“袖”舞主要是由中国戏曲的“水袖”提炼而成。由此，它也成为中国古典舞继承历史传统的依据和动作文化的基础。

韩民族以衣为中心的历史发展过程中，从高句丽时期不断吸收中原先进文化，丰富本民族传统文化，也以宽松舒适的宽袖袍服和裙裳为主，形成注重礼仪文化的组成部分，到后来女性典型的上衣短小、裙摆修长的民族服饰，弥补了身材比例上的不足，形成了世界上独一无二的具有本民族特色的服饰文化。韩民族“袖”舞主要表现在宫廷舞蹈、宗教仪式舞蹈、民俗舞、教坊舞等几大类。

而日本大和民族“袖”文化的历史发展过程中，“袖”与日本乐舞的渊源应当说是与日本的服饰文化中具有代表性的“和服”有其内在联系的。日本的“宽袖”在舞蹈中的运用，几乎就是“和服”袖的加宽或加长而形成，特别是服饰上优美、艺术的图案又为人物的身份、形象起到了烘托的作用。无论是具有代表性的传统节日盂兰盆节中的民间舞蹈者还是舞台上表演的歌舞伎，都是身着“和服”而表演的。因此，日本大和民族“袖”舞艺术具有服饰文化特征。

六　中、韩、日舞蹈艺术传承与发展

中、韩、日三国间的舞蹈艺术是在相互影响、相互吸收、交流、借鉴中发展和创新的，并形成了各自国家和民族独特的舞蹈风采。中、韩、日三国舞蹈的特色与共性规律中，气韵观在舞蹈中的影响与运用不单是技术应用，而且涉足于民族理念与信仰、生态在舞蹈传承中的个性与在中、韩、日近邻国家间的相互影响和传承。

在观念形态上，历史文化的渊源与演变过程中汉文化对周边国家的影响是有据可考的。如日本至今还保留着《兰陵王破阵乐》音乐和舞蹈；韩国至今保留着传统《佾舞》与击鼓节奏、尺八之韵律，其古典舞蹈仍然保持着长短韵风，鼓点节奏丰富独特，从服饰上尚可看到汉唐遗风。从舞蹈艺术的发展来看，我们的舞蹈理念应该以历史唯物主义辩证法的观点来探讨其太极文化的传承与发扬。我认为太极观念的开掘是在继承中借鉴和发展古代先人留下的文化遗产，并给以科学的定论，真正做到古为今用，但绝不是复古搞迷信。太极文化是东方古老文化的遗存，我们若能从中汲取有用之处，并加以认真研究，不仅对东亚三国的舞蹈文化交流具有十分重要的意义，同时，对舞蹈艺术的继承发展也会大有启发。

太极文化对东亚舞蹈文化的影响是深远的，同时，也是相互的。由于它的影响，使得东亚舞蹈的“气韵观”和特色具有东亚人的性格，是东亚人的文化，是东亚人的审美观念，更是东亚人的舞蹈观。即使东亚舞蹈站到世界舞蹈艺术的前沿，仍然不会混同于西方舞蹈，因为它灌注的历史仍然是太极文化影响下的东方神韵和东方精神。

东北亚诸民族跨国流动的历史景观与话语对峙

孙春日

东北亚地区是多民族生活的区域。从地理概念上讲，东北亚地处亚洲东北部地区，包括中国东北和内蒙古地区、朝鲜半岛、日本、蒙古国以及俄罗斯远东地区。在这片广阔的土地上生活着汉族、朝鲜民族（韩民族）、日本民族（大和民族）、满族、蒙古族和远东地区俄罗斯族等较大民族，也有赫哲族、鄂温克族、鄂伦春族、达斡尔族、锡伯族等曾经被称为“鞑靼”的较小民族。随着历史的推移，东北亚诸民族当中一些民族从境内民族变成跨国民族，而有的则从跨国民族变成境内民族。

东北亚诸民族彼此间的文化联系有着悠久的历史。近世以来东北亚民族关系的特征是，主要以中国东北地区为历史舞台，互来互往，不断流动迁移，描绘出一幕幕波澜壮阔的历史画面。时过境迁，现在在东北地区仍保留着当年东北亚诸民族留下来的丰厚多彩的文化景观，常常激起目击者的历史记忆。其中，有的让人们想起东北亚诸民族友好往来的历史，而有的却让人追溯交锋的往事与场景。由于东北亚诸民族历史记忆的差异，见仁见智，当今在国际关系中常常发生话语对峙和反目，甚至刺激或损伤对方感情的不逊言论，成为这一地区动荡不安的导火线。换言之，近年来中国、韩国、日本、俄罗斯等国家围绕历史、领土问题的相互争执日趋激化，寸步不让，让东北亚共同体的形成成为遥远的事情。

就此，本文为了探讨东北亚诸民族和解的途径和办法，以中国东北地区为主要历史舞台，就日、俄、朝、满四民族跨国而居的社会背景，结合他们在东北留下的历史痕迹，以及这些文化历史景观为什么导致东北亚诸民族话语对峙等，进行考察，若有不妥之处敬请斧正。

一　东北亚诸民族生存环境与跨国流动

近世以来东北亚地域文化的显著特征是，东北亚诸民族不断向邻近国家迁徙、流动，最后形成跨国而居的生存形态。所谓地域文化，是“在自然地理环境和人文社会因素等多重要素综合作用下，在一个相当长的历史时期中逐步孕育和形成的”。[①] 然而，形成地域文化的自然地理环境和人文社会两个因素中，起首要作用的还是自然地理环境因素。因为在特定的地域，人们在特定的自然地理的环境中，过着与之相适应的经济生活，社会文化也由此出现。诚然，在这一历史进程中，政治的、军事的等诸多社会人文因素，对地域文化的形成和发展予以很大的影响，不可低估。看近世以来东北亚诸民族不断迁徙、流动的过程，的确与所在国或地区的自然地理环境和生存条件有密切关系。这种现象，在近世以来日、俄、朝、满等诸民族流动中很容易找出其原因。

日本是明治维新以来不断向大陆发展其势力的国家。1905 年日俄战争至 1945 年日本投降，大和民族一直向海外移民，他们甚至把中国东北地区当作大和民族未来的“生命延长线”，以此积极推行“满洲移民”政策。但是，历代日本的移民政策，除了日本领土扩张野心外，与他们生存的自然地理条件不能说没有关系。众所周知，大和民族生存的自然条件非常恶劣，日本领土面积只有 37 万平方公里（相当于中国云南省），然而，山地和丘陵占日本陆地总面积的 70%，平原相对较少。特别是火山多达 200 多座，常有火山爆发，日本里氏 6 级以上的地震占世界的二成

① 见《关于地域文化研究的几个问题》，《山东社会科学》2004 第 12 期；《新华文摘》2005 第 4 期。

以上。尽管水源充足，但是河流多发源于中部山脉，河流短小湍急，容易洪水泛滥。耕地少，资源也极度贫乏，粮食、煤炭等资源大多从国外进口。相比之下，中国东北地区资源十分丰富，无所不藏，无所不产。据统计，1930年代初，东北的未耕地尚存总面积的55%；铁矿藏量为4亿7000万吨，比日本当时的埋藏量1亿2000万吨多4倍以上。① 因此，中国东北被日本当作“现代地球上最有力的移住地”。② 日本曾经为减少人口压力和解决生存问题，从1908年开始向巴西等南美地区移民。但是，南美地区路途遥远，风土又迥异，移民不甚顺利。相反，中国东北地区同属东北亚地区，距离接近，风物相似，土地肥沃，自然成为日本垂涎的首选目标。

俄罗斯人19世纪末大批流入中国东北地区，也与当年俄国的生态环境有关。沙俄除了扩大领土目标外，在太平洋地区获得“不冻港”，是其在远东地区不断扩张的原动力。俄国从东欧小国，膨胀为横跨欧亚大陆的大帝国，但作为内陆国，由于受自然条件的限制，交通运输尤其是海运业极不发达。为此，沙皇彼得一世指出：“俄国必须占有涅瓦河口、顿河口和阿穆尔河（黑龙江）口”，它们“对俄国未来的发展异常重要”。③ 1860年中俄《北京条约》签订后，沙俄获得远东重要港口——符拉迪沃斯托克，1896年俄国又迫使清政府“钦差头等出使大臣”李鸿章签订《中俄密约》，以“共同防日”为由，获得了“借地接路”权利，也就是在黑龙江、吉林境内建造铁路，其终点为符拉迪沃斯托克。但是，符拉迪沃斯托克并不是不冻港，不可能满足沙俄胃口。1898年，沙皇利用胶州湾事件，逼迫清政府签订《中俄旅大租地条约》，取得了租借旅顺、大连及附近水面25年及修建中东铁路南部支线（哈尔滨经今长春、沈阳至旅顺、大连）的特权。对此，时任俄外交大臣的穆拉维约夫说：“近几年来俄国的一切努力，都是在远东寻求一个交通便利的不冻港。”④ 随着沙

① 石森久弥：《对满洲朝鲜移民的坚实性》，朝鲜公论社，1933，第15页。

② 矢内原宏雄：《满洲问题》，岩波书店，1934年2月，第102页。

③ 卡巴诺夫：《黑龙江问题》，赵延祚译，黑龙江人民出版社，1983。

④ 中国社会科学院：《沙皇侵华史》第四卷，人民出版社，1990，第91页。

俄对中国东北地区的扩张，直至1949年新中国成立，成千上万的俄罗斯人潮水般地涌入中国东北各地定居。

朝鲜民族现已成为东北亚地区较为典型的跨国民族。19世纪后半期，朝鲜民族大量迁入我国东北也与朝鲜咸镜道恶劣的自然地理条件有密切关系。朝鲜咸镜道是高原山区，以摩天岭山脉为界，分为南关和北关，其地域相当于现在的咸镜南道和咸镜北道。不过，南关和北关在地理、人文等方面存在明显差异，“南关，则山川风物，与畿甸大同小异，既逾摩天，则已见山益高峻，野益荒远，民物谣俗渐觉殊异”，[①]“其地右挟山而左接海，长则二千余里，广不过百里，郡邑元不错列，一直不在于沿路，且间之以咸关、磨云磨天、鬼门、茂山岭之绝险，地势如瓶如筒”，[②]即咸镜北道属高原山区，平均海拔1千米至2千米，全区崇山峻岭纵横起伏，平地窄小，农业条件非常恶劣。在这里，因地高水低，河流几乎起不到灌溉作用。咸镜北道的这种自然地理条件下，可耕地无法满足这里居民的需求。1910年代初咸镜北道的农业可耕地，只占咸镜道总面积的12%。[③]为了生存，咸镜道农民大力开垦荒地，但都在陡峭的山坡上，即使“耘钼粪治，全不致力，比之南农，功力不能半之也”。因此，咸镜北道的农业，以粗糙的农法闻名于朝鲜。咸镜北道农民主要食物为粟、稷等，但盐、酱、油等生活必需品非常缺乏，蔬菜也几乎不产，他们的口粮一般维持不到一年，时常以糠皮糊口，调味品和酒等副食品更是奇缺。

1860年8月，朝鲜咸镜道发生空前的大水灾，这一年，咸镜北道富宁等十邑完全浸没在水中。1861年和1863年又相继发生类似的水灾，致使咸镜道饥民丛生，疾病横噬，生灵涂炭。在连年发生的自然灾害中丢失土地的咸镜北道农民，只好离井背乡，扶老带幼，成群结队地逃荒到自然条件和生存条件相对较好的图们江以北中国境内。

满族的祖先女真人是中国东北地区古老的民族，他们一直散居在黑

---

① 洪仪泳：《北关纪事》，风土民俗事宜。《日省录》纯宗215，八年七月三日、八月一日条。

② 《李朝英祖实录》卷76，英祖二十八年四月辛丑。

③ 临时土地调查局：《朝鲜地志资料》。

龙江、松花江、日本海沿岸等地区。但是，明初建州女真人大举南下，到图们江流域跨国而居，其中自然条件是主要原因之一。据地理学的综合研究表明，在中国五千年的历史上，曾出现四次较强烈的低温期，明清时期是历史上最寒冷的一个时期，当时的气温约低于现在1～3℃，气温降低，使温度带南移。明初中国东北地区，特别是其北部地区，由于气候的原因，导致经济出现衰退，迫使黑龙江、松花江流域的女真人向南迁徙，寻找适宜生活的地区。南下来到图们江流域的建州女真人，把势力扩展到朝鲜东北部地区，以阿木河（今朝鲜会宁）为建州左卫治所，[①] 跨国而居，成为这一带又一个民族群体。

不可否认，近世以来东北亚诸民族在中国东北地区的流动、迁移，是原居住国或本地区的自然条件所迫，但是，显而易见，大和民族和俄罗斯人向中国东北地区的流动，明显带有领土扩张的野心，而朝鲜人流入中国东北地区和女真人移居朝鲜北部地区，是出于生计考虑。

二　东北亚诸民族跨国而居与文化释放

近世以来东北亚诸民族在不断流动、迁徙过程中，或长或短都经历过跨国而居的历史过程。其中，俄罗斯人、日本人在中国东北地区跨国而居的生活现已告终，女真人（满族）则从跨国而居的民族变成中国境内民族，只有朝鲜民族最终发展成为真正现代意义上的跨国民族。

然而，一个时代的结束，并不意味着历史文化符号的消失。东北亚诸民族在跨国而居的生活中，为了种种目的，以各种手段，在中国东北大地上留下了数不清的带有本民族特色的文化景物，让人们在这些历史文化景观中，可追溯到当年各民族在东北生活的历史画面，也能感受到这些文化景物散发出的社会价值。

日本人在中国东北跨国而居的生活，若从1905年日俄战争后南满地

① 稻叶岩吉、矢野仁一：《朝鲜史·满洲史》，平凡社，1939，第443页。

区变成日本的势力范围算起，直至1945年日本投降为止有40多年时间。其间，不仅大量的军队及其随军家属在东北活动，还有日本领事馆、南满洲铁道株式会社、东洋拓殖株式会社等许多政治、经济、文化团体也在东北从事侵略活动。特别是1932年开始推行的“满洲移民”政策，使在中国东北的日本人又急剧增加，至1945年日本投降为止，在中国东北的日本人（含日本移民）至少有100万人。①

1945年日本人在中国东北的殖民统治宣告结束，但是，人走物在，近半个世纪的殖民统治，他们在中国东北留下了数不胜数的历史景观：在大连、旅顺修建的关东都督府民政府部、南满洲铁道株式会社、满铁调查本部、旅顺监狱等；在长春修建的关东军司令部、关东宪兵司令部、伪满治安部、关东军100细菌部队遗址等；在哈尔滨修建的关东军731细菌部队总部大楼及其实验残址；在延边修建的日本驻间岛总领事馆和头道、珲春、百草沟领事分馆等，还有分布在延边各地的凤梧洞、青山里等历史遗迹。在经济方面，为了掠夺东北经济资源，修筑图佳（图们到佳木斯）铁路、长图（长春至图们）铁路（新中国成立前称京图铁路）等，特别是这两条铁路仍在使用中。1930年代日本占领中国东北后，为了大力开发图们江流域，通过陆海路把中国东北、朝鲜和日本连成一片，以朝鲜北部“三港”（清津、罗津、雄基）为基点，在其北修筑图佳铁路和京图铁路，开辟横渡日本海直达日本的最安全、最经济的交通线，使日本海变成日本的“内海”，构建以日本为中心的“环日本海经济圈”，借此达到“内鲜一体”、“鲜满一如”的目的。日本人在中国东北留下的各种历史文化景观的特点是数量多、分布广，尤其是具有鲜明的民族特色和浓厚的军事色彩，与殖民地统治有关的建筑物也颇多。

俄罗斯人在中国东北地区生活的文化踪迹，现主要集中在哈尔滨、黑河等地，但是，俄罗斯文化对中国东北地区产生的影响也不能低估。俄罗斯人在中国东北的生活时间，若从1897年开始算起，至1947年苏联

① 彭明生：《殖民地的樊笼》，《承德民族师专学报》1993年第1期。

政府向旅居中国的侨民正式发出返国号召为止，正好是半个世纪。其间，他们在中国东北地区分布范围很广，中东铁路沿线的大小城镇几乎都有他们的身影，人数最多时达 14 万。[①] 哈尔滨是俄罗斯人主要的聚居地，现哈尔滨的很多建筑具有欧式风格、充满异国情调，其风格在中国其他城市几乎是罕见的。这种欧洲建筑文化风格的形成，首先要归功于俄罗斯建筑文化对哈尔滨的影响。1912 年，居住在哈尔滨的俄罗斯人（不包括军队官兵及铁路员工）有 4.3 万人，占哈尔滨总人口的 63.7%。到 1917 年十月革命以后，居住在哈尔滨的俄罗斯人已接近 10 万，远远超过当地中国居民人数。[②] 因此，哈尔滨一度被视为在华俄侨的“首都”。这些俄罗斯人在 1947 年苏联政府号召他们返国后，一部分取得苏联国籍之后回国，另一部分辗转迁往其他国家。

俄罗斯文化一直对中国东北的经济、文化、宗教等方面产生重大影响。在经济方面，除了在东三省境内建成了长约 2489 公里的中东铁路及其支线外，1900 年还在哈尔滨设立秋林公司，在其属下创办了灌肠厂、面包厂、香料厂、卷烟厂、酒厂等一系列加工厂。1904 年创办于黑龙江省的一面坡中东啤酒公司，在 1936 年以前为东北地区规模最大、机械化程度最高的啤酒厂，曾荣获法国巴黎和西班牙马德里国际金奖。在宗教方面，1907 年建造的哈尔滨索菲亚教堂，成为目前哈尔滨的一大景点。这座教堂外观富丽堂皇，教堂顶端的葱头式穹窿充分体现了俄罗斯建筑的特征，是典型的拜占庭式建筑的代表。这座造型独特的教堂现被列为哈尔滨市一类保护建筑，被冠名为哈尔滨建筑艺术馆。在文化方面，现哈尔滨工业大学，其前身是中东铁路管理局于 1920 年创办的哈尔滨中俄工业技术学校；现哈尔滨医科大学的前身是俄罗斯人于 1926 年创办的哈尔滨药剂师传习所等。

朝鲜民族是在东北亚诸民族当中唯一发展成为现代跨国民族的群体。朝鲜民族由于在中国东北移居生活中，创造出灿烂的民族文化，在中国

---

① 王晓菊：《俄罗斯人在东北：半个世纪的侨民历程》，《中俄关系的历史与现实》（第二辑），社会科学文献出版社，2009。

② 同上。

东北地区多元文化中，独树一帜。朝鲜民族大批迁入中国东北地区，从19世纪后半期到1945年大约有一百年时间，人数最多时达230万之多。[①]其中，近100万人在日本投降后返回朝鲜半岛，所剩130万人发展成为当今的中国朝鲜族。

历史上，朝鲜民族较早流入中国东北地区，分布范围很广，东北三省各地基本上都有他们的历史踪迹，他们为开发和建设中国东北边疆做出了重大贡献。特别是近代延边地区的开发，基本上靠朝鲜移民。现在，延边一带泉坪、泉水坪、清水洞、清川、药水洞等诸如此类的地名颇多，这与朝鲜移民的土地开发有关。19世纪后半期，朝鲜移民来到延边时，沉睡二百多年的延边到处是荒原和塔头甸子，腐水久积，人饮此水，便得大骨节和粗脖子病。因此，朝鲜垦民们四处寻找水土好的地方，一旦找到清泉汩汩的好地方，便围泉而居，把当地或名之曰“泉坪”、“泉水坪”，或起名为“清水洞”、“药水洞”。这样，冠以“泉”、“清”、“药”字的地名在延边各地相继出现。[②] 另外，东北地区的水田开发，也是朝鲜民族的一大功劳。众所周知，公元926年渤海国被契丹灭亡之后，水田农业在中国东北地区失传，再没有出现，结果，东北地区长期以来维持以旱田农业为主体的单一的农业经济结构。但是，19世纪后半期随着图们江、鸭绿江以北朝鲜移民逐年增多，他们在这一带试种水稻的成功，开创了近代东北水稻种植的先河。此后，水田农业在东北逐渐得到普及，成为当今东北农业的主要品种之一。朝鲜民族文化的另一个特点是，在延边各地建立了许多烈士纪念碑和保护了不少抗日斗争历史遗址。著名诗人贺敬之先生来延边视察时曾写下“山山金达莱、村村烈士碑”这一著名诗句，这正是朝鲜族革命历史的真实写照。

女真人（满族）曾是东北亚的主要民族之一，是由跨国民族变成中国境内民族的一个群体。女真人从朝鲜北部退回江北，与朝鲜李朝政府推行的“北进”政策有密切关系。朝鲜李朝建国后，为了向北扩展领土，

---

① 孙春日：《中国朝鲜族移民史》，中华书局，2009，第635页。

② 政协延边朝鲜族自治州委员会文史资料研究委员会编《延边文史资料》（第三辑，内部发行），1985，第111～114页。

对居住在图们江流域的女真人“恩威并用”，采取了愿意归服者令其向化，对背离者无情打击的政策。结果，生活在朝鲜北部的大部分女真人被逐出。尽管如此，他们在朝鲜北部仍留下了自己的文化痕迹。直至现在，咸镜道很多地名、方言中都掺杂着女真人的文化因素，如豆满江、阿吾地煤矿等。另外，朝鲜南方人歧视北方咸镜道人的意识历来很强，认为关北人是“野人的遗种”或至少血液上是“天生的贫贱”之种。所以，论起关北风土民俗时，常发“几皆靺鞨遗风”，“与彼人不甚异同”等言论。结果，在历代朝廷中很难看到咸镜道出身的官吏，即使有，也是最低级的。其实，这也是历史上朝鲜北部地区常常发生农民起义的主要原因之一。

总之，近世以来东北亚诸民族在中国东北地区留下的带有本民族特色的各种文化景观，发挥了后人解读和诠释历史的社会功能。

三　东北亚诸民族的历史记忆与话语对峙

如前所述，近世以来东北亚诸民族频频流动、迁徙，归根到底是与他们生存的自然地理条件有关，即气候、火山、地震、领土面积、出海口等多种因素促使东北亚诸民族不断向自然地理条件更好的方向流动，而中国东北地区成为他们首选的目标。然而，在这一历史过程中，东北亚诸民族的流动、迁徙内涵不尽一致，有的为了生计，而有的却伴随着领土扩张的野心。因此，他们在中国东北留下的文化景观，给人们带来的是不同的历史记忆和社会话语。

一个地区的历史文化景观，作为历史的见证者，除了反映本地区的地理特征外，作为一个过去与现在共存的空间，还具备反映文化内涵的社会功能。正如美国学者凯文·林奇所说：“景观也充当着一种社会角色。人人都熟悉的有名有姓的环境，成为大家共同的记忆和符号的源泉，人们因此被联合起来，并得以相互交流。为了保存群体的历史和思想，景观充当着一个巨大的记忆系统。”① 中国东北地区的历史文化景观，作

① 〔美〕凯文·林奇：《城市意象》，华夏出版社，2001，第95页。

为东北亚诸民族在此活动的历史符号，反映着一个时代的历史。但是，事实证明，东北亚诸民族对这些文化景观的历史记忆，大相径庭，话语对峙程度也无以复加。

首先，日本的历史记忆至今一直离不开当年的军国主义史观，忽视或歪曲他们在中国东北地区留下的这么多象征侵略的历史景物，并且还在美化他们的侵略行为。日本政客们把日俄战争爆发的原因，说成是中国和朝鲜“非常衰落”所致，日俄战争是一场“拯救亚洲的战争”，“没有军国日本，也就不会有今天的亚洲”；还说当年日本提出“二十一条”要求和发动“9·18”事变是“为了维护日本的正当权益”，“1928 年以后日本并没有通过行使武力而吞并包括满洲在内的支那大陆的事例”等，[①] 实在是让人不可理喻。

日本的历史记忆和话语与中、朝等民族背道而驰，其主要原因是日本近代亚细亚主义（区域主义）理论使然。19 世纪 70 年代末开始形成的日本亚细亚主义，初期应该说是具有“亚细亚连带论”、“亚洲命运共同体”思想意识。面对东方民族的共同危机，在儒家文化认同的基础上，形成一种区域内团结、平等、合作，共同抵御外来（西方）势力的思想。因此，1880 年，日本成立“兴亚会”时，除了日本人外，中国驻日本公使何如璋、黎庶昌及朝鲜的金玉均、徐光范等也成为会员。但是，1895 年中日甲午战争中日本打败了清军后，近代日本的亚细亚主义发生“质变”，“日本盟主论”代替了“日中提携论”。从此，日本企图摆脱亚洲穷国与西方列强为伍，日本的国家利益被置于亚洲各国利益之上。此后，日本在“9·18”事变、太平洋战争中，尽管始终打着亚细亚主义的旗号，但只是为了欺骗东北亚乃至东亚各民族而已。

俄罗斯对远东的历史也充满着沙文主义色彩，经常用各种借口对当年沙俄对中国东北地区的侵略行为加以辩护。俄罗斯史书多处记载，“远东乃无主之地，有野民，臣服大清，定期给大清上贡，但不算大清之民，

---

① 参见（日本）历史研究委员会《大东亚战争的总结》，新华出版社（内部发行），1997，第 9 页。

和朝鲜、越南地位相同”，对日俄战争在东北地区进行，说只有“日本是真正的侵略者”，战争之爆发主要是由于“日本采取了发动战争的坚定方针”，而俄国是“力图避免同日本发生战争的”。[①] 由于俄国的干涉，“使中国保住了辽东”，并因此“显著地改善”了中俄关系。当然，列宁和苏维埃政府曾经对过去的历史进行反省，于 1920 年 9 月苏俄《加拉罕第二次规划宣言》中写道：“俄罗斯苏维埃联邦社会主义共和国政府宣布，以前俄国历届政府同中国订立的一切条约全部无效，放弃以前夺取中国的一切领土和中国境内的一切俄国租界，并将沙俄政府和俄国资本家阶级从中国夺得的一切，都无偿地永久归还中国。”但是，后来也不了了之。

其实，征服别的民族，吞并邻邦的领土，是历代沙皇的既定国策。尼古拉二世时代的沙俄报纸直言不讳地供认：“我们历代政策所依据的原则是，俄国必须靠牺牲邻国来扩大自己的领土。”虽然立国已经一千多年，俄国仍在向民族政治的边界前进。[②] 从 19 世纪末开始，沙皇的整个国家机器都为谋求远东太平洋地区的霸权而转动，其中包括一些当时俄国著名的探险家，第一流的法律学家、历史学家、哲学家、汉学家以及沙俄的亲王等。他们的活动为俄国对远东的扩张，提供了强有力的意识形态和理论的支持。他们认为，由于俄国文化处于欧洲文化和东方文化之间，因此，俄国有把西方文化传播到东方去的“历史使命”。沙俄的御用文人还纷纷著书立说，进行宣传：“可怜的亚洲人切望着俄国权力向前推进”，“俄国在亚洲的不断前进对世界文明有好处”，俄国必须征服亚洲，以保卫欧洲不受“黄种人势力”的侵犯，等等。

19 世纪后半期朝鲜民族大批流入中国东北，也是带有复杂的历史情感而来的，从而引起中韩话语对峙。中国认为，朝鲜移民“犯禁”迁入我国东北地区，理所当然是“非法”行为，大量的历史文献和考古资料证明，延边地区自古以来就是中国不可分割的领土。但是，韩国自有

① 从佩远：《评日俄战争前俄国的远东政策》，《世界历史》1981 年第 5 期。

② 内蒙古语文历史研究所编《中俄关系资料选编（近代蒙古部分）》上册，第 1 页。

“故土怀旧论”的主张，[①] 说朝鲜民族流入中国东北是17世纪以来朝鲜实学派的北方领土意识在行动上的表现。也就是说，朝鲜李朝时期推行“北拓”政策，是出于对高句丽、渤海故地的怀念。事实上，19世纪的朝鲜社会充满着“故土收复论”，向北方开拓疆土成为社会潮流。这一时期朝鲜实学派打破“华夷”观念，非常关心民族问题，专心研究朝鲜地理、历史和文化，以此树立起民族自我意识。特别是他们通过著书立说，把高句丽、渤海曾经活动过的地方当作朝鲜民族失去的土地，激发人们对古代朝鲜疆域的怀念。这种言论在韩国一直延续到当代。1978年《韩国日报》曾经发表过某学者的主张，说“历史上，以间岛为中心的满洲平原，是我国民族的活动舞台、根据地，直至苏联的沿海州，都是我国的边疆”。[②]

可见，东北亚诸民族围绕同一文化景观产生如此大的历史记忆差异和话语对峙，不同程度上反映了自我中心主义观点和历史视角，特别是日本、俄罗斯等曾经给东北亚民族带来危害的国家，都为自己的侵略行为千方百计地找出貌似合理的借口，实为可悲。

四 结束语

综上所述，近世以来东北亚诸民族大批流动和迁徙，是与东北亚地区的自然地理环境和生存条件有关，东北亚诸民族以中国东北为中心跨国而居的生存形态，是不断流动的结果。东北亚诸民族在中国东北地区近半个世纪的生活中，留下了丰富多彩的反映本民族特色的文化景观。然而，未曾想到，东北亚诸民族对这些文化景观的历史话语如此大相径庭，甚至有些民族根本认识不到自己留下的文化景观给其他民族带来的伤痕是难以愈合的。因此，东北亚诸民族若想今后和平相处，互惠互利，首先必须清算历史，消除隔阂，建立起可信赖和经得起考验的民族关系。

---

① 见韩国“间岛学会”《间岛学报》（创刊号），白山文化。

② 《韩国日报》1978年3月3日。

东亚的“核心现场”与历史学的角色：从图们江谈起

白永瑞

一　何谓“真正意义上的历史学”？

何谓真正意义上的历史学？作为历史研究者，我从来没有认真考虑过这一问题。中秋过后，我在杭州举行的“哈佛—燕京论坛”上发表了主旨演讲，并同与会的专家学者们进行了一番讨论。应哈佛—燕京研究所的邀请，我以访问学者的身份参加了此次华语学者们的学术盛宴。“何谓真正意义上的历史学?”是本届论坛的主题，而我作为韩方代表接到了主办方的邀请。

由于论坛采取了非公开的形式，会场的氛围显得异常自由和活跃。大家畅所欲言、各抒己见，而非一味寻求标准答案。什么才是“真正意义上的历史学”？对于这一问题，想必是仁者见仁、智者见智。与会者纷纷表示，“畅言所思”，要远比讨论结果本身更重要。一位香港学者提到的“入世史学”就很好地体现了这一点。他解释“入世”与佛家的“出世”是两个互为对立的概念，而入世史学（History of Relevance）是深入到现实中的史学。在他看来，史学只有与现实息息相关，才能称为真正意义上的史学。

他举了一个“公众史学”（Public History）的例子。我虽然在大体上支持他的观点，但是在一些方面也保留了自己的意见。他所强调的“公众史学”更多的是以英美国家为考察对象，着重研究以史学专业性为基础的大众融合度，即把考察重点放在了史学知识的流通与普及之上而非生产。公众史学是一种实践。[①] 比起学术论文，它更多的是通过博物馆历史教育、大众媒体历史节目及口述史（Oral history）等媒介，增进历史知识的社会效用。我曾在另外一篇文章中提过“公共性历史学（History of Publicness）”（而非公众史学）。我认为，强调史学的社会效用必须与研究公共性（含有公共性质）的讨论标准相同步。公共性的理解方式和社会成员共同关注的话题总是位于大众沟通和社会实践之上。因此，在讨论这些问题时，我们必须从“作为合理性标准的公共性”入手。同时，我们也要重视符合这一标准的历史知识的产生过程。[②]

从这一点来说，真正意义上的历史学就是历史学者投身（入世）到所处社会的现实之中，努力生产和推广与之相关的历史知识，并不断反思自己所提出的效用是否符合公众关切点的一种实践。具体来说，按近代史学学术纪律，将社会议题转换为学术议题的过程就是实现公众史学的过程。我认为历史研究者所处的社会现实越接近“核心现场”，其“公共性历史学”，即“真正意义上的历史学”就越能有效地发挥作用。那么何谓“核心现场”？

二、何谓东亚的“核心现场”？[③]

为分析东亚的历史与现实，我曾提出“双重周边视角”这一概念。[④]

① 白永卿：《知识政治与新人文学：关于公共研究扩张的探索》，《创作与批评》2013 年夏季刊。关于公众历史学的详细资料另见 http://www.publichistory.org。

② 人们常常会混淆形成公共性的公共领域·公共圈这一空间概念和判断其讨论内容是否合理的公共性。只有正确区分两者，我们才能使讨论变得更加简单明了。对这一内容的详细解释参见白永瑞：《开启社会人文学的地坪：从其出发点“公共性的历史学”谈起》，《东方学志》第 149 期（2010 年 3 月）及其中文版，《开放时代》总第 223 期（2011 年 1 月）。

③ 本节内容概括、修改自《从“核心现场”寻找东亚共生之路》，《第五届东亚批判杂志会议“連動する東アジア”》（那霸：2013 年 6 月：28～30）中的部分内容。

④ 白永瑞：《从周边看东亚》；崔远植、白永瑞共同主编《周边视角下的东亚》，文学知性社，2004，第 16～36 页。白永瑞：《思想东亚：韩半岛视角的历史与实现》，台北：台湾社会研究杂志社，2009；白永瑞：《思想东亚：朝鲜半岛视角的历史与实践》，三联书店，2011，第 6～7 页。

简单来说，一种视角是指以西方国家为中心的世界史发展过程中被迫编入非主体化道路的“东亚”这一周边视角；另一种视角则指在东亚内部秩序中处于边缘的周边式认识。这里所讲的中心与周边关系超出了单纯的地理界限，它更多的是指连带关系或抑压移让的关系。“双重周边视角”意味着对这一关系的认识，同时也表现为克服这种关系的实践行为。这一视角要求我们从历史脉络，尤其是从世界体系中的品级序列中具体分析中心与周边的关系。然而，东北亚不是一个由水平面上的等质国家集合而成的组合体，而是一个拥有重叠式中心和周边的立体、非等质区域。因此，“双重周边视角”需要将复合、重叠的时间与空间认识作为其增加说服力的后盾。

核心现场是要求人们认识这种复合、重叠式时间与空间的地方，同时也是将其运用得当的首选对象。这与孙歌的历史之“关节点”的概念是相通的。① 凝结时间与空间矛盾的地方，就是核心现场。除了冲绳之外，南北分裂的朝鲜半岛、与大陆相隔的台湾（笔者最近的关切点）等都属于核心现场。这些时间与空间的矛盾和冲突，在经历相互作用之后，形成了一种恶性循环。这些矛盾的妥善解决，将从广度上有力强化其作为推动和平东北亚的媒介作用。因此，核心现场并不意味着特定区域的特权化。

其实，任何一个区域都能成为核心现场。就像禅家的“随处做主”，只要我们树立主人翁意识，在自己生活的空间有所作为，任何地方都能成为核心现场。具体来说，只要正确认识时间—空间的矛盾与冲突，坚持以解决矛盾的态度投身到实践之中，我们就能发现核心现场。这与在权力关系下的中心—周边既定结构中谋取“中心”地位，截然不同。矛盾与冲突的郁结，使生活在核心现场的人们承受了巨大的痛苦。在解决矛盾的过程中所得到的领悟定能使人们在生活态度上发生转变，进而将其影响力扩散到周边其他地区。

---

① 孙歌、白永瑞：《非对称韩中关系和东亚连带》，《创作与批评》2013 年夏季刊，第 198 页。

三 图们江区域是否又是一个核心现场?

图们江一带[①]是时间—空间的矛盾和冲突集中的地方，因此具备了形成核心现场的客观条件。

一直到清朝，各路势力在图们江一带及“满洲”（中国东北）地区[②]轮番坐庄，而这一地区，自然也被贴上了“冲突的温床”的标签。进入近代之后，这片土地遭受了甲午战争、日俄战争及“日韩合并”的洗劫，各路列强为自身利益不断冲突、对抗的剧目在这里轮番上演。这一时期的申采浩甚至将这一地区称为“东方的巴尔干半岛”。[③]

时间—空间上的矛盾与冲突频现于此已是不争的事实，那么这一区域是否有意愿去克服这些矛盾？从区域和解与繁荣工程的推进中，我们看到了这一地区走出“冲突的温床”这个困境的可能性。

图们江一带，地处朝鲜半岛、中国与俄罗斯的边境，不仅具有重大的政治军事战略意义，更具有无限的经济开发潜力。将图们江区域建设成集投资、生产、流通和共同市场于一身的经济要塞，在这一美好愿景的吸引下，联合国开发计划署（UNDP）迈出了推进各国小区域开发合作

---

① 图们江发源于长白山，干流全长516公里。河的两岸分别是朝鲜半岛和中国的吉林省，河流途经下游的俄罗斯与中、朝、俄三角边界，注入日本海。图们江既是中国与朝鲜的界河（500公里），也是朝鲜与俄罗斯的界河。朝鲜半岛、中国东北及俄罗斯的沿海州地区在金三角（golden triangle），即图们江小三角和大三角纵横交错。这里被赋予了欧亚大陆之东方窗口的美誉。

② 区域名称一般都会带有较强的政治色彩，“满洲”与东北也是如此。最初，“满洲”只是成立后金的女真族用来指代他们种族的用语。随着时间流逝，人们更倾向于用它表示女真族的发祥地。由于满洲这一地名会让人联想起日本在侵略中国时扶植的“满洲国”，中韩两国多少会对此介怀。辛亥革命胜利后，中国很少使用满洲一词，原因是它会让人联想到清朝的统治集团——满族。1920年末，中国开始以“东北”一词取代满洲。虽然两者的范围大致相同，但也有一些人表示“东北”一词的出现和广泛使用，意味着关内汉人的排他性权利主张，即认定满洲地区是中国领土（中原中心主义视角）的明确主张。在如今的中国，东北一词，用来表示“东北三省”的行政区域。参见成根弟《是东北还是满洲：近代东北地区研究课题设定之可能性》，《中国现代文学》第56号，2011。

③ 申采浩：《再论满洲问题》，《丹斋申采浩全集》，形成出版社，1987，第242页。

的重要一步。1991 年 3 月，图们江区域开发（Tumen River Area Development Program，TRADP）入围四大东北亚区域合作规划。[①] 推进这一工程，首先要通过开展朝韩经济合作和改善朝日关系，推动朝鲜半岛实质性的经济合作，从而建立有效的东亚合作机制。遗憾的是，这一工程目前还没有取得实质性的进展。尽管如此，各国已迈出了将图们江一带建设成和解与繁荣之都的坚实一步。相信在不久的将来，这一区域定能释放出作为核心现场之主体性的无限潜力。

我们也能在市民社会中，发现这种主体性构建之可能性。韩国城市建筑师金石铁（김석철）在 2012 年韩国总统选举期间提出的在图们江河口建设跨国城市的设想（朝鲜半岛空间战略的一部分）就是其例。

简单来说，这是一个在中、朝、俄边境地带，即在拥有地理、经济优势的图们江河口建设跨国城市，进而将其经济影响力扩散到整个朝鲜的方案。图们江河口正是西伯利亚的能源及中国东北三省的重工业、农业和畜牧业物流交织融汇的敏感地区。金石铁认为，仅向中国开放的罗津—先锋经济特区，由于将日本和俄罗斯排除在外，未能有效发挥其跨国港湾的作用，对朝鲜经济的影响亦十分有限。东北三省需要走向日本海，西伯利亚也需要建设连接大陆及朝鲜半岛的港湾，日本同样需要拥有向中国、欧洲等地发展的跳板……可以说这是一项惠及多方的工程，体现着各方的利益和需求。在图们江河口建设跨国城市这一工程，能向世界展示朝韩两国在建设、经营城市方面的无限潜力。只要朝韩连心，携手中日，这项工程的实现指日可待。[②]

当然，这一设想的实现，离不开朝韩两国政府的创意性合作。就目

---

① 入围四大东北亚区域合作规划之后，TRADP 当事国于 1995 年 12 月 6 日聚集纽约，为成立图们江区域开发规划东北亚开发协议委员会（Consultative Commission for the Development of the Tumen River Economic Development Area and Northeast Asia）和图们江区域开发调解委员会（Tumen River Area Development Coordination Committee）签订了政府间协议。作为东北亚最初的政府间机构（Inter - governmental Body），上述两个机构在推进图们江区域开发和东北亚地区经济合作中发挥了主体作用。赵永建：《UNDP 图们江经济开发与朝韩经验》，《产业经营》22，1998。

② 金石铁：《朝鲜半岛区域设计》，《创作与批评》，2012，第 190 ~ 223 页。

前的朝韩关系来说，还不足以推动这项工程取得实质性进展。因此，我们需要将政府间的利益关系搁置一旁，重启民间交流合作，寻求主体性构建的可行性。

四　回眸图们江一带的人文资产与历史学

在众多民间力量之中，本文将着重于对历史学家及历史学作用层面上的考查。受各国利益关系的影响，研究图们江及“满洲”（中国东北）地区的学术活动一直以来受到了多重限制。日本帝国主义主导的“满洲学”和中国推进的“东北”研究刚好印证了这一点。[①]

近代“满洲”之学术研究与日本帝国主义在日俄战争之后提出的“东洋史”之间，有着密不可分的联系。[②] 日本通过提出“满鲜史”的概念，将“满洲”和朝鲜混为一谈，在为两地居民贴上静止、被动民族标签的同时，否认了其历史主体性。在日本帝国主义的东洋史学家看来，“满鲜”是位于列强夹缝中的“中立地带”，同时也是代表日本帝国主义利益的前方“生命线”。日本继 1910 年的“日韩合并”之后，于 1931 年从中国手中夺取中国东北，并在该地成立“满洲国”的行为，将这种所谓的“满鲜”观推向了高潮。简单来说，日本帝国主义东洋史学主导下的“满洲”研究带有浓厚的帝国学问色彩，其目的就在于为帝国主义的扩张提供服务。

1945 年以后，日本对“满洲”的研究发生了巨大的变化。由于社会需求的减少，战后的“满洲”研究失去了昔日的活力。为了与“帝国学问”的消极遗产划清界限，日本开始模仿中国，使用“满族史”这一概念。这一时期的“满洲”研究大致可以分为两类：第一类是继

---

① 下文中没有标注参考文献的部分，均转引自金宣旼《满鲜史、满学和满洲学》，《明清史研究》第 38 辑，2012。

② 转引自白永瑞《“东洋史学”的诞生和衰退：东亚学术制度的传播与变形》，《韩国史学史学报》第 11 号，2005。转引自白永瑞《思想东亚：朝鲜半岛视角的历史与实践》，生活·读书·新知三联书店，2011，第 296～326 页。

承战前研究成果，强调满文史料之重要性的清朝史研究；另外一类是参考汉文史料，将清朝视为中国历代王朝之一的清代史研究。

中国的“满洲”研究也是在民族主义的影响下起步的。中国的近代史学研究是从克服帝国主义侵略、批判帝国主义傀儡清王朝与满族、树立民族国家独立性开始的。因此，在中国20世纪的史学研究中，“满洲”和清朝一直都是与中国相对立的概念，没有得到研究者们充分的重视。20世纪30年代，帝国主义列强间的利益在中国东北剧烈冲突。在统一领土的爱国主义热潮下，满洲作为中国的“东北”地区被赋予了新的意义。

进入21世纪，民族荣耀与爱国主义在中华大地再续高潮，清代史再次受到了世人的瞩目。如今的中国继承了清朝的广阔土地与多元民族，重新审视清史（一改20世纪的冷漠），给予积极评价也在情理之中。

至此，我们可以看出近代东亚国家对“满洲”的学术研究有以下几个特点。首先，东亚对“满洲”的研究带有民族主义色彩。其次，人们对地区自身的关注超过了对该地居民的关注。研究图们江一带人文资产的历史学者是否能够摆脱各国民族主义历史叙述遗产的束缚？如果无法摆脱这种约束，对图们江一带的研究也必然会陷入各国利益关系冲突的漩涡。

最近，在后结构主义与后近代主义思潮的影响下，“满洲”作为世界学界潮流之“绝妙研究对象”受到了各方的瞩目。[①] 作为其组成部分之一的“边境史观”被寄予了跨越民族主义的厚望。这一观点将图们江一带及满洲（东北）地区视为一个独立的“边境”，从该地居民的视角考察了区域历史。[②] 这种观点摆脱了民族主义（冲突）的束缚，将目光聚焦在各路势力频繁接触的空间之上。在我看来，这种“边境（史）视角”是走出国别史观界限的跨境视角，有利于人们重新理解该地区不同居民（及

① 转引自韩国满洲学会《〈满洲研究〉创刊词》，《满洲研究》，2004。

② 金宣旼：《满鲜史、满学和满洲学》，《明清史研究》第38集，2012，第119～120页。

政治势力）间的接触与交流。①

以下我将从“核心现场”的视角出发，对历史研究的方向进行梳理。首先，边境史观将以冲破现有边界的后结构主义为基础，有力地推动了民族主义史观的解体。另外，将重点放在边境之上的这一观点带有无法摆脱“中心—周边”框架的局限性。相比之下，“核心现场”视角就将目光聚焦在了“双重周边”视角的认识上，有效地确保了在临界点克服这一弊端的推动力。这种推动力源于现场性（placeness/actuality）。“边境”、“边境居民”等通用概念容易涵盖图们江地区的独立性（singularity）。然而，注重居民日常生活现场的核心现场观，却可以有效地呈现该区域的独立性，由此易于鲜活地捕捉其欲改造现实的愿望。

其次，从注重居民日常生活的核心现场观来说，其与“生活圈”的概念紧密相连，为跨境研究提供了强劲的推动力。早期朝鲜史学研究者尾村秀树曾用“跨国境之生活圈”的概念解释了“定居日本的朝鲜人”。我用来研究其他核心现场的这一概念就源于此。冲绳的知识分子创意地将其用来冲破国境与领土的概念。他们提议将这种抽象而不现实的“固有领土论”搁置一旁，并将其替换成钓鱼岛等争端地区居民（渔民）“生活圈”概念，即进行历史、文化、经济交流的区域概念。冲绳憧憬着从保障居民实际权益的生活圈出发，实现与同区域台湾渔民共生共荣的未来。② 相信生活在图们江一带的各国居民也可以在不久的未来寻得跨境共生共荣的发展之路。

最后，如上所述，只有正确认识特定区域时间—空间上的矛盾与冲突，坚持以解决矛盾的态度投身到实践之中，我们才能发现核心现场。唯有如此，我们才能通过核心现场观，全面认识凝聚时间与空间之矛盾、冲突的图们江区域历史及现实，正确探索人们为解决矛盾不断付诸实践

---

① 对此的研究事例见延边大学“跨文化交流与东亚合作”项目。对中国跨文化研究成果的简介和评价引自“跨文化交流与东北亚合作 2013”高峰论坛（延吉：2013 年 6 月 31 日）会议资料集中金柄珉的《东亚跨文化研究的历史与展望》。

② 아라사끼모리떼루。白永瑞、李汉洁译《冲绳，结构差异与抵抗现场》，《创作与批评》，2013，第 123 ~ 134 页。

的过程。我们还可以在此基础上积极谋求未来的实践方向与相应的主体形成之路。换言之，核心现场包括了区域的过去、现在和未来。正是因为这样，谋求图们江一带和解与繁荣的跨国工程及历史叙述有了一个交流与沟通的空间。

需要注意的是，我们不能使历史学（及其所属的满洲学）在“开放的21世纪”过度依赖以国际合作求得中国东北地区发展的憧憬式①实践姿态。可以说从“数百年多民族共荣的开放型舞台”②视角，集中观察图们江一带的做法是带有偏颇而有失平衡的。作为核心现场的图们江一带，凝聚着许多时间—空间上的矛盾与冲突。只有正确认识这一事实，我们才能形成解决矛盾的实践主体。这一区域既是“开放的舞台”，也是“冲突的温床”。历史学要从不同的角度去认识问题，而不是一味地坚持既定事实。现实只是历史诸多可能性中得以实现的一种形态，而未来取决于我们的集体努力（或选择）。这就是历史学的真谛所在。

通过深入图们江一带居民的生活世界与该地人文资产，给予人们启示的历史学，能帮助我们重新审视自己的世界观及人生态度的历史学，便是21世纪所需要的“真正意义上的历史学”。只有当历史学家以身作则，坚持“真正意义上的历史学”时，图们江一带才能实现从边缘到核心现场的华丽转变。

（卢雪花　李　慧　译）

---

① 韩石廷、卢基植：《满洲、东亚融合空间》，晓明出版社，2008，前言。本书作者是满洲学会的主要会员。因此，书中前言代表着学会的立场。转引自李正斌对《满洲、东亚融合空间》书评中的《“满洲”新发现和满洲学新方向》，《满洲研究》第8集，2008，第282页。

② 转引自《满洲研究》创刊号，《创刊词》。

东亚的生态

韩东育

学者对东亚事务的表达，需要提起人们的注意。一种说法称，“日本史并不像人们常常想的那样，是一个可以与其他历史相隔绝的独自完整的历史。它是在与大陆历史的密切关联中展开的历史，并且只有大陆的历史才是包括日本在内的‘东亚世界’的历史”。[①] 另一种说法认为，“朝贡体系……盛行了这么长时间的事实意味着它已经成为中国和东亚国家考虑双边关系的思维定式”[②]。前者仿佛在说，在古老的东亚地区，有谁想了解完整的日本历史，必须到日本无法离开的中国大陆来寻找；而后者则更多强调，时间和规则的沉淀，早已给区域内部赋予了难以改变的观念“基因”。如果允许作延伸表述，那么，这两种说法或许只想传递一种信息，即拥有数千年历史的东亚世界，曾经形成过有别于其他世界的区域传统。由于传统往往通过继承者的下意识观念和行为来体现，因此，今人在观察和把握东亚走向时，就无法简单地否定和无视它的隐形规约和一事当前时的本能反应。然而不美的是，当下东亚世界所发生的大事小情，好像与这两位学者的说法并不配合——日本等中国邻邦不但没有汇拢在它们曾经拱卫过，并且今天也不乏强大的“中心”周围，反而乘美国“重返亚洲”之势，联手孤立之，围堵之，还不时摆出一副要与中国“对决”的姿态。到底是学

① 西嶋定生：《中国古代国家と東アジア世界》，東京大学出版会，1983。

② 马丁·雅克：《当中国统治世界》，中信出版社，2010，第333页。

者们的研究错了呢，还是我们的印象错了？如果都不是，那又该怎样解读这些不合“常理”的诡谲现象呢？

还有一种说法显然来自政治家，即“中日关系几千年来是好的，近百年来是坏的”。顺着这一逻辑，称中日“近四十年来是好的，近两三年来是坏的”，好像亦无不可。可是，定论所能导致的例外案例困扰，似乎并不只是学者们的特权和专利。当我们去观察整部中日关系史时会发现，被定性为“好”的时候，其实并不缺乏摩擦、争执甚至冲突；而所谓“坏”的时候，反而时有往来、对话甚至是令人感动的交谊。

这意味着，一个思考方式的转变，或许能够给东亚问题的观察和理解赋予某种新的维度：假如我们尝试把文明视为一个生命形态，将东亚这一区域指代还原成息脉相通和损益攸关的生命共同体，那么，迄今发生的许多问题“盲点”，大概可以在新的观察系统中得到部分澄清。可当我们试图这样做时却发现，至少在形式上，该方案并不是今天才有的。早在20个世纪五六十年代，日本生态学家和文化人类学者梅棹忠夫（1920～2010），就曾提出过“文明生态史观”的命题，而且该理论还曾引起过相当的争议。梅棹氏试图璧合“文明论”与“生态学”的做法，显然与他的个人经历和知识结构有关，而且，仅就概念本身而言，把“文明生态”定义为一定法则规约下的“共同体生活方式”，亦不失为有价值的学术见解。可是，无论在当时还是后来，这一构图不但没有获得普遍的认可，还不时引致措辞严厉的批判。尽管梅棹氏一直为自己所受到的“争议性待遇”感到不满，但回头想来，他把欧亚大陆分为“第一区域”和“第二区域”，把日本和西欧划归现代文明高度发达的前者，而将中国和其他地区划入古代繁荣而现代凋零的后者以及试图通过这一区分来表达只有日本才堪与西欧比肩并行等言说，似乎也只能引来反复的攻讦和无尽的烦恼。因为梅棹氏的“比肩说”，并不想证明日本的现代化与西欧有什么联系，而是强调即便没有西欧，日本凭优越的生态条件也可以步入现代文明国家的行列①；而且，他

① 梅棹忠夫：《文明の生態史観》，《中央公論》1957年2月号；《文明の生態史観》，中央公論社，1967。

不但认为日本是“存在于远东地区的另一个欧洲”，而且还旗帜鲜明地宣称：“日本可以拒绝承认自己是亚洲的一员”[①]。显然，“脱亚而不入欧”或“脱亚而自为欧”，已成为梅棹忠夫的重大理论“创新”。可由于这种创新过度地偏离了事实，所以便不但脱出了历史的固有轨道，而且也在疾速的脱轨过程中把对自己国家的热爱病态化了。梅棹氏的表达是直率的，他坚持通过自美式倾倒，既要解构西欧的先进，更想远离亚洲的落后。而“落差”的制作，还使他充分享受了用中国等“第二区域”的寒碜来反衬日本之不凡等做法所能带来的快感。但，理论上的“破局”似乎也由此发生：其初本来想通过“欧亚”宏大叙事框架来阐释的“文明生态”，最终却只是凸显了日本这一小串西太平洋岛链。表明梅棹氏已在有意无意之间，不仅毁损了原本有价值的“文明生态”命题，还无法不把自己的言说嵌入“日本主义”的老套。大概，离开前近代东亚环境和近现代西欧规则而探讨所谓日本的“文明生态”，结果也只能如此。

这表明，只有把研究对象投放到其应有的场域时，原本有价值的观察维度才能获得真正的意义。它提醒人们去关注一个事实，即全球一体化之前，人类文明曾有过区域凝聚的历史，并分别体现为欧洲、地中海、伊斯兰、南亚和东亚这五大区域世界。同时，也提醒人们去关注另一个事实，即全球一体化没能真正切断的各自固有联络，还使区域内各国朝旧有世界的“复归”动向，已日益呈现为无声而有形的新趋势。这不仅构成了重新讨论“文明生态”问题的真正前提，而且，当我们去关注东亚世界的“文明生态”时，黑格尔的名言——“历史必须从中华帝国说起”，还有效地提示人们不要忘记中华体系曾经有过的文明典范意义。

雅斯贝斯（K. Jaspers）曾把中国定位为“轴心期”时代东亚世界的轴心。对于“轴心期”（Axial Period）意义的描述，人们早已耳熟能

---

① 梅棹忠夫:《日本とは何か：近代日本文明の形成と発展》，日本放送出版协会，1986，第39~40页。

详（《历史的起源和目标》）。但我以为，其最为要者，乃在于轴心文明如何才能为区域世界“立价值”和“定规矩”。但某种价值和规矩能否得到确立，一般取决于其赖以确立的充分条件是否具备。这至少需要满足两个必要条件：一，是否代表了强势、优势和趋势；二，是否能准确地反映并回应接受者的欲望和需求。

代表中华价值的“华夷秩序”，原本是“三代”时发生在中国大陆内部的文明系统。但是，“东至海暨朝鲜，西至临洮、羌中，南至北向户，北据河为塞，并（傍）阴山至辽东”（《史记·秦始皇本纪》）的秦朝疆域四至，在证明这一体系已经被秦始皇郡县化的同时，也显示秦对建制以外的世界，并没有寄予特别的关心，长城的修建，体现了这一逻辑。是后来匈奴对汉朝的叛服无常，才逐渐唤起郡县制帝国发生之前的区域支配理念——“天下观”。郑玄对《礼记·曲礼下》“君天下曰天子”一句的注释，提示了这一点：“今汉于蛮夷称天子，于王侯称皇帝。”有趣的是，周边政权与汉签订盟约时，它们往往会有一旦背约则“违天不祥”的观念（如南匈奴呼韩邪单于之于汉元帝）。所以《礼记·曲礼下》疏引梁崔灵恩的话说：“夷狄只知畏天，故举天子以畏之也。”其实，无论是畏敬，还是叛服，中原地区与周边政权间自然形成的连接纽带，并不会仅仅因为郡县制帝国的疆域封闭行为就可以被切断。周边“蛮夷”更习惯于接受三代以来的“天子”称谓，而不习惯于秦汉以来才有的“皇帝”称号这一现象，曾引起过西嶋定生的注意。并且，为了让郡县制以外地区的蛮夷首领与中国皇帝实现结合，使中国皇帝统治体制得以外延并形成东亚世界，皇帝观的变化乃至皇帝统治体制的变化，就显得十分必要。这种可能，在汉高祖即位后才开始出现。因为他重新允许皇帝下面可以设有王和侯，并置有南越王、闽越王、东瓯王以及朝鲜王等不一①。汉武帝对郡县制的全面推进虽一时中断了两种体制的并存局面，但东汉光武帝首次赐予海上小邦倭奴国金印的故

① 西嶋定生：《中国古代国家と東アジア世界》，東京大学出版会，1983，第84～85、406页。

事，使迄今一直以朝鲜乐浪郡为媒介间接接受中国王朝影响的日本，开始了直接与中国王朝接触的历史。嗣后东亚诸政权与中原间的关系还表明，在帝国内部基本被废弃的“封建制”，在域外却有着广袤的逻辑伸展空间。这个曾以“华夷秩序”或“封贡体制”的形式存在了两千余年的前近代东亚关系史，曾于公元666年（乾封元年），上演过下面的一幕：这一年的正月，唐高宗率突厥、于阗、波斯、天竺国、乌苌、昆仑、倭国、新罗、百济、高句丽等诸蕃酋长和使者与诸州的都督、刺史等人一道封禅于泰山，堪谓“古来帝王之封禅未有若斯之盛者”。

然而，如果我们把这种情形解释为中原帝国或周边哪个政权的一厢情愿，并以为它足够圆满，那就过于天真了。事实是，除了中原统治者欲借此巩固国内统治并对外展示其正统地位等因素外，周边政权间的相互争斗和由此而导致的生存危机，也构成了他们向“大邦”聚拢或依附的重要原因。东亚史长卷中的部分截图，或许有利于我们对该区域生态机理的动态了解。三世纪时，邪马台国女王卑弥呼之所以对魏行朝贡之举，通常的说法，一是因为当时朝鲜半岛南部诸韩势力强大，魏王朝需要通过倭来达到从背后牵制半岛的目的；二是卑弥呼痛感其邻邦狗奴国的袭扰给邪马台所带来的威胁，故遣使赴魏以寻求庇护。五世纪时，高句丽一方面与南朝缔结了封贡关系，同时亦向北魏遣使贡献。而同样与刘宋缔结了封贡关系的百济，因不胜高句丽牵制之苦，也开始向北魏朝贡，并修撰长文向魏“乞师”。这一时期的日本，“倭五王”特别是“倭王武”对南朝的朝贡，据说是想借助南朝政权所封之“安东大将军”名号，来掌控“倭、百济、新罗、任那、加罗、秦韩、慕韩七国诸军事”。但“倭五王”最终也没能实现将百济纳入势力范围的夙愿，显示出南朝对他们的提防。当然，这种提防也导致了日本“朝贡”南朝行为的终止。饶有兴味的是唐与新罗的关系。公元6～7世纪，半岛形成了新罗、百济、高句丽三国拮抗的局面。为了自身的安全和制衡对手的需要，他们分别请封于唐朝，以占先机。先是，新罗和百济向唐朝状告高句丽，接着，新罗还控告百济对它的侵攻。后来，百济与高句丽联手攻新罗，唐太宗出兵相救，新罗与唐的关系，由是日密，以致新罗之正朔服饰，亦均依唐制。百济败退后，乃派使者赴日本求援，这引发了663年唐与新罗联军会战日本军的“白村江之战”，结果日军大败，朝鲜半岛上的日本势力，也在任那灭亡后，被清理干净。668年，高句丽亦在唐与新罗联军的合围下，宣告灭亡。最富戏剧性的一幕，发生在百济和高句丽灭亡后。由于击败两大对手后一国独大的新罗，打破了以往三国共事唐朝时的区域平衡感，于是开始将下一个目标对准唐朝羁縻下的高句丽和百济故地。它利用高句丽遗民的反叛和唐在百济统治力量不足的空隙，展开了对这些地方的蚕食鲸吞行动。随着熊津都督府的溃灭，唐不得不退回本土，其对半岛的间接统治亦告终结，新罗于是乎完成了所谓“半岛统一”。唐虽不悦，但因新罗谢罪态度诚恳，乃恕宥后再封，加之新兴的渤海国亦受封于唐，这样，到了8世纪，以中国王朝为核心的册封体制，便形成于唐、新罗和渤海之间。从此，一个新的相对平衡而稳定的区域秩序，出现在东亚地区。

这一看似混乱的东亚关系缩影，却生动地体现了圈域内“文明生态”的实况。人们看到，无论周边政权出于怎样的目的，中原帝国都无法不成为被环绕和拱卫的“中心”。尽管这给“中心”增加了不轻的负荷，包括平衡牵扯压力，但正如前面所说，“中心”能成为“中心”，取决于它所代表的强势、优势和趋势，以及周边政权对诸“势”的借助和需求愿望。反过来说，这个圈域能否结成，一方面取决于“中心”文明的能量是否足够大，另一方面也决定于周边政权在多大的程度上认可被编入其中的“中心”规则。而所谓“中心”规则，亦如笔者在别处所称，则往往通过：①文化上的“华夷关系”；②政治上的“宗藩关系”和③经济上的“封贡关系”来体现。由于这是中国古代“金字塔”规则的外推，而如此高下秩序在某种意义上又是早期政治力学的产物，因此，上述“三大纽带”事实上是建立在“三大落差”的基础上的，即与“华—夷”对应的“文—野”价值落差、与“宗—藩”同构的“中—边”地位落差和与“封—贡”相匹配的“厚—薄”丰瘠落差。在关系稳定的情况下，三者的作用发挥往往是共时性的。于是人们看到，为了文化品位的提升，周边列国往往视自身的“变夷为夏”为荷禄承恩，感戴不忘。朝鲜如此（《李朝实录》），越南如此（《大越史记全书》），日本亦未尝不然（《大日本史》）。同时，“落差”本身还给参与到这一体系中的政权赋予了某种在体系之外者不可能获得的“权力”。就是说，它不但为“礼乐征伐自天子出”赋予了“自明”的正当正义性，而且这种正当正义性还在“秩序”所及的范围内明显表现出层级式辐射效应。这也是中原周边政权纷纷把自国畿内视为“华”，而将地方和拟拓殖区域视为“夷”的原因所在。仅就日本而言，自公元八世纪负责镇抚“虾夷”的日本远征军指挥官自称为“征夷大将军”起，镰仓以降的室町幕府将军和德川幕府将军，均对此相继依仿，沿用不爽。至于经贸上的好处，则周边列国就更有实际的利益在。《明太祖实录》等记载显示，有些朝贡使假公济私，大量运来在明朝早已堆积如山的滞货，让明朝高价吃下。可由于明朝太讲政治，所以，明太祖时定下的“凡海外诸国入贡，有附私物者悉蠲其税”调子，被明成祖大方地继承下来，理由是：“商税者，国家以抑逐利之民，岂以为利？今夷人慕义远来，乃欲侵其利，所得几何，而亏辱大体万万矣！”

进一步观察还会发现，在上述表象背后，还或隐或显地通行着“华夷”价值下的交往“规矩”。首先是“事大字小”（《孟子·梁惠王下》）；其次是“厚往薄来”（《礼记·中庸》）；最后是“兴灭继绝”（《论语·尧曰》）。在这三大“规矩”中，第一点固有秩序意蕴，却不乏伦理内涵；第二点虽主贸易互惠，却不乏济世情怀；第三点虽充满地政意味，却力主和平共处。然而，这些在那个时代本不乏普世意蕴的列国相处之道，落实起来却并非顺畅。在“封贡体系”最为典型的明清时期，对有的国家可以做到政治、经济和文化上的全面合作，如朝鲜；而对有的国家则只能次第减项，如日本。后世日本人对足利义满的朝贡行为往往鄙薄有加，其实，他们只是看到明朝对室町幕府形式上的“册封”，而忘记了“勘合贸易”下的日方获取。1404 年的朝贡协议中方只要求每十年派一次贸易使团，但 1404 到 1409 年间记载的却有 6 次之多。于是有学者指出，贸易的巨大收益，事实上已为足利将军“缓和了尊严问题”（约翰·惠特尼·霍尔：《日本：从史前到现代》），尽管日人掠夺事件仍时有发生："景泰（代宗）四年（1453 年）入贡，至临清，掠居民货。有指挥往诘，殴几死。所司请执治，帝恐失远人心，不许。"（《明史·外国传·日本》）当中日政治关系出现空白，致使经贸往来无法获得官方保障时，"倭寇"的上门抢劫，还在东亚历史上留下了很不光彩的一页。然而，明朝之所以不计委曲，且处处表现出大局观念和大国情怀，显然与明太祖早年颁布的"十五不征国"令有关（《皇明祖训》）。这对于稳定区域秩序和列国关系，意义不可为菲。利玛窦见证了这一点："大明声名文物之盛，自十五度至四十二度皆是。其余四海朝贡之国甚多。"其《坤舆万国全图》（1602）的远东部分，是最早记录下封贡圈域及其内部关系的东亚地图，当然，他"有意抹去了福岛（西班牙加那利群岛）的第一条子午线，在地图两边留下一条边，使中国正好出现在中央"（《利玛窦中国札记》）的做法，也照顾了明廷的"中心"心理。他十分了解东亚的内部关系，如在"朝鲜"的图注中称："朝鲜乃箕子封国，汉唐皆中国郡邑，今为朝贡属国之首。"而于"日本"图注中，则只留下一段"日本乃海内一大岛"之类的白描。这反映了一个事实，即绘制该图时室町幕府与明初之封贡关系早已断绝，加之利玛窦所在的万历时期正好发生了丰臣秀吉入侵朝鲜而明军舍生驰援的"壬辰倭乱"，故图注中未称日本是"朝贡国"，亦不违历史实然。不过这一实然，曾被指责为破坏了既有区域关系的"悖伦"行为。李氏朝鲜国王宣祖称："设使以外国言之，中国父母也，我国与日本同是外国也，如子也。以言其父母之于子，则我国孝子也，日本贼子也。"（《宣祖实录》卷三十七癸巳二十六年［1593 年］四月）值得关注的是，朱元璋早在"十五不征国"令中，就已经明确表达了对日本的"绝之"态度。而所有这些，其实已透露出前近代东亚圈域的生态变异信息。

原本，周边列国在中原帝国的帮助和协调下，曾有过为时不短的稳定发展期。但是，这并不意味着它们便就此安于现状。实际上，邻邦政要们最为渴求的，是如何通过与中国的交往，学到"中心"之所以为"中心"的制度优长。这样才能解释为什么 7 世纪中叶新罗国王金春秋命令臣下模仿唐朝律令，修订并施行了《理方府格》六十余条（《三国史记·新罗本纪》），也能理解日本何以会全面导入中国律令制的原因（《养老律令》、《大宝律令》）。由于制度本身是价值观念、政治规则和经济思想的凝结物，因此，一定意义上说，掌握了中华制度，也就等于了解了中华体系的生成“密码”。然而，也正由于各类制度的引进，东亚的区域生态才开始了可以逆料的变化。它至少为我们展示出两条规律性线索。首先，是“中华”从“一元”到“多元”的演变。这缘于周边国对中华价值和相关制度的持续接受、认可，以及在接受与认可过程中逐渐确立起来了的“小中华”意识与自信。由于某种外来文明能不能在异地落户生根，取决于该文明可否与当地风土发生有机的结合，因此，掺入了朝鲜和日本等各自特色的所谓“小华”或“小中华”，其全部内涵，与大陆的中华本家文明之间已然无法尽同。无法尽同却俱谓“中华”，“中华”的多元化局面于是乎形成。特别在区域内的共有“中华”价值因久历年所而日趋同质，而彼此的存在感又必须靠特色来维持和体现时，其“平视”中华的现象和对本土特色的“正当化”诉求与强调行为，便构成了东亚列国的事实走向和逻辑走向。但“中华”的多元化却并不意味着“小中华”对“大中华”从此便无所关心。其亟欲平视“大中华”且每每与中原帝国抢夺“中国”国名的心态所透露的，其实已不乏据有“大中华”的地位包括疆域的冲动——这一点，在日本身上表现得比较突出。而这也就触及了东亚生态发生变异的另一个规律性线索，即圈域内相吸、相斥与相争行为的屡现迭出，还在一定意义上凸显出“华夷秩序”本身的优长与容易引发的误解。“中华”价值在前近代东亚地区曾发挥过极强的吸引力，这一点毋庸讳言。但趋同的文明类型本身，虽可缔结亲缘，也能导致生态系统中“同性相斥”现象的发生。特别是“封贡体制”题中应有的“金字塔”式礼序，在给东亚地区带去文明的同时，也播撒下了“独尊意识”和“等级主义”的种子。这些种子，容易给秩序所及的时间和空间布设一个模仿“尊大”、“差等”意识的温床和培育异己力量的框架。而在如此温床和框架中，除非没有能力，只要条件具备，边地政权就会甘冒一次或数次

“入主中原”的风险，以为只有这样，才能甩掉“夷狄”的帽子，使其寤寐思服的所谓“正统性”获得真正的实现。台湾学者张启雄，曾将近代中日纷争解释为前近代规则下的“争天下”现象（《中华世界帝国与近代中日纷争》）。但日本显然对“华夷体系”存在误解，以为中国的“天下”概念便意味着对“普天之下”的占领。

实际上，这些不乏误解的思想和行动，直到近世才逐渐步入系统展开期。有一个事实无须回避，即明末、清末中国实力的衰退与周边国势的增强，已呈现出一道此消彼长的起伏链。换言之，中国用以维系“华夷秩序”的经济前提开始不再坚挺。以不再坚挺的经济来继续支撑政治、文化上的优越地位，是鲜存可能的。这也是周边各国不但向中国要求政治平等，还进一步提出不要“夷狄”称谓以谋求礼仪平等的事实背景。与此相连动，华夷体制早前设定的“三大落差”，至此已不再明显；隋朝时即欲与中华帝国相抗衡的日本，这时在对华态度上也变得越发强硬：它可以接受没有政治关系的经济关系（只贡不封），却不能容忍没有经济关系的政治关系（只封不贡）；对于朝鲜，它可以接受半岛政权的对华“事大”，却不能容忍朝鲜向“中心”方面作“一边倒”。这种欲与邻国争雄长的特性，凸显了其“小中华体系”的建立目的在于最终取代“大中华体系”的行事逻辑。琉球和朝鲜对中日两方的双向朝贡现象还表明，在近世东亚的地缘政治中，“偏正两极”的对峙格局，已初现雏形。其所谓“华夷变态”的“明清鼎革”事件，还显然为日本公开宣称“自己才是中国”，提供了价值上的支持。于是，在琉球社稷被日本倾覆后，朝鲜的命运，也只能取决于日后中日双方的力量消长而已。这意味着，在欧洲“条约体系”系统涌入东亚以前，东亚内部已经发生了固有秩序的裂变，而裂变后的格局，才构成了东亚三国分立的近现代关系基础。由于“华夷秩序”的自解体内情在很大程度上决定了东亚国际关系的本质，因此，它可以解释为什么日本在肢解“华夷秩序”时表面上依据“条约体系”而实际上仍按传统指标行事的真实原因（诸如对琉球国主和朝鲜国王的册封等），也才能理解福泽谕吉何以在“启蒙”、“文明”的旗帜下首先要着意解决其与中国的东亚地位问题，当然，亦更有助于人们去思考，为什么西方的“民族国家”原则已落实于东亚地区一个半世纪的今天，人们却仍然在暗自争讼：“谁是东亚的老大”？

然而毕竟，近代以来促使东亚生态发生巨变的力量，来自日本。西方“价值”及其“规矩”体系对东亚的席卷，使明治政府敏锐地意识到新的话语权对于日本主导东亚事务的权威借助意义。但正如马丁·雅克所指出的那样：“中国和所有从属国之间的巨大差距是朝贡体系的一个基本特征，是这种体系长期特有的稳定性的根本原因。……换句话说，以朝贡体系为依托，国家间被拉大的差距培育出了潜在的稳定性。”① 这意味着，有谁想在这个早已习惯于“落差”支配逻辑的地区推展一个新的文明形态，那么，新的“落差”制作，就成为不可或缺的行动前提。福泽谕吉无疑深谙此道。但由于福泽先要解决的问题不过是翻版于近代化名义下的东亚老问题，而这种翻版的核心目的之一是如何以“礼乐征伐自东洋出”来取代“礼乐征伐自中华出”，因此，新“落差”的出台和落实，便注定要以破坏曾维系前近代东亚固有生态的“落差”和“纽带”为前提，即①以“国民国家”取代“华夷体系”的政治正义性；②以“近代文明”征服“中世野蛮”的文明正当性；③以“资本经济”改造“自足经济”的经贸优位性。在如此前提下，福泽还明显制作出这样的逻辑，即倘欲在新的文明大势下联合东亚特别是中国和朝鲜一起对付欧洲，其最有效的方式反而是对这两位近邻的政治破坏甚至武力打击，以为如此才可敦其“觉醒”和“进步”。可是，这种“为了让你活得更好，需首先剥夺你活的权利”的悖论式逻辑却意味着，原本曾是东亚圈域重要组成部分的日本，大概也只有通过“脱亚入欧”或“脱亚不入欧”等宣言，才能为它近现代以来的周边侵越行动找到一个心安理得的说法。结果如众所周知，日本的“兴亚”、“脱亚”和“征亚”手段，几乎从根本上摧毁了东亚的固有生态。西嶋定生的凌厉状摹，揭示了这一点：“日本可谓东亚世界生下的‘鬼子’，

① 马丁·雅克：《当中国统治世界》，中信出版社，2010，第299页。

这个鬼子通过咬破自己母胎的行为和促使东亚世界解体的行动，才变成了近代世界的一员。”[①] 东亚各国对日本的不宽宥言行，无疑体现了强烈的伦理谴责和道德义愤。但若从“共同体生活方式”的角度看，东亚固有纽带的强韧存在，也在更根本的意义上透露出母体犯渎行为一定会遭遇反弹的“生态”反应依据：“朝贡体系……直到 19 世纪行将结束时才被终结，甚至到了那个时候也没有完全终结，作为一段长久历史的产物，该体系实际上已成为风俗习惯，潜藏在新近占主导地位的威斯特伐利亚体系下。”[②] 由于这暗示着来自圈外的打击和残害所能造成的创痛烈度，要远远小于圈内的相应行为后果，因此，东亚各战争被害国难以平复的历史心结，已不啻用价值判断的形式传递了文明生态的自然反应。圈域内国家指责日本时所动用的东亚尺度以及日本对这一尺度的超常在意，反向证明了日本的全部“脱亚”努力，其实并无意义；而中国复兴所引起的周边猜疑和焦虑，亦自属圈域内的正常反应，里面有“生态”的，也有“心态”的。

---

① 西嶋定生：《中国古代国家と東アジア世界》，東京大学出版会，1983，第 667 页。

② 马丁·雅克：《当中国统治世界》，中信出版社，2010，第 333 页。

论“朝鲜人民革命军”说与“一史两用”、“历史共享”问题

金成镐

一 “九一八事变”以前朝鲜民族在中国东北的抗日革命运动

中国东北朝鲜民族是从19世纪中叶开始，通过从朝鲜半岛越境迁入而在东北地区逐渐形成的一个新生的少数民族，有自己特定的民族文化属性和社会历史特殊性。

首先，在中朝边境地区形成了民族聚居区域。朝鲜民族作为越境民族迁入到中国，主要集中定居在中朝界河图们江和鸭绿江的北岸地域，形成了规模多样的民族聚居地。据有关统计，东北朝鲜民族的人口1919年为43万人，1925年为53万人，1931年为67万人①。1932年末的朝鲜民族人口分布状况为：吉林省48万人，奉天（辽宁）省14.2万人，黑龙江省1.8万人，山海关以南的关内地区3500余人②。中国朝鲜民族人口的73.5%定居于吉林省，62.2%又集中于吉林省东南部的东满（现延边朝鲜族自治州）地区，在那里形成了中国朝鲜民族最大的聚居地。东满朝鲜民族人口1916年为20万人，1926年为35万人③。

越境迁入的朝鲜人，绝大多数都定居在偏僻的山区和人烟稀少的未

① 伪“满洲国”民政部总务司调查科编《在满朝鲜人事情》，大同二年（1933年），第5~6页。

② 朝鲜总督府编《最近朝鲜治安状况》，1966，第290页。

③ 沈茹秋：《延边调查实录》（1931年），延边大学出版社，1987，第15~16页。

开拓地带，从而自然地形成了一块块民族聚居地。以东满地区为例，朝鲜民族在那里成为多数民族，在当地各民族总人口中，朝鲜民族的比例1907年为80.0%[①]，1930年底则为76.4%[②]。这样，在东满地区自然而然地形成了一个日益融合于中国社会文化，但还保留着自己的相对独立性且与朝鲜故国有着千丝万缕联系的朝鲜民族社会文化生活圈。因此，当时东满地区甚至被称为"朝鲜的延长线"[③]。

其次，朝鲜民族的反日革命斗争尤为强烈。朝鲜人绝大多数因为遭受日本侵略和贫穷被迫迁来，深受日帝及地方封建军阀和地主阶级的多重压迫和剥削，因此其生存环境非常恶劣。1910年8月，朝鲜被日本强制吞并之后，"朝鲜人由于没有国家，没有势力而又没有财产，沦为全世界最底层的民族"[④]。正因为如此，朝鲜民族具有更为强烈的反日斗争精神和社会革命要求。当时，无论是日帝所作出的东北"各地的共产主义运动无一例外地都开始发生于朝鲜移住农民当中"[⑤] 的分析，还是中共党做出的"东满的革命影响一般的较高于其他地方。……韩国民众因为长期的受日本帝国主义的压迫，及国民党那时的非人待遇，及生活恶劣等原因，斗争与认识，一般的高于中（国）人"[⑥] 的评价，都不是偶然的。

再次，东北朝鲜民族最初的思想政治运动是在"朝鲜的延长线"上开展的。中国朝鲜民族最为突出的历史文化特性之一就是拥有朝鲜这样一个自己原有的故国。尽管朝鲜人从定居东北形成民族社会开始，事实

---

① 在满日本帝国大使馆编纂《在满朝鲜人概况》，昭和九年（1934年），第58页。

② 伪"满洲国"军政部顾问部：《满洲共产匪研究》第一辑（1936年），1969，第545～546页。

③ 《朝鲜共产党满洲总局的报告》，1930年1月30日。中央档案馆、辽宁省档案馆、吉林省档案馆、黑龙江省档案馆合编《东北地区革命历史文件汇集》（以下简略为《东北文件汇集》），（甲4），第395页。

④ 《昭和7年3月25日附在间岛冈田总领事发信芳泽外务大臣宛》，《外务省警察史（间岛部分）》，1—1，外务省，第7703页。

⑤ 伪"满洲国"军政部顾问部：《满洲共产匪研究》第一辑（1936年），1969，第128页。

⑥ 《中共东满党团特委工作报告》，1933年10月25日，《东北文件汇集》（甲30），第8页。

上业已成为中国境内一个少数民族，而且一部分人业已加入中国国籍，成为名副其实的中国人，但其传统的历史文化意识以及乡土观、祖国观等却不可能在短时间内发生根本的变化。

众所周知，1910 年起朝鲜民族的反日独立运动便成为时代所赋予他们的最主要的使命。1910 年前后开始转移到中国的朝鲜爱国志士们抱着亡国恨和民族仇，把东北视为“祖国光复之策源地”①，并且得到中国地方当局和人民的理解和支持，以朝鲜民族社会为基础，组织了众多的反日民族团体和武装力量，继续坚持反日民族斗争。

1919 年，朝鲜全民族性的“三一独立运动”遭到日本殖民当局的血腥镇压之后，中国东北的朝鲜民族反日力量就举起了武装斗争的旗帜。这一时期东满地区就有朝鲜民族反日武装约 3000 人②。他们主动出击支持朝鲜国内进行武装活动的同时，与侵入到中国东北的日帝侵略势力进行了激烈的武装斗争，其突出事例就是 1920 年 6 月凤梧洞战斗③和 10 月青山里战役④，在东北大地打响了抗日武装斗争的第一枪。

进入 1920 年代以后，朝鲜民族的反日运动逐步转向共产主义革命运动。1925 年 4 月在朝鲜汉城成立的朝鲜共产党于次年 5 月 16 日在中国黑龙江省珠河县（现尚志市）一面坡正式组织了满洲总局，下设东满、南满和北满三个区域局。不久，东北的朝鲜共产党组织分裂为几个派别，但“他们还是各自团结了一部分共产主义者和革命力量，组织了群众团体，坚持了反对日本帝国主义，争取民族独立和民族解放的宣传和斗争，对于推动朝鲜民族解放运动起了重要的作用”⑤。尽管当时东北的朝鲜共产党组织活动只以“朝鲜革命之延长”来进行，“唯一斗争的对象只有日

---

① 《江宇关于住满韩侨之情势报告》，1929 年 7 月 25 日，《东北文件汇集》（乙 2），第 21 页。

② 朝鲜总督府警务局编《朝鲜治安状况》，昭和二年（1927 年），第 279 页。

③ 1920 年 6 月 7 日朝鲜独立军在吉林省图们市凤梧洞以埋伏战杀伤了驻朝日军第 19 师团安川小佐指挥的“越江追击大队”100 余名。

④ 1920 年 10 月 21 ~ 26 日，洪范图、金佐镇等领导的朝鲜独立军在吉林省和龙县青山里一带与日本讨伐军进行了大小数次战斗，杀伤日军官兵数百名。

⑤ 李鸿文：《30 年代朝鲜共产主义者在中国东北》，东北师范大学出版社，1996，第 23 页。

本帝国主义”，没有直接参加中国革命，但他们在朝鲜民族社会广泛地宣传马列主义理论和反日革命思想，在思想上和组织上为1930年代的抗日武装斗争准备了较为坚实的社会基础和骨干力量。

中国共产党早就重视和支持朝鲜民族的反日革命斗争。1928年2月中共满洲省委的“东边道工作决议案”指出，迁入到中国东北的100余万朝鲜农民的生活“比中国的农民更有难形容的痛苦”，他们自己组织“政府”、“民族党”和“广大群众的组织”，还有1000名左右的反日武装力量，“这种力量不仅只是日本帝国主义的死敌，而且是中国土地革命一支生力的农军”，提出了与朝鲜共产党满洲总局“接洽”的必要性①。同年4月15日，中共满洲省委又发表“告满洲朝鲜农民书”和“满洲的朝鲜农民问题”等文件，全面分析东北朝鲜民族情况，指出“朝鲜农民是我们反日的友军，是我们满洲革命的农民的一部分。我们再不能旁观中国的军阀地主和日本帝国主义者去蹂躏朝鲜农民，我们当联合这部分可亲爱的革命群众，在斧头镰刀交叉的红旗下面，共同作反日运动，作土地革命运动，作谋夺取政权的斗争”②。

1930年1月，中共满洲省委将“以朝鲜革命运动来推进反帝工作及组织一般革命的群众”当作“策略的总路线”之一③。当年2月，满洲省委又指出“我们可站在被压迫民族的同情地位上，须要热烈地援助朝鲜革命运动”④，并决定迎接3月1日“韩国独立纪念日”，开展示威活动，把“援助韩国革命运动”当作一个“中心口号”。

这些事实说明，东北朝鲜民族在1920年前后已开始走上抗日武装斗争的道路，而中国共产党一开始就重视和支持朝鲜民族的反日革命运动，并视之为反帝反封建革命的同盟军，为1930年代中朝民族联合抗日武装斗争准备了政治上的先决条件。

---

① 《东边道工作决议案》，1928年2月29日，《东北文件汇集》（甲1），第357~360页。

② 《满洲的朝鲜农民问题》，1928年4月15日，《东北文件汇集》（甲2），第17页。

③ 《中共满洲省委给中央的报告》，1930年1月22日，《东北文件汇集》（甲4），第124页。

④ 《中共满洲省委通告第九号》，1930年2月5日，《东北文件汇集》（甲4），第147页。

二 朝鲜民族共产主义者在中共东北党组织内的地位和“双重使命”

1921年7月成立的中国共产党的第一个纲领第四条规定，“凡承认本党纲领和政策，并愿成为忠实党员的人，经党员一人介绍，不分性别、国籍，均可接收为党员，成为我们的同志”。① 1922年7月中共全国代表大会所通过的第一个“章程”的第一章第一条规定，“本党党员无国籍、性别之分，凡承认本党宣言及章程并愿忠实为本党服务者，均得为本党党员”②。从此，在华朝鲜革命者就加入中共党组织，直接参加中国革命运动，如1927年中共江苏省委上海法南区“韩人特别支部”的建立以及朝鲜革命者150余人参加广州起义等。

至1920年代末为止，东北的朝鲜共产党组织和中国共产党组织还没有直接的联合活动和共同斗争，但朝共党组织“在满洲朝鲜人中有群众，有组织，也有革命斗争”③。当时东北中共党组织和朝共党组织的发展状况相比较，大体上可归纳以下几点：①朝鲜共产党组织发展较快，其社会群众基础较好，已建立了较为系统的组织网和群众团体。如东满地区1927年7月朝共党各派领导下的革命群众组织就有116个，其组织成员已达9700余名④；1929年9月火曜派满洲总局组织就有党员300余名、团员380余名、农民组合成员4000余名和青年会员2万余名⑤。②中共党在大城市以工人、知识分子和青年学生为主要的工作对象，农村工作则还没有开始⑥。朝鲜共

① 《中国共产党第一个纲领》（1921），《中共中央文件选集》第一册，中共中央党校出版社，1992，第3页。

② 《中共中央文件选集》第一册，中共中央党校出版社，1992，第93页。

③ 《访问周保中同志谈话记录整理》，1959年12月28～29日。

④ 《间岛珲春地方朝鲜人结社团体概况》，梱村秀树、姜德相编《现代史资料》（29），第535页。

⑤ 《中共满洲省委转录哈尔滨市委的报告》，1929年9月24日，《东北文件汇集》（乙2），第68页。

⑥ 《中共满洲省委组织状况一览表》，1928年11月9日，《东北文件汇集》（甲2），第394页。

产党则因为朝鲜民族绝大多数生活在农村，其工作重点自然是农村和农民。③1929年7月，东北的中共党员只有208名[①]，而朝鲜共产党各派党员已达1200余名[②]。前者虽少，但严密地统一在一个完整而坚强的组织体系内；后者虽多，但分裂为火曜派、ML派等几个派别，没能形成一个统一而严密的组织。当时东北朝共党活动的最大特点是“在满洲做朝鲜革命”、“在满洲实行韩国独立”[③] 和内部派别斗争。从当时东北朝鲜民族共产主义者所处的主客观条件来讲，他们独立地开展和发展单一的朝鲜民族革命运动，无疑是根本行不通的[④]。

1930年春天以后，东北朝共党组织根据共产国际“一国一党”组织原则，自动解散各派组织，其大多数党员以个人身份加入中国共产党，成为中共满洲省委各级组织的成员。这是朝共党“在中国进行韩国革命运动”所具有的不可克服的客观局限性所带来的必然结果，又是作为“国际革命运动”的共产主义运动本身发展的必然要求，以及中国革命的发展所促成的必然选择。从此，朝鲜民族共产主义者肩负着“双重革命使命”，即直接参加中国革命的同时准备或支援朝鲜革命。他们“一方面在中国党领导下执行中国党的路线，担负着祖国解放战争的任务；另一方面他们又在中国抗日战争中以同盟方式参加中国革命，锻炼自己，蓄积力量，为解放自己的祖国作准备，这是我们允许的，赞成的。这是合乎国际主义精神的，也合乎历史发展的实际情况”[⑤]。

中国共产党充分认识朝鲜民族共产主义者这种“双重革命使命”的特殊性，始终如一地积极主张支援朝鲜革命。在朝鲜民族共产主义者大量加入中共党组织之后的1930年8月，满洲省委作为“政治任务”之一来谈论

---

① 《中共满洲省委廖如愿关于省委工作情况给中央的报告》，1927年7月，《东北文件汇集》（甲3），第233页、第236页。

② 《中共满洲省委廖如愿关于省委工作情况给中央的报告》，1927年7月，《东北文件汇集》（甲3），第233页、第236页。

③ 《中共满洲省委关于“八一”反战运动节工作计划》，1933年，《东北文件汇集》（甲17），第18～19页。

④ 参照金成镐著《东满抗日革命斗争特殊性研究》，黑龙江朝鲜民族出版社，2006，第324～359页。

⑤ 《访问周保中同志谈话记录整理》，1959年12月28～29日，第14页。

朝鲜革命问题，明确指出“中国革命与韩国革命是分不开的。满洲革命的爆发首先便要掀起韩国革命，便要促进日（本）帝国主义更快的死亡。满洲紧接着韩境，在地理上完全是一个版图。在满韩国一百四十万的移民已参加中国革命运动，这更是掀起韩国革命的原动力。……满洲党拥护和援助韩国殖民地革命，便是直接拥护苏联、保障中国革命的胜利，这是目前满洲党主要任务之一”[①]。到了9月，中共满洲省委又指出“特别是满洲韩国农民暴动普遍爆发，成为满洲革命势力中的一支有力军队，党应坚决地领导这些暴动，使这些影响发展深入到韩国内部去，以推动韩国革命的进展”[②]。10月，满洲省委给东满特委发函，指示“为开发建立朝鲜国内的工作，成立朝鲜国内工作委员会，直接由省委管辖（省委内的分工），暂时委托东满特委指挥执行，建立、布置朝鲜国内的一切工作”[③]。该时期，满洲省委确定“援助韩国革命”是一项重大的“国际任务”[④]，并努力付诸实践。

1931年2月，中共东满特委遵循省委指示，通过了“对于朝鲜国工作的决议”，确认“中国党应担负起援助朝鲜革命的任务”[⑤]。该“决议”的主要内容是：①成立以中共东满特委书记为书记的“朝鲜国内工作委员会”；②派遣部分同志赴朝，在咸兴、平壤和汉城等地开展群众工作，逐步建立党组织；③“积极向朝鲜国内发展”，促使珲春、开山屯等边境地区的党组织在朝鲜国内开展工作；④以东满特委和满洲省委的“朝鲜国内工作委员会”名义，向朝鲜群众发布“援助朝鲜革命”的“宣言”；⑤要求朝鲜国内革命组织的一名代表到中国东满，担任“联络员”；⑥“朝鲜国内工作委员会”每月活动经费为200元等[⑥]。实际上，诸如延吉县开山屯区委等

---

① 《中共满洲省委给中央的报告》，1930年8月8日，《东北文件汇集》（甲5），第97页。

② 《中共满洲省委关于满洲政治形势与党的工作任务的报告》，1930年9月，《东北文件汇集》（甲5），第280页。

③ 《中共东满特委给省委的信》，1931年2月23日，《东北文件汇集》（乙2），第259页。

④ 《满洲目前的政治形势与党的任务及工作路线》，1930年11月16日，《东北文件汇集》（甲6），第137页。

⑤ 《中共满洲省委朝鲜工作委员会对于朝鲜国工作的决议》，1931年2月22日，《东北文件汇集》（乙2），第254页。

⑥ 《中共东满特委给省委的信》，1931年2月23日，《东北文件汇集》（乙2），第261～262页。

边境地区党组织早已着手图们江南岸的朝鲜国内工作，业已组织了数十名群众①。东满特委组建“朝鲜国内工作委员会”后，又先后秘密派遣了约20人的朝鲜民族党员到朝鲜国内开展工作②。满洲省委在1931年5月和9月通过的《关于满洲韩国民族问题的决议案》和《关于朝鲜国内工作的决议》等，都认定“援助韩国革命是中国党特别是满洲党的最中心的实际任务之一”，“派韩国同志回国工作问题，是党的重要任务之一”③。

1932年9月中共满洲省委为纪念“8·29韩国亡国”22周年，发表“决议”指出，“满洲已经成了韩国的第二，满洲三千万被压迫的中国民族与一百七十万在满洲的韩国被压迫民族没有什么分别。…… 中韩劳苦群众的利益是一致的，中韩劳苦群众的革命行动是不可分离的，因此中韩民族共同起来打倒日本帝国主义必须结成密切的联合战线”，指示“发动各地反日反帝同盟，动员中韩劳苦群众举行‘8·29’韩国亡国纪念，援助韩国革命”④。1933年1月，中共满洲省委指示东满特委，“帮助韩国发展党的组织与建立群众工作，东满党仍须尽可能的派一部分干部，执行这一任务。东满党要把开辟与发展韩国工作，看做东满党中心任务之一。同时这一工作与东满的工作的发展与配合是息息相关联的”⑤。直到这个时期，满洲省委将东北的抗日革命和朝鲜革命密切联系起来，指示“要向中国与朝鲜群众解释中国革命与朝鲜革命的关系”，强调“满洲韩国群众参加中国革命，一方面是保护中国，一方面也是为恢复朝鲜国土而斗争”⑥，进而主张积极支援朝鲜革命。1932年以后，东满各县开始

① 《中共开山屯区委给县委的信》，1931年1月14日，中共延边州委党史研究室编，《东满地区革命历史文献汇编》（以下简略为《东满文献汇编》）（上册），1999，第588页。

② 《廖如愿谈朝共党员加入中共问题》，1961年12月20日。

③ 《中共满洲省委关于满洲韩国民族问题的决议案》，1931年5月26日，《东北文件汇集》（甲8），第137页、第141页。

④ 《中共满洲省委关于“8·29”韩国亡国纪念决议》，1932年9月4日，《东北文件汇集》（甲11），第71~74页。

⑤ 《中共满洲省委关于当前的任务给东满特委的指示信》，1933年1月1日，《东北文件汇集》（甲12），第28页。

⑥ 《中共满洲省委关于“八一”反战运动节工作计划》，1933年，《东北文件汇集》（甲17），第18~19页。

组织抗日游击队的时候，公开使用过“中韩游击队”[①]、“中韩赤色游击队”、“中韩工农游击队”[②] 等正式的组织名称。

自1932年10月起，中共东满特委错误开展的反“民生团”斗争愈演愈烈，朝鲜民族主义者、朝鲜共产党“派争分子”和日帝间谍组织“民生团”三者完全被等同视之，大量的朝鲜民族干部和党员骨干遭怀疑、受排挤，被无情地加以肃清[③]。即便在这种情况下，他们进军朝鲜还是没有间断过。譬如，1933年夏天汪清游击队和延吉游击队的朝鲜稳城袭击事件[④]，1934年2月汪清游击队的朝鲜国内活动[⑤]等。这些事件有力地打击了日帝的殖民统治，极大地鼓舞和推动了朝鲜国内人民的反日民族解放斗争。

1935年3月，东满党团特委决定，“派部分武装过境开始游击运动，真正的来帮助高丽人独立”[⑥]。在同月举行的东北人民革命军第二军独立师“政委联席会议”上也决定进军朝鲜国内“造成中韩游击区”[⑦]。在朝鲜和中国东北都被沦为日帝殖民地的现实形势下，作为中朝两国人民联合抗日武装队伍的第二军，试图在中朝边境一带创立“中韩游击区”是很自然的决策。

1936年2月，中共东北党组织根据共产国际第七次代表大会精神和中共中央的新的指示精神，提出组建“韩国民族革命党”，将东北人民革命军改编为“中韩联合军”[⑧]，进而号召在东满“成立单独的韩国民族革

---

① 《延吉、汪清、珲春、和龙中韩游击队与汪清反日别动队告反日士兵书》，1933年3月，《东北文件汇集》（甲44），1990，第1～5页。

② 《珲春县中韩工农游击第二大队告反日士兵书》，1933年5月3日，《东北文件汇集》（甲44），第7～10页。

③ 参照金成镐著《东满抗日革命斗争特殊性研究》，第97～173页。

④ 《在革命的道路上》（2），朝鲜劳动党出版社，1963，第112～114页。

⑤ 《汪清游击队的历史》，1941。《东北文件汇集》（甲62），第305页。

⑥ 《中共东满党团特委关于反“民生团”斗争的决议》，1935年3月1日，《东北文件汇集》（甲30），第229页。

⑦ 《东北人民革命军政委联席会议》，1935年3月21日，《东北文件汇集》（甲44），第432页。

⑧ 杨松：《论东北人民反日统一战线》，1935年11月2日，《共产国际》（1－2），1936，第125～127页。

命军，到韩国内部去游击，争取韩国民族独立”，并明确指出了“还组织韩国民族革命党，其目的在推翻日本在韩国的统治，恢复韩国之独立，保护韩国祖国”①。

这是中共党在领导东北朝鲜民族进行长期的革命斗争过程中，进一步深刻认识到东北朝鲜民族及其抗日革命斗争的特殊性，并在总结了诸如反“民生团”斗争这样的经验教训后，在更为充分理解和认同朝鲜民族共产主义者的“双重革命使命”特殊性的基础上所采取的实事求是的正确方针。朝鲜民族共产主义者在倾注了更高的抗日热情和付出了巨大的牺牲之后，终于确立了自己应有的地位，开始作为朝鲜革命的一个主体，在中朝联合抗日战线和世界反法西斯战线的高度上正正当当地开展了“以朝鲜独立为目标的活动”②。

此外，以金日成为首的朝鲜民族共产主义者则从中朝两国人民的联合抗日斗争大局和朝鲜革命的实际需要出发，要求“仍按联军体制进行活动，只是我们到了朝鲜国内和东北的朝鲜人聚居的地方时用朝鲜人民革命军的名称，到了中国人聚居的地方就用抗日联军的名称”。③ 这无疑是最为明智的选择和正确的决定。

1936 年 5 月，第二军第六师“金日成部队”在长白山地区正式成立了东北朝鲜民族的抗日统一战线组织“在满朝鲜人祖国光复会”，开始出版其机关刊物《三一月刊》④。不仅如此，“祖国光复会”积极向朝鲜国内发展，开始在咸镜南道甲山郡等地组织“朝鲜民族解放同盟”等朝鲜国内反日统一战线组织⑤，并且在 1937 年 6 月 4 日打响了进军朝鲜国内的普天堡战斗。

---

① 《中共吉东省委致饶河中心县委及四军四团的信》，1936 年 3 月 12 日，《东北文件汇集》（甲 28），第 10 页。

② 伪“满洲国”军政部顾问部：《满洲共产匪研究》第一辑（1936 年），1969，第 126 页。

③ 《金日成回忆录：与世纪同行》（4），朝鲜平壤外文出版社，1993，第 220 页。

④ 参阅《金日成回忆录：与世纪同行》（4），朝鲜平壤外文出版社，1993，第 408 ~ 413 页。

⑤ 参阅辛珠柏著《满洲地域韩人的民族运动史》，（韩国）亚细亚文化社，1999，第 454 ~ 461 页。

1940年前后，战略转移到苏联远东地区的东北抗联部队，于1942年8月统一改编为苏联远东红军特别第八十八旅（又称国际旅、抗联教导旅）[①]。东北抗联部队中的朝鲜民族共产主义者金日成（原东北抗联第一路军第二军第六师师长、第二方面军指挥）、崔镛健（原东北抗联第七军党委书记、代理军长、第二路军总指挥部参谋长）、金策（原中共北满省委书记）等也分别担任了各级领导职务。及至1945年7月面临日帝的败亡，中共东北党委员会决定，将派大部分朝鲜同志返回到朝鲜工作，并成立了以金日成、崔镛健、金策为核心的“朝鲜工作团委员会”[②]，使朝鲜民族共产主义者以自己民族独立的组织力量准备迎接朝鲜解放。在当时朝鲜还没有独立建党的情况下，朝鲜工作团就是朝鲜革命的领导核心力量。可以说，朝鲜工作团的成立，是继承1930年“朝鲜国内工作委员会”和1936年“在满朝鲜人祖国光复会”的必然的历史结果，是东北朝鲜民族共产主义者特定时代“双重革命使命”的必然归属。

三 朝鲜民族共产主义者在东北抗日武装斗争中的突出贡献

抗日战争时期中共东北党和军队的主要领导者周保中回忆说，中共满洲省委“逐步地按中国共产党的要求接受解散后的朝鲜共产党员，那时的党员干部人数在两千人左右，几乎多于中共东北原有的党员好几倍”[③]。就东满情况而言，1930年夏天原朝鲜共产党各派组织成员几乎全部加入中共党东满特委组织[④]。1930年3月末中共东北党组织只有30个支部，206名党员[⑤]。当年10月，东北党组织内的朝鲜民族党员人数已占全体党员数的90%以上[⑥]。1931年3月末，全东北的中共党员共1190名，

① 《征途岁月——陈雷回忆录》，黑龙江人民出版社，1991，第249页。

② 《访问周保中同志谈话记录整理》，1959年12月28~29日。

③ 《访问周保中同志谈话记录整理》，1959年12月28~29日，第11页。

④ 《中共东满党团特委工作报告》，1933年10月25日，《东北文件汇集》（甲30），1989，第17页。

⑤ 《中共满洲省组织状况表》，1930年3月30日，《东北文件汇集》（甲4），第377页。

⑥ 《江宇给中央的报告》，1931年5月31日，《东北文件汇集》（甲31），1990，第68页。

而东满特委的636名党员中朝鲜民族党员占96.5%；南满特委的200名党员中朝鲜民族党员占98.5%①。这一时期，东北共青团组织内也出现"韩国同志占全数百分之九十五，单就农村而言则占百分之九十八"② 的局面。

1931年"九一八事变"后，中共党内的朝鲜民族共产主义者率先组织各种形式的游击队，英勇顽强地开展抗日武装斗争，在东北各族人民中起到了模范带头作用。这是因为：①东北朝鲜民族早已饱受亡国奴的悲惨生活，深知日帝野蛮的侵略野心，对日帝抱有满腔的民族仇恨。②他们在思想上和组织上已有较好的历史基础。这是批判性地继承和发展前期的朝鲜反日独立军活动和朝鲜共产党活动而来的结果。③他们已开展了长时期的各种形式的反日斗争，在血和泪的经验教训中认清了只有拿起枪杆子才有民族解放的道路，唯有在中国共产党的统一领导下，与东北各民族人民并肩战斗才能战胜凶恶的日本帝国主义的道理。④有义兵和独立军抗日武装斗争的宝贵的经验教训，也有一定的物质基础，如有独立军出身者和保存下来的武器装备等。⑤初期游击队活动的地方大都是原朝鲜独立军活动区域，具有较为坚实的群众基础以及地理优势等。

1933年初，朝鲜民族党员在中共东北党的主要活动地域的组织人员比例是：在北满的阿城特别支部内占100%，在珠河县委内占90%，在宾县特别支部、汤原中心县委和饶河中心县委内均占99%，在绥宁中心县委内也占多数；而在作为南满中心活动地域的磐石中心县委内占99%③；东满则"我党组织最强，在全满洲占第一位……党员有一千二百人，团员有一千一百人。有广大的群众组织。但是，党的组织也好，群众的组织也好，95%是韩国同志"④。这一时期东北的中共党员共有2100余名，

---

① 《中共满洲省委给中央的报告》，1931年4月24日，《东北文件汇集》（甲8），第16~19页。

② 《团满洲省委工作报告》，1931年3月31日，《东北文件汇集》（乙1），1991，第99页。

③ 《××同志关于满洲民族革命战争，工农、士兵斗争形势以及我们的工作、组织状况的报告》，1933年1月17日，《东北文件汇集》（甲12），第295页。

④ 《满洲事变与满洲的中国共产党》，1933年10月，《东北文件汇集》（甲17），第275页。

其中朝鲜民族党员占80%以上[①]。正因为如此，朝鲜民族共产主义者在东北人民革命军第一至七军的初创期起到了重要的模范带头作用。正是这些队伍后来发展成为东北人民革命军和抗日联军的最为坚强的核心部队。

1934年5月，中共东满特委的党、团员共计2300多人，其中汉族、满族等其他民族成员为80多人，仅占3.5%，其余全部是朝鲜民族[②]。据日帝的情报资料，1934年12月朝鲜民族在东满抗日队伍中所占的人数比例是，中共党组织内78.8%，团组织内86.3%，人民革命军内71.7%，自卫队内86.0%，青年义勇军内92.9%，反日会内85.6%，儿童团内98.5%[③]。尽管东满特委在组织内部极为错误地进行反"民生团"斗争，严重打击和削弱了朝鲜民族干部和骨干力量[④]，但朝鲜民族成员依然占大多数。1935年2月，东满的东北人民革命军第二军独立师内朝鲜民族成员约占90%[⑤]。据当年12月东满特委书记魏拯民的报告，东满中共党员（东北人民革命军除外）的95%以上和游击区人民的95%以上均为朝鲜民族[⑥]。所以，中共东满特委组织和革命活动被称为"高丽共产党"[⑦]、"高丽人叛乱"[⑧]等，抗日游击区内组织的苏维埃革命政府也被误解为"韩人苏维埃"、"韩国苏维埃"[⑨]。

---

① 《××同志关于满洲民族革命战争，工农、士兵斗争形势以及我们的工作、组织状况的报告》，1933年1月17日，《东北文件汇集》（甲12），第295~296页。

② 华西里：《满洲工人阶级的情形与革命职工运动的任务》，1934年5月，《东北文件汇集》（甲20），第177页。

③ 嘉村龙太郎：《间岛兵共匪势力的展望》，《满洲评论》第8卷，1935。转引自吉林省社会科学院《东北抗日斗争史论丛》第1辑，第355~356页。

④ 反"民生团"斗争中错杀朝鲜民族干部和群众5百余人。参照金成镐著《东满抗日革命斗争特殊性研究》，第360~386页。

⑤ 《中共东满党团特委第一次联席扩大会议的报告》，1935年2月，《东北文件汇集》（甲30），第215页。

⑥ 《中共东满特委书记冯康的报告（之八）》，1935年12月20日，《东北文件汇集》（甲30），第368、375页。

⑦ 《团满洲省委特派员（钟）巡视东满工作的报告》，1934年末。《东满文献汇编》（下册），第1188页。

⑧ 《中共汪清县委启事》，1933年8月10日，《东北文件汇集》（甲35），第359页。

⑨ 《中国共产党代表在大小汪清群众会上的报告》，1933年8月14日，《东满文件汇编》（上册），第549页。

1944 年 12 月，中共东北党组织的主要领导人周保中和张寿篯指出，“高丽人民和革命者的血和中国人民革命者的血相凝结，反对共同敌人日寇。在满洲中共党有很多忠实英勇的高丽同志写下了历史上可歌可泣的事迹”[①]。东北人民革命军第二军和 1936 年夏改编的抗联第一路军第二军，主要转战于朝鲜族大量聚居的东满和鸭绿江北岸的东边道地区以及朝鲜北部的边境地区，在那里坚持了英勇顽强的抗日武装斗争。

从这个意义上考虑，第二军从狭义上讲是东北各兄弟民族的联合抗日革命队伍，而在广义上则可看做是中朝两国人民的抗日联合队伍。这个队伍不仅是中共党领导下的东北各民族各阶层人民的抗日革命武装力量，而且是朝鲜人民的抗日革命武装力量。

根据国家正式统计资料，延边地区的各民族抗日革命烈士共3125 名，其中朝鲜族 3026 名，占 96. 8%[②]。可见，东北朝鲜民族尤其是延边朝鲜民族人民为抗日革命斗争做出突出贡献并付出了极大的牺牲。在 20 世纪 30 年代后期和 40 年代初期，东北朝鲜民族著名的共产主义者金日成、崔镛健、金策、许亨植（抗联第三路军总参谋长，第三军军长）、李学福（抗联第二路军第七军军长）、李红光（抗联第一军第一师师长兼政委）、李东光（南满反日总会会长、中共南满特委书记、南满省委组织部长）等担任中共东北党组织和军队主要领导职务，与朝鲜民族人民在东北抗日武装斗争中的特殊地位和模范带头作用是分不开的。不仅如此，东北朝鲜民族在长期而残酷的抗日武装斗争中逐步形成了以金日成、崔镛健、金策等人为首的朝鲜共产主义运动的坚强的领导核心力量。

这段历史是中国东北抗日革命史的一部分，是朝鲜反日民族解放斗争史的主要内容，而且是现代中朝友谊史的光辉篇章。在这一过程中，中朝两国共产主义者并肩战斗，用生命和鲜血凝成了深厚的战斗友谊，为中朝两国、两党和两国人民的同志加兄弟关系，奠定了坚实的历史基础。

---

① 《周保中、张寿钱给 TOTOB 的信》，1944 年 12 月 7 日，《东北文件汇集》（乙 2），第 397 页。

② 参照崔圣春主编《延边人民抗日斗争史》，延边人民出版社，1997，附录《延边抗日烈士情况表（1）》。

四 现实的“一史两用”、“历史共享”问题

如上所述，从1910年代开始朝鲜的爱国志士们来到中国东北，以朝鲜民族社会为基础，继续坚持反日民族斗争，从1930年代开始则在中国共产党的统一领导下肩负“双重革命使命”，与东北各族人民紧密团结在一起，对共同的敌人日本帝国主义进行了长期的武装斗争。这是中朝两国共产主义者以鲜血凝成的、不可分割的同一历史，是中朝两国人民共同的历史财富。

现在，中朝两国史学界在各自的抗日革命斗争史叙述中，究竟怎样论述这一段的光辉历史？现在，这一问题已摆在眼前，不可不提出“一史两用”、“历史共享”等问题。

1. 中国史学界在叙述东北抗日革命历史时，大体上有两种倾向：一种是不管当时一部分人业已加入中国国籍的情况，把东北朝鲜民族人民一概认定为“朝侨、韩侨”和“朝鲜人、韩国人”，并在世界反法西斯人民阵线和东方抗日民族联合战线的角度上，把东北朝鲜民族共产主义者的革命活动论述为国际性的共同斗争。如同中国关内的大韩民国临时政府、韩国光复军、朝鲜独立同盟和朝鲜义勇军一样，把东北朝鲜民族共产主义者认定为国际战友、抗日同盟军和对中国抗日革命的国际支援，高度评价其历史业绩。①

另一种是并不区分中朝两国，综合叙述为中共党统一领导下的东北地区各民族共同的抗日革命历史。在论述中国朝鲜族抗日革命历史和延边地区抗日斗争史时，宏观上就包括金日成、崔镛健、金策等人，但在微观上则把牺牲在中国的烈士（一般情况下除安重根、申采浩等著名人物之外）和其后完全成为中国公民的抗日人物认定为中国朝鲜族。最近也开始出现把东北朝鲜民族抗日斗争史叙述为中国朝鲜族和朝鲜共产主义者的共同斗争的新的倾向。

---

① 李鸿文教授的专著《30年代朝鲜共产主义者在中国东北》（东北师范大学出版社，1996），可谓其代表性研究成果。

概括而言，中国历史学界在研究东北抗日革命斗争史时，可谓基本上认同“一史两用”、“历史共享”观点和内容。如，不回避朝鲜民族著名的共产主义者崔石泉（崔镛健）曾担任过中共东北党委员会书记的历史事实。

2. 纵观朝鲜、韩国历史学界对这一段历史的研究成果，发现确有不少区别和差异。当时朝鲜民族反日独立解放斗争的三大武装力量都在中国境内，即在国民党统治地区大后方的大韩民国临时政府和韩国光复军、在中国共产党华北抗日根据地的朝鲜独立同盟和朝鲜义勇军、在日帝殖民统治下的东北敌后抗日联军中的朝鲜人部队。朝鲜和韩国历史学界对这三大武装力量的研究，大体上讲，韩国以大韩民国临时政府和韩国光复军为中心，朝鲜则以东北抗联的“金日成部队”为中心论述抗日武装斗争史，双方都有相对忽视和否定朝鲜独立同盟和朝鲜义勇军的倾向。① 相对而言，朝鲜史学界避而不谈朝鲜独立同盟和朝鲜义勇军，对大韩民国临时政府和韩国光复军基本持有否定和批判的观点；韩国史学界则对 1930 年以前东北朝鲜民族主义系列的反日独立运动进行了广泛而有深度的历史调查和研究，但对 1930 年之后的共产主义系列的抗日斗争没有进行相同的调查和研究，可谓有相对的忽视和否定倾向。② 这无疑反映了朝鲜半岛南北分立对峙、意识形态斗争的现状在民族历史研究领域的影响。

3. 相对而言，大韩民国临时政府、韩国光复军和朝鲜独立同盟、朝鲜义勇军是在基本没有形成朝鲜民族社会的关内地区，以少数的民族革命志士组成的，他们也是在中国国民党、国民政府和中国共产党的直接、间接的统一领导、大力支持和协助下活动的。但他们绝大部分是以外国抗日革命者的身份，自始至终具有民族独立性的政治名分和组织体系，一开始在中国就被认定为国际战友、抗日同盟军，因此在现实的历史研究中并未出现“一史两用”、“历史共享”问题。

---

① 韩国首尔市立大学廉仁镐教授的专著《朝鲜义勇军的独立运动》（罗南出版社，2001），可谓是较为客观而公正的、具有代表性的研究成果。

② 韩国历史学者辛珠柏博士的专著《满洲地域韩人的民族运动史（1920 ~ 1945）》（亚细亚文化社，1999）和张世润博士的专著《1930 年代满洲地域抗日武装斗争》（独立纪念馆韩国独立运动史研究所出版，2009），可谓是较为客观而公正的、具有代表性的研究成果。

但论及东北朝鲜民族的抗日革命历史时，其情况有所不同。最初，东北朝鲜民族的抗日运动也具有自己民族独立的、名目繁多的政治名分和组织体系，但1931年“九一八事变”之后，朝鲜民族的抗日斗争就在中共党的统一领导和组织体系内进行。因此，现实的历史研究中必然出现“一史两用”、“历史共享”问题，其焦点和核心内容就是关于“朝鲜人民革命军”说的认同问题。

4. 朝鲜历史学界把以金日成为首的东北朝鲜民族共产主义者的抗日武装斗争作为朝鲜革命历史的主流和核心内容，并认定为朝鲜革命的光荣传统，至今还提倡“思想、学习和生活都要抗日游击队式”的口号。朝鲜史学界把东北朝鲜民族共产主义者的抗日武装斗争叙述为民族主体的斗争史，在这一过程中，不可避免地出现一些忽视和简略中共党的统一领导和组织体系以及其他兄弟民族关系的倾向。这可谓与朝鲜树立其特定的主体思想及“领袖观”有密切关系。

如上所述，这段历史是中国东北抗日革命史的一部分，是朝鲜反日民族解放斗争史的主要内容。因此，东北朝鲜民族共产主义者的抗日武装斗争历史，在中朝两国史学界的研究中只能是“一史两用”或“历史共享”。中朝两国以自我为中心论述着一个不可分割的同一历史。这样，各自在其国家史和民族史的研究立场和角度、体系和中心内容等方面，难免会出现一些差异和分歧，这是一个正常的现象，也是完全可以理解的问题。

朝鲜历史学界提出了“朝鲜人民革命军”说，中国在政治、外交上也认同了这一历史观点和学术主张。① 朝鲜民族反日独立解放斗争并不是孤立

① 《毛泽东主席和周恩来总理致电金日成主席热烈祝贺朝鲜人民革命军成立四十周年》，《人民日报》1972年4月24日第1版。电文指出，“……四十年前，由您亲自创建的朝鲜人民革命军，是代表着全体朝鲜人民民族希望的第一支革命武装力量。这支英勇的人民武装队伍，在您的直接领导下，高举反帝革命斗争旗帜，紧紧依靠广大朝鲜人民，在反对日本帝国主义的艰苦岁月里，英勇不屈，百折不挠，坚持抗日武装斗争，为朝鲜的独立和解放事业建立了丰功伟绩。……朝鲜人民革命军的英勇斗争，不仅在朝鲜人民的革命斗争史上写下了光辉的篇章，而且对中国人民的抗日战争作出了无产阶级国际主义的宝贵支援。在反对共同敌人的长期斗争中，中朝两国人民结成了深厚的战斗友谊。这种友谊是在艰苦的斗争中用鲜血凝成的，是建立在马克思列宁主义和无产阶级国际主义基础上的，因而是牢不可破的。”

的，而是世界反法西斯革命运动的一个组成部分，是与东亚其他国家、民族的民族解放运动紧密联系在一起的。1930 年代以来，东北朝鲜民族共产主义者直接参加中国革命，共同抗击日帝侵略，进行了长期的武装斗争，而他们斗争的最终目标是朝鲜民族的独立解放，这是毋庸置疑的。考察其斗争的实际内容、内在的发展方向以及实际斗争业绩和客观影响等，他们无疑是朝鲜民族最为优秀的抗日武装力量。他们的武装斗争形成了整个朝鲜民族反日独立解放运动的基本主流和最高峰，代表其发展方向；他们经历了最为残酷的斗争历程，付出了最多的流血牺牲，做出了最大的贡献。在其过程中朝鲜民族抗日革命的基本队伍得到了锻炼成长，逐步形成了以金日成为首的领导核心力量。他们是在世界反法西斯人民战线和东方被压迫民族反日联合战线上长期血战奋斗的国际主义的优秀战士，也是朝鲜民族最为忠实的爱国斗士，现实研究中给予他们充分的历史地位和应有的历史名分是必然的，也是公正合理的。而且，中共党对于他们的始终如一的方针政策，也是合理和公正的。

当时东北朝鲜民族共产主义者根据其客观条件所决定的中朝联合抗日斗争和朝鲜革命的实际需要，尽管在其形式上没有民族独立的武装组织名称，但在现实的以民族国家为主体的历史研究中提出“朝鲜人民革命军”这一自己本然的名称，也是民族历史研究的一个必然要求。把朝鲜民族人数最多的第二军，尤其是把最为鲜明地举起朝鲜革命的旗帜而最为模范地努力实践其斗争目标的“金日成部队”称为“朝鲜人民革命军”，在其民族历史角度上可谓是必然的结论。

根据 1930 年代以来世界反法西斯人民战线和东方被压迫民族反日联合战线的时代使命，1930 年代初期东北朝鲜民族共产主义者的“高丽人军队”、“朝鲜反日游击队”、“高丽红军”[①]、“金日成部队”，其后的“祖国光复会”、“朝鲜工作委员会”和朝鲜进军等历史发展过程以及“东北抗联实际上是中朝两国人民的联合军”[②] 的历史事实，主张这一队伍为

① 金宇钟主编《友谊的长征》，黑龙江朝鲜民族出版社，2012，第 131 页。

② 中共吉林省委党史研究室、吉林省东北抗日联军研究基金会编《韩光党史工作文集》，中央文献出版社，1997，第 65 页。

“朝鲜人民革命军”是可以理解的历史态度和观点。可以说，“朝鲜人民革命军”说是由当时东北朝鲜民族共产主义者所处的特定的社会背景和时代使命、特定的组织形式和活动、内在的实质内容和发展方向等诸多条件所决定的特定的历史结论。在此，也有必要参照我国史学界把苏联远东红军第八十八旅的原东北抗联部队称为“抗联教导旅”的学术观点。[①]

笔者认为，在“尊重朝鲜人民争取民族解放、祖国独立的斗争的历史事实”[②] 的基础和“一史两用”、“历史共享”的理论上可以理解和认同朝鲜历史学界的“朝鲜人民革命军”说。[③] 超越过去以单一的民族史和国家史角度研究历史的传统，进一步开阔视野，从世界反法西斯人民战线和东亚抗日民族联合战线的角度以及东亚地域史角度，用“一史两用”、“历史共享”的方法研究这一段历史，其结果似乎更为客观和公正。

① 参照《征途岁月》，黑龙江人民出版社，1991，第249页；常好礼：《东北抗联路军发展史略》，吉林大学出版社，1993，第411页。

② 《韩光党史工作文集》，第65页。

③ 金成镐、张玉红：《四论“朝鲜人民革命军”》，《朝鲜·韩国历史研究》第十辑，延边大学出版社，2009，第324~354页。

朝鲜后期图们江地区的儒学者们

——以金鲁奎与金鼎奎为例

禹景燮

一　序言

从19世纪后期到20世纪初这段时期，很多研究提及了图们江地区的历史，特别是在延边朝鲜族初期社会所包含的东亚的特性。就像宋教仁的《间岛问题》（1908）所言，围绕图们江流域的繁杂纠纷源于清朝对这一地区的置之不顾。毋庸置疑，朝鲜人的越境开垦以及日俄的“征服满洲”计划，是整个东亚的问题。研究的主要视角仍然聚焦在朝鲜、清朝、日本和俄国等东亚各国为使这一“边境”地区置于自己的统治之下而制定的相关政策及边境史上。

蕴蓄在图们江地区历史中的东亚特性依然无法摆脱“中心—边界”这一框架的束缚，这是其局限性。中国和朝鲜的边疆政策或日本的殖民政策均显示出他们忽视了在这个地区土生土长的当代人——特别是朝鲜移民的真正的心声。其原因可归结为两点：其一是因为这一地区的历史叙述主体群是难以亲自叙述其历史的农民阶层；其二是就算有留存下来的记录也在日本侵华战争和“文化大革命”等20世纪的灾难性事件中被埋没或隐藏掉了。换言之，从图们江地区主体居民的角度来说，还原历史所需史料的缺乏问题仍然是这一地区无法摆脱其“偏僻而又垂危的边防”这一历史形象的主要原因之一。

如果聚焦一个人的人生，我们不难看出那里不存在第一世界或第三世界之别。由此可知，“中心和边界”这一概念是由外部强加的，就他们的生活本身来说，中心和边界之别是次要的问题。尤其从早期构成移民主流的咸镜道人们的立场来看，“这片土地并非是国之境，而只是生存的根之基”①。17世纪后期以来，他们不仅频繁“犯越”，而且和女真人（满族）的后裔们生活在一起②。图们江一带是中朝两国分界的边境地带，意义重大，但是对当地的人们来说更重要的是，这里是他们的生存基地。因此，我认为对于当时跨过图们江而定居此地的人们来说，他们的“移居”和现代韩国社会熟知的“越境”应该是大不相同的。

基于这些想法，本文旨在通过1890～1910年代移居图们江流域的朝鲜人的真实史料来复原当时的思想、思潮。值得注意的是，这些史料大部分都是传统儒教知识分子之作。说到19世纪后半期跨江而居的人们，我们不难发现在儒学传统思想中成长起来的知识分子不在少数。19世纪20年代，社会主义思想尚未传播到这一地区之前，具有儒学素养的知识分子处于社会的领导阶层，他们一如既往地秉承儒学世界观，梦想着将居住之地重建为儒教理想之境，从他们借侍奉孔子的祠堂之名建立大成学校一事就可以看出他们的这一心愿。但是后来大量社会主义者聚集于此，使大成学校彻底变貌，现在要想在图们江流域找到传统儒学的痕迹并非易事。

当时大多数移民都是因经济原因而背井离乡的普通老百姓，对他们来说，只要有可以耕种的土地就足够了，不需要其他的理由。但是对于那些把儒学当做职业的知识分子而言，需要通过儒学教义将此次北行合理化，因此必须赋予移民跨江之举以新的意义。

从这一点来看，对朝鲜后期图们江地区儒学家们的研究不仅能够重新对当时边防政策中的一环——咸镜道地区的思想动态进行分析，还可以为理解图们江对岸早期朝鲜族社会的形成提供一些线索。下面我将以当时咸镜道的代表性儒学家——鹤阴金鲁奎、龙渊金鼎奎的记载为例，

---

① 金亨洙：《文益焕评传》，实践文学社，2004，第70页。

② 金东焕的叙事诗《国境之夜》（1925）中的主人公顺伊是在图们江南侧被叫做俗家弟子、被当做贱民受到歧视的女真族后裔。

探析居住在图们江流域的儒学家们的学术传统及其世界观的特征。本文旨在探讨以中华文明的接班人自居的朝鲜儒学继承者们的思想变迁：他们在时间、空间的变迁之中是如何在明亡以后重新认识被长期贱视的夷狄女真属地图们江一带，并欣然移居此地的。

二 咸镜道的儒学传统

朝鲜王朝时期，咸镜道有两种截然相反的形象。一是作为太祖李成桂和其祖先定居之所，被看成是奠定王朝基础的“龙兴之地”，与汉高祖刘邦的出生地相媲美，常被人称为“丰沛之乡”。但是相较于此，凭借其自然地势而形成的中华（朝鲜）和夷狄（女真）的边界及其气势强劲的“弓马之乡”形象更加深入人心。① 加之 1453 年李澄玉（钟城）和 1467 年李施爱（吉州）的叛乱，以及壬辰倭乱时挟持两个王子交予倭寇的鞠景仁事件等使得中央政府对咸镜道出身的人满怀疑心并进行差别对待。但是 17 世纪后期以来，朝鲜朝不断在咸镜道实行开发政策，随之，这一地区耕地面积不断扩大，人口不断增加，促进了经济增长，在此趋势下出现了一群儒学学者②。

他们大都继承了中央学界栗谷李珥（1536～1584）和尤庵宋时烈

---

① 南溟学《五龙斋遗稿》北说：“北之为地，滨海地广，一衣带水，分华夷之界，丰沛之旧乡也，关防之重域也。其民劲直，其俗朴素，食维粟麦，衣维麻布，虽一日不再食而无饥色，或三冬不厚衣而无气寒，缓急可恃，当为八路之最。北方自古称马弓之乡，然黑齿之乱，镜城彰烈祠，会宁显忠祠，所享义士皆儒生也。是皆平日敦学问，得亲上死长之义，其可以弓马之乡而忽之哉？近世李松庵载亨韩凤岩梦麟弃科举，专治性理之学，实行纯笃，声誉远播，道臣绣衣，交章荐剡，朝廷以南台勤招松庵，以桂坊累拟凤岩，岭之北，文学之兴，皆其功也。当壬辰，倭充斥于北路也。罗州人景仁世弼以谪来，据镜城会宁，受伪爵猖獗，执王子大君献之倭，镜城李鹏寿等八人，会宁吴遵礼等八人，倡义纠众，克歼两贼，推北评事郑文孚大将，累战累捷，摧倭毒锋，全保一道，后朝家赠职立祠。国初迁三南士族，以实北边，而地是丰沛旧乡也。故昔则清宦高官，视诸道无甚殊矣。自施爱变起，一道文武，限百年停举，其后虽稍稍，然则以校书分馆而升为成均，武亦荐以守部而铁限，夫地是丰沛，人本士族，而因一停举，全一道永为通国之无所知弃，是岂人与地之罪耶？”

② 姜锡和：《朝鲜后期的咸镜道和北方领土意识》，经世苑，2000，第 130～178 页。

（1607～1689）定立的西人—老论学脉[①]。宋时烈的弟子鹤岩崔慎（1642～1708）和农岩金昌协（1651～1708）等人在这一地区开始讲学之后，其门下开始涌现出很多咸镜道出身的儒学者。其中咸镜道会宁出身的崔慎在老论、少论出现分歧之时，上书对与宋时烈对立的尹拯进行了强烈的指责，因此为中央政界所熟知。另外，朝鲜后期极具代表性的名门家族——安东金氏出身的金昌协不仅是丙子胡乱时期斥和派（反对与清朝和亲）大臣清阴金尚宪的曾孙，还是领议政金寿恒的儿子，是引导17世纪后半期朝鲜学术界的最优秀的学者之一。

在这一背景之下，金昌协的门徒们大体上形成了咸镜道儒学的中心势力。金昌协文派最后传人是金鼎奎。1685年（肃宗十一年），他去拜访去镜城赴任北评事的金昌协，绘制了师承金昌协的李载亨到自己这一代的师生关系谱，即“农岩金昌协→松岩李载亨→敬斋李瑞世→龟岩李元培→屯坞林宗七→雪庵许柬→龙湖许佺→性庵金秉振（→龙渊金鼎奎）”[②]。

同时，也有很多人找到回归会宁的崔慎，向他拜师求学，其中钟城出身的耻庵韩世襄（1656～1727）被评为这一地区最早通晓四书、《小学》、《近思录》以及其他性理书籍的人物，后来他又被尊称为“北方理学的宗主”[③]。另

① 对朝鲜后期咸镜道儒林的形成过程及思想动向的研究并不是很多，笔者参考了以下与本文主题有关的材料：姜锡和的《朝鲜后期咸镜道的地域发展和北方领土意识》，首尔大学博士论文，1996；以及《朝鲜后期的咸镜道和北方领土意识》，经世苑，2000；丁海得的《朝鲜后期关北儒林的形成和动向》，《京畿史学》2，1998；张裕昇的《17～18世纪咸镜道地区的文集编纂和书籍刊行》，《书志学报》27，2003。

② 《龙渊金鼎奎日记》卷10，1914，第600～601页：“金农岩讳昌协传之李松岩讳载亨，松岩传之李敬斋讳瑞世。敬斋侄孙有龟岩讳元培，阐明斯道。龟岩之门有玄晦堂讳翼洙、林屯坞讳宗七。屯坞之门，有许雪庵讳柬、金勤斋讳钟善，雪庵传之许龙湖讳佺，龙湖之嫡传是先生也，而加麻于勤斋之死后，献贽之于毅庵之门下。”

③ 韩梦麟：《凤岩集》卷2，耻庵先生行实呈御史状：“故参奉韩世襄，即北方理学之宗也。（省略）盖世襄以前，北士贸贸，四子性理等书，鲜有通其义者。及世襄既出，定其勾读，正其音释，发其奥义，圣经贤传之旨，如指诸掌。其有功于国家之教化者，岂浅鲜哉?”同书卷4，耻庵先生家状草未卒篇：“闻会宁人崔公慎，得尤菴宋先生之学，教授北人，步往从之，受四书以读。自是以圣贤自期，临文必求践履之方。”青友仁：《颐斋集》卷6，韩耻庵－世襄－墓碣铭：“故濬源殿参奉号耻庵韩公殁于乡。（省略）生于肃宗丙申。幼任气自纵，既而去，稍涉学为公车文，不成又去。乃穷经礼书，持敬存养，刻志砥行，声动一州，久则益甚。关北士无遐迩，慕归学焉。方伯举之朝，拜官不就。及卒年七十二。”

外，此门下以韩世襄的侄子、被尊称为“关北夫子”的凤岩韩梦麟（1684～1762）为首，还出现了榆轩韩梦弼和睡轩韩汝斗等人才，使得这一门派得以不断壮大[①]，后由五龙斋南溟学加以传承。南溟学来自钟城宜宁南氏一族，南氏家族拥有当时咸镜道内最为丰富的藏书，南溟学后将其传予孙子涪庵南大任，其门下又涌现出了金鲁奎的外祖父凤梧斋朱三老（？～1870）和金鲁奎的父亲汀庵金利秉（？～1912）[②]。

从上述内容我们可以了解到，在金昌协和崔慎的弟子们的共同努力下，咸镜道儒学传统逐渐系统化，这一点在系谱上一目了然，但是站在朝鲜朝后期思想史的发展角度来看，在他们留给后世的著作中很难发现意义重大的学术性文章。换言之，在可谓儒学不毛之地的咸镜道地区，儒学家们的活动只不过是发扬和传播了李珥和宋时烈等人的学术成果，很难找到能给当代学界提供参考价值的著作。

金昌协门派中许柬对其师林宗七的学风做出的说明与此不无关联。他认为老师（林宗七）不受理气互发之说的影响，能明析理气的问题，不关注人物同异之辨，能洞察性命之本，这一评价受到外界关注[③]。这里所说的“不汲汲于理气互发之说”就是指不受退溪李滉学说的影响，当然作为在李珥创建的西人思想的影响下成长起来的人，这种说法体现出咸镜道儒学党派的作风。但是我们有必要留意后一句“不孜孜于人物同异之辨”，“人物同异之辨”是指18世纪后半期西人学界内部展开的一场

① 金鲁奎：《鹤阴集》卷22，年谱 癸亥条：“北方之学，始自崔鹤庵先生，而再传至凤岩，门路益广，世称以关北夫子。先生五代祖学生公－大声－尝薰炙其门，有志早没。”

② 尹定铉：《梣溪遗稿》卷9，南涪庵墓碣铭：“关北旧无儒学，有崔鹤庵慎倔起穷鄙，亲炙于尤斋先生，为师蒙险难，再罹缧绁而不悔，所树立卓然，比于子路之御侮。自是六镇始知洛闽之道，彬彬可观。鹤庵以其学传于韩耻庵世襄，耻庵传于韩凤岩梦麟，南五龙斋溟学得于凤岩之门而传于家，有孙号涪庵笃志自修，以济其美，褎然为北儒领袖，君子贤之。”

③ 许柬：《雪庵集》卷4，祭先师屯坞林先生文：“呜呼，朱子之道之东，久矣。栗谷先正，能继于前，尤庵老子，阐承于后，自兹以降，吾道大行，无远不暨矣。嗟我松翁，闻道农岩，溯本云谷，始倡性理之学，北方夫子之云，不亦宜耶？敬斋李公，能得其宗，而肖孙龟岩，实绍厥学，分教吾北，而望尊仔肩。惟我先生，早自得师，而卒传其道，漪欤盛哉？窃惟先生，不汲汲于理气互发之说，以能明理气，不孜孜于人物同异之辨，而能定性命。”

思想争论——湖洛之争。当时西人分为忠清道湖论和汉阳洛论两派，他们以人性和物性的同异与否为主题展开了一次大争论，咸镜道儒学学者们不支持任何一方，与二者都保持了一定距离。李载亨推崇洛论最后一章——老师金昌协的学说，以此表露出对洛论的继承意识[①]，金鲁奎汇集宋时烈、权尚夏、韩元震的诗编纂了《华阳风韵》一书，以此来标榜对湖论的继承意识[②]，尽管如此，这也并未严重到会引发两个门派之间的学问隔绝。举个例子，金昌协一派的许柬站在洛论的立场上对崔慎一派的南大任就人之本性提问的同时，也表露了自己未能从师于他的遗憾。[③]

表1　咸镜道儒学传统

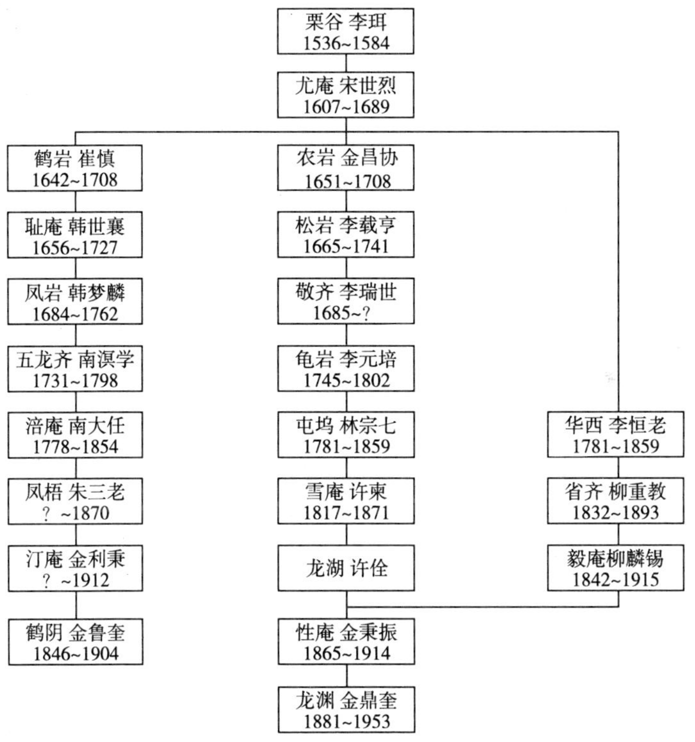

① 李载亨：《松岩集》卷2，与玄成夫："载亨谨白，性同之说，非不累进，而讫未承肯颔，岂以自家见得不明，说得不透，致盛听不莹而然耶？"

② 《鹤阴集》卷22，年谱甲戌条。

③ 《雪庵集》卷2，与南涪庵大任："自今被教之后，益切钦慕，北望涪溪，恨不能承咳于绛帐之前矣。"

实际上，当时想要成为以人之心性问题为中心展开的争论之潮——湖洛之争的一角，咸镜道儒学家们的学术力量略显微弱。但是他们没有卷入当时大多数朝鲜儒学家们竞相参与的这一争论，可以看成是为了孕育和接纳新思潮而出现的“思想空白”期。这和朝鲜朝后期代表“卫正斥邪论”的华西李恒老（1792～1868）学派的情形类似。李恒老居住在与汉阳毗邻的京畿道阳根，他与以心性论为中心的湖洛之争保持了一定距离的同时，提出以保卫中华文明和正学之使命为核心的卫正斥邪论，这是一种反对日本和西方列强侵略的社会思想，他因此为拨正 19 世纪朝鲜儒学史的方向立下了汗马功劳。同样地，在 19 世纪末到 20 世纪初俄罗斯和日本不断侵入这一地区的形势之下，咸镜道儒学学者们也围绕图们江流域问题，积极采纳对夷狄主张/差别和报仇思想的宋时烈和他的忠实继承者——李恒老的思想，表现出与中央学界不同的苦恼，其代表人物就是金鲁奎和金鼎奎。

三　金鲁奎的学风和对图们江的认识

鹤阴金鲁奎在 19 世纪中韩关系史中并不陌生，他的代表作《北舆要选》介绍了肃宗时期建立的长白山定界碑和 19 世纪 80 年代清朝和朝鲜间的勘界问题等[①]。金鲁奎通过这本书主张定界碑上所画的土门江不是图们江，而且提出了很多证明间岛是朝鲜固有领土的资料，这对大韩帝国的间岛政策以及民族主义历史学者们的领土观影响极大。因此他在韩国作为“为收复故土而奋斗的民族英雄”中的一员而备受敬仰[②]。但是关于《北舆要选》等著作的创作背景，作者金鲁奎的行踪几乎无从知晓。直到近来才有人单方面地提出将他和金鼎奎并称为韩末时期咸镜道地区的儒学家代表。

金鲁奎祖籍金海，号鹤阴，字天五。他生于 1846 年（宪宗十二年），

---

① 赵珖：《白头山定界碑关系资料解题》，《白山学报》17，1974。

② 梁泰镇：《解读人物为主的韩国领土史》，《多物》，1996。

比毅庵柳麟锡（1842～1915）晚四年卒于1904年7月，时值日俄战争激战期。他的祖先本来居住在京畿道南阳，宣祖年间12代祖金祉带领全家迁到咸镜道定居在庆源。庆源临近图们江，和中国珲春隔江相望，和延吉、龙井相距不过60公里。世宗时期为了武力驱逐女真族设立了六镇，此后这一地区被归入朝鲜疆域，丙子胡乱之后设立了市场，成为与清朝人交往频繁的地区[①]。

在他的族谱中几乎找不到出入官场身份显赫之人，但是他的先辈们从18世纪初期开始就继承了以宋时烈为首的"尊华攘夷论"思想倾向，党派以老论自居。宋时烈的弟子中引发"怀尼是非"的问题人物崔慎就是离庆源不远的会宁出身，他的学说先后由住在钟城的韩世襄和韩梦麟继承，最终传给了金鲁奎的5代祖——金大声[②]。另外，韩梦麟的学说经过庆源的南大任传给了朱三老。前文也有所提及，金鲁奎的父亲金利秉既是朱三老的门生又是他的女婿。成长在这样的家族门第之中使得金鲁奎的思想忠实地继承了儒学各家学说中把华夷之辨视为第一大义的宋时烈的"尊华攘夷论"[③]。

众所周知，宋时烈的"尊华攘夷论"里区别中华和夷狄的三个要素（血统、地缘、文化）中文化是根本要素，即中华论理取决于是否包含来源于儒教文化这一后天因素的胆量和智慧，而不是"汉族"或"中原"的称呼这一先天因素。因此"中华"和"夷狄"这两个概念的范畴并非固定不变的，它们是可随着行为举止的变化而相互渗透的可变性概念。且到了宋时烈所处的时代形成了所谓的"朝鲜中华主义"理念，主张明清交替以后一直以来保存着正统儒教文化的朝鲜已经继明朝之后成为中华，这一理念成为规范18～19世纪知识分子世界观的核心意识形态[④]。

---

① 姜锡和：《朝鲜后期的咸镜道和北方领土意识》，经世苑，2000，第88～95页。

② 《鹤阴集》卷2，阙里房会曲；韩章锡：《眉山集》卷11，凤岩韩公，梦麟，墓碣铭。

③ 《鹤阴集》卷20，（士农问答）跋："鹤阴金先生私淑南涪庵者也，始尤庵宋夫子之学传崔鹤庵，鹤庵四传涪庵，涪庵再传先生，其渊源之正学问之高，深得其传授心法之正脉，故尊攘大义如青天白日，世皆以为罕其俦者，即此也。"

④ 请参照禹景燮《宋时烈的尊华攘夷论和朝鲜中华主义》，《朝鲜中华主义的成立和东亚》，유니스토리，2013，第43～81页。

金鲁奎强烈支持宋时烈提倡的“朝鲜中华主义”，他认为，由从春秋时代强调周朝正统性的孔子到南宋时期对金朝提出“华夷之辨”的朱子所传承下来的儒家道统将在主张报复清朝的“宋子（宋时烈）”手中得以延续，这就是金鲁奎所持的道统观。1864年，正值十九岁的金鲁奎效仿宋时烈之举，用墨将皇历上的清朝年号抹掉，改成使用明朝最后一个皇帝年号来记录的“崇祯二百三十七年”。二十七岁那年，他为自己的书斋起名为“望华堂”，意在希望恢复中华秩序。1637年，仁祖出南汉山城，于清太宗皇太极前屈辱投降，四周甲（240年）后的1877年，金鲁奎紧握双拳眼含热泪，祈求清朝灭亡。他在听说“朝鲜中华主义”的象征物——万东庙要被拆毁一事之后，决定隐居山野度过余生，以表自身反抗之意。1883年，金鲁奎三十八岁之时与勤斋金钟善一起讨论过朱子和宋子的涒滩大义，这也可以说是体现其“中华主义”者面貌的一个事例。

金鲁奎特别喜欢宋时烈写给咸镜道弟子朱氏兄弟的如下一段话，经常引用。由此可以看出他的世界观受到了宋时烈的文化意义上之尊华攘夷论的影响。

> 过去一想到闽中（福建）只觉得那不过是夷狄的巢穴，但是朱子出现之后，那里的文明之昌盛渐优于邹鲁，成为天下之最。通常来说，虽然地理上有地域之分，但是人性却没有优劣之差，不过取决于个人奋发努力的程度。你二人回去之后将我的话告予监司，转述给村里的秀才们，如果你们齐心共同努力的话，将来我便能听到北方风俗发生变化的消息了。①

依上所述，福建地区在血统和地域上都是原属夷狄的领域，但是朱子出现后教化众人，使这一地区成为超越孔子、孟子故乡——邹鲁的中华文明继承地。宋时烈的一番话表露了他的殷切期望，即如果将这一道

① 宋时烈：《宋子大全》卷137，送咸兴二朱君序：“念昔全闽，实蛮䝟之薮，而朱夫子崛起于是，则其文明之盛，上轶邹鲁，而冠于天下。夫地理有区域之辨，而人性无丰啬之殊，只在乎其人之奋厉勉慕之如何尔。二君归以此告于监司节下，又以语于乡秀而共勖焉，则北俗之变也，余将侧耳而伫听也。”

理用于咸镜道，两个弟子回到家乡后努力普及儒学教诲的话，就能将咸镜道的粗俗风气一扫而空，从而将其改头换面成“中华”。质而言之，是否推崇儒教文化成了华夷之辨的主要基准，而非胎生血统抑或地域。在这一文化华夷论的基础上，朝鲜有可能成为中华，咸镜道也有蜕变为文明之地的可能。但是金鲁奎不仅再次确认了宋时烈提出的华夷的可变性，他更进一步主张华夷会随着时代的变化在地域上不断循环。这最终成为他对自己曾居住过的咸镜道地区提出的又一新的认识。

> 周朝不会再出现文王和武王，鲁国也不会再有孔子和颜子。但是秦伯曾居住的南蛮之地被后世称为南京的文物古迹，箕子曾居住的东夷之地现被称为小华的文物古迹。老田收成不多，但在新田里却能获得多出几倍的收获，这是世之常理，是以为何不在偏远荒凉之地求索呢？[①]

关于传统儒家的道统论，金鲁奎对用气数的变化来解释世间万物道理的象数学观点加以新的诠释。他将自己的学问归类于象数学，并非常自豪地说：“如果上天想要揭示象数学的奥秘，舍我其谁？”[②] 依照象数学的说法，我们可以理解为中华文明的兴衰是随着气数的改变而在地域上不断循环的。中华文明起源于尧舜的活动地区——冀北，逐渐向原本是西夷边疆的周朝首都岐阳转移，而后又经过孔孟的故乡邹鲁和朱子的故乡闽中地区来到了朝鲜汉阳。此后因为日本和西方列强的入侵，朝鲜半岛沦为夷狄之地，以至于原本位于都城的中华文明正统性不得不向追求纯粹性的东北地区，即咸镜道移动，这一认识正是基于金鲁奎的理论。金鲁奎的这种理论通过对自身学统的再确认变得更加具体化。儒家道统依“孔子→朱子→宋子”之序代代传承下来，而“怀尼是非”时

---

① 《鹤阴集》卷 22，年谱甲午条：“周之不复有文武之生，鲁之不复有孔颜之生，而泰伯所居之蛮，后称南京文物，箕子所居之夷，今称小华文物，则旧田之获不加多，新垦之种必倍收者，理也，盍求之辟荒之地乎？”

② 《鹤阴集》卷 22，年谱辛卯条：“苟天欲明象数，舍我其谁？”

尹拯因背叛师门而受到批驳，因此转交由维护斯文正统性的崔慎来继承[①]。崔慎的学识又再传给箕子的后裔（清州韩氏）韩世襄和韩梦林，最终传到自己手中。由些产生的自豪感使金鲁奎认为自己曾居住的咸镜道庆兴现在可以被重新诠释为儒教文化的中心地[②]。基于此，金鲁奎坚信上文所引用的宋时烈的话预见了包括庆兴在内的图们江一带将会变为“中华”的可能性[③]。

庆源位于朝鲜半岛最北端，以图们江为界与清朝、俄罗斯相望，是外国人往来频繁、朝鲜人越境多发的“边境”地区。但是另一方面，如《龙飞御天歌》中所写，这里不仅是太祖李成桂的祖先——穆祖、翼祖、度祖、恒祖的扎根之所，亦是朝鲜王朝的发祥地。夷狄往来的边境和神圣的王室肇基地：在朝鲜时代学者们的意识当中，图们江流域同时反映着这两种截然相反的形象。对图们江的认识也可分为两种：第一，图们江是区分身为“中华”的朝鲜和被称为夷狄之地的北方的界线[④]；第二，图们江是一条发源于朝鲜宗山——白头山，并且贯穿宗室发祥地的江。与鸭绿江相比较时，我们有必要更重视图们江的第二层含义。

据朝鲜后期《燕行录》中记载，鸭绿江以北地区是一个让朝鲜人产生复杂情感的区域。1780 年，朴趾源作为使行团的一员出访北京。他在离开义州前往中国的路上心情复杂，难以言表。这江，过还是不过？他比较了眼前笼罩在灼热之中的东北平原和隐匿在云雾中的朝鲜群山，渡过鸭绿江的那一刻，他想起为了暗杀秦始皇而过易水的刺客荆轲。这分明暗示着征伐或复仇的意志。不光是朴趾源，在前往山海关的漫漫旅途中，燕行的大部分朝鲜人都不停地吐露心中的抑郁之情。跨过

---

① 《鹤阴集》卷 20，士农问答：“文明之气本萃于老论，其舍鹤庵之乡而结局于何处？”

② 《鹤阴集》卷 20，士农问答：“吾北韩氏，以箕子之裔，接宋门嫡传而倡起箕野之土，随运适然。”

③ 《鹤阴集》卷 22，年谱庚子条。

④ 申叔舟：《保闲斋集》卷 9，次庆源东轩韵：“春风尘海正泱泱，落日孤城是异乡。碧岫郊原胡骑远，黄芦洲渚塞云长。羁游落落关山外，归梦迢迢汉水阳。从古华夷天所限，江流一带作封疆。”

鸭绿江之后，他们追忆起高句丽的强盛，忍不住遗憾；在经过见证伯夷、叔齐故事的首阳山时，吃着从朝鲜带来的蕨菜，忆起“尊周大义”。在以辽东原野为主题的诗文当中，常常把古代的刺客或将领设定为主人公，以此来暗示复仇的意志。

但是瞭望图们江，几乎没有人会联想起古代的刺客。大家只会提起高丽时期征讨女真夺下九座城池的尹瓘，或是在图们江中的一座小岛——鹿屯岛上与女真族人对战的李舜臣，那里是太祖李成桂的祖先们曾十分活跃的地方。通过撰写《北舆要选》了解到先春岭以南原本是朝鲜的领土，主张发源于松花江以北的清朝与朝鲜以图们江为界的金鲁奎①也认为，江源是朝鲜王朝的发祥地，图们江并非国境。庆源龙堂作为穆祖的根据地之一而闻名，金鲁圭赋予其特别的意义，称之为“我韩八域固本之方”加以重视②。这一看法通过《龙堂志》的编纂得以流传下来，《龙堂志》记录了庆源一带发生的穆祖到太祖时期的史实。

但是穆祖以来，王朝起源的相关事迹甚至散布到图们江对岸的奚关和斡东地区③，特别是《龙飞御天歌》等书籍中经常出现的斡东是穆祖的根据地，也是穆祖夫妇的安葬之所德陵和安陵所在④。金鲁奎屡屡强调朝鲜王朝源于图们江以北，他不可能放任该地区成为王朝祖先和夷狄混居的地方。

与此相关，1900 年 9 月，朝廷重臣尹泽荣给金鲁奎写了一封信，备受关注。

> 北边边境之外有一个名为间岛的地方，清、朝鲜两国几百年间都未曾关注，以至于两国的流民常去那里藏身。这一地区虽不受天

① 金鲁奎：《北舆要选》目录：“中州之泰山，阳为鲁，阴为齐，而今白山左右，韩清分界，韩先肇基于豆满之北，清亦发迹于松花之北，惟土门一派，流中不偏，至于望祀，殆同齐鲁之泰山。”

② 《鹤阴集》卷 22，年谱 癸卯条：“我韩八域固本之方，实莫过于庆源肇基之重也。”

③ 《鹤阴集》卷 22，年谱 癸卯条：“奚关、斡东，列在豆江东北，即圣祖岐豊之古地也。”

④ 《龙堂志》北道陵殿志考：“旧德陵安陵，初在庆兴府北，豆满江外斡东地。”

子管辖，但亦未有夷狄侵犯，就像乌云无法完全遮住天空，阳光总能透过缝隙照耀大地。趁此机会开垦荒芜之地，教化无知百姓，如此终会有丰收之日。[①]

对此，金鲁奎认为，根据气数循环之理，中华文明之气始于尧舜，中经周朝传给朱子，后又传到了朝鲜汉阳，而现在已到了北移的时候，他断言说："在整个世界无法摆脱漫漫长夜之时，如果此北境之地无法保存国人元气的话，将来就更无方法可循了。"[②] 庆兴、斡东、奚关等图们江一带一直以来都意味着中华文明的"藏守之处"，20 世纪初期，在中原失传的中华嫡统经过汉阳，最终由这一地区继承下来。[③] 此外，他还提议以扩大中华地域为名，将图们江对岸也视为朝鲜人的居住地。

白头山是我朝龙脉的主干。其支流左有黑江（黑龙江?），右有绿江（鸭绿江），中间有豆江（图们江），三龙臣服于白头山。高丽时期的边界只到鸭绿江而未及图们江，本朝的边界虽初次扩展至图们江，但是却没能到达黑江。那黑江的气运促成清朝的建立，占据中原已有近 300 年了，因此它现在的气势是无法和白头山抗衡的。现在正是百姓不受任何限制在那里居住，我朝把边界扩展至黑江的时机。[④]

---

① 《鹤阴集》卷 22，年谱庚子条："窃念北徼之外有所谓间岛者，即韩清两国之所共弃，而几百年至无用之地也。彼此流民往往潜居于此，虽王化之所不及，而亦腥羶之所不能侵，譬如阴云之未尽昏，而日光之有微漏。若因此时，而辟其荒芜，训其蚩蛰，则子夜冬至虽不知定在何日，而诚力所积，庶有以见夫有用之效矣。"

② 《鹤阴集》卷 22，年谱庚子条："今长夜乾坤，不扶国人之元气于兹隅，则来头更无可趋之方矣。"

③ 《鹤阴集》卷 1，斋居八有吟："何事神州沉陆久，尊周地脉孔州原。"

④ 《鹤阴集》卷 22，年谱 丙寅条："吾东之龙势，体主白山，而其用则左翼黑江，右翼绿江，中抱豆江，三龙之屈从可之矣。高丽之界，不过绿江，而豆江则未能焉。本朝之界，自有豆江，而黑江则未及焉。彼黑江之龙，化清而腾踏中土者，几三百年，今无争白之气势，我民之无关讥而入彼处，居住将限于黑江，此其时也。苟有识务之杰，陈于吾君，大报龙堂北渎之灵，凡在源兴肇基之迹，一一表扬，祖宗萃精，江山增光，由体达用，则辟国可广于二千外二千而万邦无敌，传国家延于五百后五百而万寿无疆，三龙会一白者，自主永守兹土。"

依照金鲁奎的地理认识，即以白头山为准向东望，黑江为左侧的边界，鸭绿江为右侧边界，这一带的中心轴就是图们江。且以庆兴为首，现在的珲春、图们、延吉一带成为地图上的中心地带。他曾憧憬，如果在这一带划地建国的话，就可长期不受外敌入侵延续王朝，永久自主地守护国家。

总而言之，对于金鲁奎等韩末时期咸镜道的儒教学者们而言，图们江并不是清朝和朝鲜、中华和夷狄的分界线。到现在为止也还有学者没有把图们江对岸看成是不幸的流浪之地或独立运动的根据地。金鲁奎曾经梦想以邻近图们江的庆源为中心，联合现在的咸镜北道一带和延边地区建筑新的中华世界。这一认识成为20世纪初大量儒学学者跨越图们江移居到延边地区的思想背景。

四　金鼎奎渡江及其在“西江”的活动

1881年，金鼎奎出生在镜城，与金鲁奎隔了一代，是咸镜道道派最后的继承者。1909年，他跨过图们江在延吉定居，最终卒于延吉。从1907年2月开始到1921年10月约15年的时间里，他几乎天天写日记。日记所反映出来的金鼎奎，可以说既是一个虔诚的儒学学者，又是一个抗日运动家。虽然先学者们对金鼎奎的生平、义兵斗争，还有他移居延吉后开展的孔教运动展开了大略的研究①，但他作为一个儒学学者的面貌还值得我们进行进一步研究。

金鼎奎出身于全州金氏家族，是完山君金台世的后代。成宗时期，金敬归乡后，便世世代代居住在庆源和会宁等图们江一带，从而形成一大家族。与金鲁奎的家庭境况相似，在离金鼎奎较近的祖先中几乎没有进入仕途后加官晋爵的人物。但是他的父亲金秉国善于理财，经常出入

① 尹炳奭：《金鼎奎的生平和“野史”》，《近代韩国民族运动的思潮》，集文堂，1996；朴敏泳：《关北地域的后期义兵》，《大韩帝国时期的义兵研究》，Hanul，1998；金俊：《中华民国初期的孔教运动和延边地区朝鲜族社会》，《辛亥革命和中国朝鲜族》，延边人民出版社，2011。

罗南的日本军营以此积攒家产。他特别注重对儿子的教育，得益于此，金鼎奎八岁开始到十五岁为止在乡塾的学习奠定了其儒学基础，此后十年里到处寻访老师，跟随他们学习。特别是十九岁以后潜心研究性理学书籍，二十四岁开始在家乡龙源建起了书斋专心讲学，后来成为咸镜道的代表性儒学学者，远近闻名。1908 年，金鼎奎二十八岁，他加入了镜城义兵的指挥部，组织了抗日斗争，失败后于 1909 年 4 月越过图们江移居到延吉。而后金鼎奎一方面参加了柳麟锡和李范允的十三道义军，以间岛和沿海州为舞台开展抗日运动，一方面开办了名为回阳斋的教育机构，为附近的学生们讲授性理学，专心于培养后辈。1913 年开始，他积极参与康有为组织的孔教运动，在延吉市内设立孔子庙，成立孔教会延吉分会，延吉道尹陶彬赠予他“尊圣卫教”的牌匾。1919 年 3 月 13 日示威之后，他为了促成义军府的设立等坚持开展抗日运动，但 1920 年庚申惨变后抗日运动遭到日本的猛烈镇压，他以中医的身份隐退，于 1953 年辞世①。

总而言之，金鼎奎作为儒学学者始终如一地坚守了自己的学术精神。后来西江（间岛）的名望之士玄天默想要劝说他进檀君教，开始他以儒学学者的身份拒绝，后来又同意入教。他入教旨在利用檀君教集结义兵，他表明自己对他们的教理并不感兴趣，坚信檀君教的教理“无法玷污”自己的儒学信仰②。不仅如此，他极力排斥当时在图们江流域不断扩散的新学。1909 年正月越江之前，有个名为李冕采的人劝说他改信新学，“只有学习新学变得开明，才能对国家有帮助”，他做出如下回复后将此人赶走了。

> 现在新学还未能悟出诚意正心的玄妙，只不过是为利益驱使。但是利益只会使人伤身，有谁在伤害自己身体之后还能帮助国家？贪图功劳、利欲熏心的人们不会在意日渐衰败的国家，反倒会投靠倭寇以谋取私利。编造假话禁止旧学劝诱新学，学习倭寇并以之为常规剪头

---

① 尹炳奭：《金鼎奎的生平和“野史”》，第 207～209 页。

② 《龙渊金鼎奎日记》卷 8，1912，第 378 页。“凡我同志散在四方，如晨星相望而合同不得，不如一着姓名于教中，组织一团，徐待有事之日，以备一面之用也，教旨若果然，则吾人之幸，若不然，我为我，彼为彼，彼焉能浼我哉?”

换装，而且嘲笑、排斥圣人，破坏纲常。这不仅是滔天大罪，其危害也波及甚广。他们甚至不知道“开明助国”这句话出自何处。[①]

越江之后，金鼎奎开设的回阳斋仍是依照传统教学规范来教授性理学。他总是担心：“所谓的开明派借清朝官吏的权势，建立新式学校争抢学生，将来儒学之道怕是会因此失传。”后来这一忧虑果然成真，书斋面临关门之境。此时他深感挫败，连续几天彻夜饮酒后，又再次振作起来，研读《尚书》稳定身心，表现出他作为儒学学者坚定的使命感。[②] 此后金鼎奎组织了一个名为“私塾改良会”的团体，试图通过教授汉文来延续“吾道之正派”，结果维持不到 10 日又以关门告终。[③] 最后，他参与了在孔教教会的主导下以推行儒学教育为目的的大成学校的建立。[④]

正如上文所述，金鼎奎的学风师承于镜城李载亨，李载亨又师承宋时烈和金昌协。值得注意的是李载亨的几个后辈学子之中，与金鼎奎有直接师生关系的性庵金秉振（1865～1914）所起的作用。金秉振出身于咸镜道吉州的庆州金氏一族，1910 年 7 月他去拜访继承李恒老学说嫡统的毅安柳麟锡并行以弟子之礼，从此便肩负起扶持正学道统的责任[⑤]。1908 年，他因义兵抗战失败而逃亡到俄罗斯海参崴，他始终听从宋时烈和柳麟锡的教诲，为谋求“讨复大义”而奋斗，后于 1912 年移居到延吉。[⑥] 1914 年，他在辞世之前，给金鼎奎等后辈学子们留下遗言，从其中

① 《龙渊金鼎奎日记》卷 1 下，1909，第 224 页。“今之新学者，不知诚正之工，而全求利益之大，夫利者，陷身之器也，岂有陷其身而补其国者乎？贪功谋利之辈，不顾国事之日非，附势于倭，逞其私意，造作邪说，禁旧学说新学，学倭法倭，剃其头变其服，讥斥先圣，灭绝纲常，罪莫大而害尤甚耳，未知开明补国，从何出来者耶。”

② 《龙渊金鼎奎日记》卷 5，1910，第 30 页。“近日此地世色，大可畏也，所谓开明辈，借清官势力，巨大立校，尽破私塾，欲入新学。吁嗟，吾儒之道，从彼永灭。”同书卷 2，1909，第 401～423 页；同书卷 8，1912，第 381～383 页。

③ 《龙渊金鼎奎日记》卷 8，1912，第 402～406 页。

④ 《龙渊金鼎奎日记》卷 9，1913，第 527～536 页。

⑤ 《龙渊金鼎奎日记》卷 10，1914，第 600～601 页。

⑥ 1908 年咸镜道地区义兵运动以失败告终，不光是金秉振和金鼎奎，还有张锡会、崔琼濂、徐相郁、李南基、池章会等指挥部中的大部分人都越过图们江逃亡到间岛或沿海州一带，相关情况可参照朴敏泳《大韩帝国时期的义兵研究》，第 272～282 页

的几句话我们可以看出他的思想大纲。

> 1. 你们要体会我欲重建厥里祠（孔子祠堂）之心，明圣道是核心。
>
> 2. 尊崇中华，为百姓建立太平盛世是重中之重。（中略）
>
> 3. 虽然当下中华不足为鉴，倘若能够暗自领悟天下所谓尊华攘夷之理，上帝会像日月一般俯瞰大地。难道要把这极为广阔珍贵的大地永远地变成不如夷狄的禽兽之国吗？我必明确言之，这样的日子即将来临，你们不要陷在忘泛之中。天心只在生德之仁，此乃我平日之所信。①

通过上述引文内容，我们可以看出金秉振是一个典型的中华主义者。在朝鲜后期日本和西方列强正式发起侵略战争的时代背景下，他在遗言之中告诫弟子们肩负起保全孔子传承下来的中华文明的责任。宋时烈提出“尊华攘夷”为儒学的核心价值以来，经李恒老和柳麟锡传承下来的朝鲜后期中华思想由他如实地继承下来。柳麟锡曾经评价他是一个永远将自己与命运联系在一起的人。②

1901 年，柳麟锡在平安道介川石溪聚集有志之士完成了崇华契，从中可以看出他们传承的中华思想的具体内容是指什么。

> 天上有阴和阳，地上有中华和夷狄，万物中有人类和禽兽。所谓道，贯此所有，始于上苍，人们得道即可形成中华，整个宇宙唯有中华之道。从三皇五帝和三代盛世开始直到汉、唐、宋、明，中

---

① 《龙渊金鼎奎日记》卷 10，1914 年 4 月 21 日（中），第 595～597 页。“体我一心复阙里，明圣道是骨子事。极尊中华，为生民开太平，是莫大义。（省略）今日中华虽无可观，以天地正理默会，则唯皇上帝照临于日月，以若至大至　宝之地，永作夷降为兽之国耶。吾必曰，不远而迩也。诸君或不弃于妄泛欤！天心一箇生德之仁。故愚之平日所信如斯也夫。”

② 柳麟锡，《毅庵集》卷 19，与李于天、南基、金声玉、秉振，己酉十月二十三日：“今日事无他术，致令一国人，身一身心一心而已。先自吾与安郊性庵作一身一心，吾以安郊性庵身与心身吾身心吾心，安郊性庵以麟锡身与心身自身心自心，身身心心，团一巩固，以此推之，可庶几。”同书卷 20，答金声玉－秉振－庚戌正月二十三日：“书示同人于郊之说，此真此境准备语也，然非特曰性庵同我也，念昔在家发程时，筮得此爻，岂非我同性庵，为见于兆耶？”

华之道以三纲五常为重，其学问在于正确的六经和四子学问，法度在于优秀的礼乐刑政法度，制度在于美好的衣冠文物。啊，既高深又广博！但是中华之道会随时间的变化而屈伸和出现盛衰，因为夷狄之中聚集了阴邪之气，做出禽兽行径之人搅乱了中华之道。从尧舜时起，蛮夷便开始搅乱中华，如此不断重复的结果就是五胡乱华，直到元朝和清朝，污浊之气达到极致，故而中华之道就在中原大陆中断了。幸好东方小华将它继承了下来，但现在小华亦因西洋和日本夷狄的侵略面临断绝，这祸事真是让人悲痛至极！[①]

柳麟锡断言，世界上最普遍最重要的“道”就是区分中华和夷狄的义理，这里需要注意的是“中华”的具体内容是指三纲五常、四书六经、礼乐刑政、衣冠文物，而不是指名为“中国”的国家或地区，即对柳麟锡而言，中华乃儒教文明本身，在此前提下，明朝灭亡之后，固守儒教文明的朝鲜展开了继承中华传统的“朝鲜中华主义”之理论。柳麟锡的这一思想通过他在华崇斋旁另建的祠堂（华崇庙）中所供奉人物的排位更加具体地体现了出来。撰写《春秋》首次阐明了“尊华攘夷”之大义的孔子，对于最初将中华文明传播到朝鲜的箕子，与女真族建立的金朝和清朝相对立实践“尊华攘夷”之道的朱子和宋时烈，还有日本和西方列强侵略朝鲜时把守护中华文明视为已任的李恒老等 5 个人，从“中华主义”的角度出发将这些人系谱化，从而建立了孔子传到他那一代的“东亚”道统论。[②]

---

① 《毅庵集》卷 41，崇华契序：“天有阴阳，地有华夷，物有人兽，道则贯之而出于天，得于人而著于华，宇宙之间，一中华之道而已，中华之为道，以之三皇五帝三代之盛，及之汉唐宋明之远，其道则三纲五常之重，其学则六经四子之正，其法则礼乐刑政之好，而其制则衣冠文物之美。呜呼，尊且大矣！然中华之道，有时有屈伸盛衰，以有夷狄之钟阴邪之气而肆禽兽之行者乱之也。盖自唐虞有蛮夷猾夏之戒，而反复渐致乎五胡乱华，至于元清秽极，而华乃绝于中州大幅。幸承之以我东小华，而小华又见绝于今洋倭丑夷，罔极之祸，呜呼恸矣。”

② 《毅庵集》卷 41，崇华契序：“其建崇华斋，以奉五夫子，盖孔子作春秋而义尊攘，箕子刱小华之祖，朱子宋子各值所遭之变而尽力尊攘义，华西李先生辟洋卫道，为今天下大义主人。古今有事于华，五夫子者为最，崇奉依仰，亦其义宜也。”

宋时烈和李恒老也有这种认识，而其直接继承了从孔子和朱子等中国圣贤传下来的道统，这一点从宋时烈和李恒老的思想中可见一斑。与此相比，柳麟锡的新特点在于，他在现实上一定程度上认同了老师宋时烈和李恒老极力排斥的清朝，甚至更进一步设定了包含清朝在内的东亚儒教文明范围。

众所周知，柳麟锡因国内义兵活动失败，在从1896年到1915年辞世的相当长一段时间里，辗转于辽东和沿海州一带。1913年在辽东，他将这段逃亡生活带给他的世界观写进了《宇宙问答》之中。概括来讲，他一方面强调了与西方相对的“东方”在道德和文明上的价值，另一方面强调了“中国”作为东方文明“大宗”的实际作用和重要性。[①] 立足于传统中华思想而不认同清朝是“中华”，同时自称是“大宗”的《宇宙问答》中的言论，其论调被认为是难以一见两立的矛盾的逻辑。我们可以这样理解，在不得不面对由“夷狄”变成“禽兽”的西欧和它的走狗日本的现实以及他流浪于间岛一带直接和中国人一起生活的历程形成了其力求复兴朝鲜王朝的亡命经历，这与一心只关注和“夷狄”清朝之间关系的老师们表现出颇为不同的思想特征。

金鼎奎不仅通过老师金秉振，还直接借助书信往来受到柳麟锡的影响，所以他在日记中频繁引用柳麟锡的代表著述并对其表现出极大的共鸣也并不奇怪。他以“小中华儒教文明的丧失”之名将1910年越过图们江和鸭绿江的朝鲜人提出来，在日记中抄录了提倡举义的柳麟锡的通文和《贯一约》，称颂他是“值得被尊称为仁义之师”[②]。他对《崇华斋序》

---

① 《毅庵集》卷51，宇宙问答：“今中国之为当一大观之会，善其为，则非特为一时之幸，乃为万世之幸，不善其为，则非特为一时之不幸。乃为万世之不幸，且欲为万世不幸而不得也。盖中国世界之一大宗，天地之一中心也。中国立则世界定而天地成，中国跌则世界乱而天地毁。为中国者，自重自慎，不失其所以为宗所以为心，则为凡支姓支体者，岂不有以尊之卫之乎？有失则小宗夺大宗，小体夺大体，无可奈何，而终至俱不幸，可不惧哉？今又有东洋西洋黄人种白人种大战争之说。西耽耽视东，白稜稜蔑黄，诚有是也，为东洋者，宜思善为，不为不善为，此其屈伸进退，亦可以观乎。”

② 《毅庵集》卷37，通告，庚戌：“呜呼，吾辈不安故土，流寓漂泊于异域，思之痛心，言之痛哭。呜呼，即失我文明疆土矣，即复我圣神宗社矣，即丧我小华典型矣，即灭我礼义生类矣。”《龙渊金鼎奎日记》卷5，1910，第525~575页。

这本书也是极力称赞，“正当夷狄扰乱中华之时，崇敬中华的道义如此卓越；在世道处于困境中之时，真假之分如此痛快，让人不禁以虔诚之心日三省吾身而不停止，我要谨记下这些内容置于桌上以待日后浏览对比。”①

从这些现实中我们可推测出，金鼎奎和柳麟锡在同样的“朝鲜中华主义”的思想背景下成长活动，流亡到延吉之后的行迹也基本上以追求保存和复兴儒教文明为主，未能脱离“中华主义”者的理想。1909 年，他在和学生金河圭一起编纂的族谱跋文中使用的是明朝最后一个皇帝崇祯的年号，而 1914 年以后，日记等各种书籍封面上使用大韩帝国、崇祯纪元和南明最后的皇帝永历的年号来附记，这些事实也可以在这一思想背景中进行理解。②

但是试图通过日记形式进行流传的短篇记录来系统、具体地了解他所持的世界观是有一定局限性的，即与朝鲜传统的“中华主义”者不同，他越过图们江移居中国，与中国人生活在一起，世界观必然会发生变化，但这在他的日记中没有体现出来。与此相关，金鼎奎喜欢使用西江（江西或者江左）和东江（江东或者江右）的这一表述应引起关注。当时的西江是现在的延边地区，东江是指咸镜道地区，考虑到图们江自南向北流动，从会宁起流经钟城直到南阳中间的地区，便可以轻易地理解出现这一叫法的缘由。问题在于，金鼎奎日记中所指的区分西江和东江的图们江不再是传统意义上区分中华（朝鲜）和夷狄（清）的分界线。他在跨过图们江之后，将日记中的题目由“龙渊山房日录”改为“江左回阳斋侨居日记录”，换言之，他将在延吉的生活表现为“侨居”，意味着“在异乡而非故乡的生活”，从此处可以看出在他的认识中图们江并没有失去国界的意义，至少很难轻易找到将图们江作为华夷分界线的传统地

① 《龙渊金鼎奎日记》卷 8，1912，第 366 页。“龙圃自凤林洞来道安否，叙暄寒，少顷袖出崇华契序与题白山旨诀后文示之，乃毅翁所制也，盖方此夷狄猾夏之时，崇华之义，如是卓绝，世道屯否之日，真伪之辨，若是洞快，令人起敬钦诵，自有所三复不已，故遂稽写留案，备后览焉。”

② 华西学派的特点就是使用永历年号。尹炳奭：《金鼎奎的生平和“野史”》，第 146 ~ 153 页。

理认识。

加之1909年间岛条约签订前后，清朝、朝鲜之间围绕西江一带展开了一场所有权纠纷，对此，金鼎奎说，“现在宗社陷入犬羊之境，一些臣子不为此担忧反倒和清人争夺起土地来，这真的是朝廷的意愿吗？分明是那些投靠外敌之人的行为。得到土地为何而喜，失去土地为何而忧？”①正如金鼎奎所言，他所关心的是要时时刻刻保卫中华文明不受频繁入侵的“禽兽”所犯，而不是国境线和它所涉及的领土问题。而作为一起完成守卫中华文明这一重大任务（尽管还不知道是不是夷狄）的同行者，人们是否会对中国有一层新的认识？

总而言之，柳麟锡继承了宋时烈和李恒老道统，金鼎奎作为他的门徒，是一个朝鲜中华主义者，金鼎奎认为明朝灭亡以后，朝鲜便成了中华文明的继承者。他一生都将捍卫中华文明的核心——儒学当做自己的宿命。在他越过图们江移居到延吉以后，这一信念也未曾改变过。他认为包括自己在内的传承天下大义（道统）的人们在禽兽横行的“阴”的时代想要恢复“阳”的气势，就得借助图们江这一区域为跳板。和他的书斋名一样，这里是“回阳”之所，而不再只是夷狄之地。

五　结束语

1910年前后，无数朝鲜人越过图们江来到间岛地区生活。虽然其中大多数人都是为了寻找耕地而来的农民，但也包含了相当一部分传统儒教学者。特别是最先越过图们江移居过来的咸镜道北部的儒教学者们都是在传统中华主义思想下成长起来的。他们在那里也固守以尊华攘夷为核心的中华主义传统进行讲学。但是面对“禽兽”西欧侵略的时代背景，还有和中国人混居在一起共同开展抗日活动的历史经验，他们在一定程度上克服了被禁锢在朝鲜半岛狭窄视野中的传统中华主义的封闭性。在

① 《龙渊金鼎奎日记》卷2，1909，第331页：“今我宗社，汲入犬羊，而为人臣者，不以此为忧，反与清人争地，是果京部之意欤？必也附倭者之所为也。得之何喜，失之何忧？”

此基础上，金鲁奎和金鼎奎等人把图们江流域视为复兴中华文明的新阵地，为把它建设成为儒家的理想社会而不断努力。

大约至20世纪10年代末，金鼎奎等人在延边朝鲜族社会的初期形成过程中扮演了非常重要的角色，但是未能找到从逻辑上来看能够充分说明他们事迹的资料。而且笔者对他们参与的孔教运动、基督教及社会主义等其他近代思潮不甚了解，对后来的情况也无法再展开讨论，对此深表遗憾。今后希望能够通过更为仔细追踪和研究他们之间在血缘、学术上的关系，来稍稍弥补笔者在这方面的局限和不足。

以金鲁奎为例，我们知道他对其同乡、庆源出身的大倧教领导者徐一的思想（1881～1921）有一定程度的影响，由此我们可以看出朝鲜中华主义和大倧教的关联性，并试图进一步探索“由中华向民族”迈进的近代思想史的核心问题。另外1899年越过图们江组织建立龙井明东村的四大家族，即金跃渊（祖籍全州）、金河奎（祖籍金海）、文秉奎（祖籍南平）、南道荐（南宗九，祖籍宜宁）和这些中华主义者之间的关系也是今后要探讨的课题：金跃渊不仅和金鼎奎同是钟城出身，而且同为为数不多的全州金氏；南道荐的儿子南韦彦在龙井所建书斋之名和咸镜道最大的藏书家——南溟学的书斋名同为“五龙斋”；《龙渊金鼎奎日记》中以门生身份出现，后来因著书《龙渊金先生略历》而闻名的会宁出身的金夏圭和金鼎奎的关系；以教授金跃渊儒学而闻名的朱凤仪和金鲁奎外祖父朱三老的关系。如果弄清这些关系，就能抓住一些详细的头绪，对朝鲜后期咸镜道儒学传统和后来延边地区的思想潮流发展之间存在何种关联这一问题有更深的认识。

集安新发现的高句丽碑及其研究状况

耿铁华

一 集安高句丽碑的发现与调查

集安是高句丽故都，自公元 3 年（西汉平帝元始三年）高句丽迁都国内城，到公元 427 年（北魏太武帝始光四年），这里一直是高句丽政治、经济、军事、文化的中心。高句丽迁都平壤以后，这里仍然是高句丽北方的重要都会，地上地下保留着大量的高句丽文物遗迹。2004 年 7 月高句丽王城、王陵及贵族墓葬列入《世界遗产名录》，表明集安的历史文化底蕴是极其丰富的。全国第三次文物普查以来，集安不断有文化遗迹和珍贵文物被发现。其中最重要、最具代表性的是集安高句丽碑的发现。

2012 年 7 月 29 日上午，集安市麻线乡麻线村五组村民马绍彬在麻线河里寻找大石块，为自家葡萄架拉铁线用。他在河西岸老桥南约 80 米处，发现一块扁平的大石块斜插在岸边，用铁锹和镐挖掘出一块形状很规整的大石板，雇用铲车将大石板运到家中，放置在大门外右侧（图 1）。经过清洗，发现上面有文字，马绍彬感到可能是文物，于是向集安市博物馆报告。集安市博物馆多次派人到现场进行调查，走访当地老人了解情况，并将碑石运回博物馆进行保护与研究。

根据调查报告介绍，集安高句丽碑出土于集安市区西南 3.5 千米的麻线乡麻线河右岸的河滩边上。中心地理坐标为东经 126°08′28″，北纬 41°05′

46″，海拔 184 米。麻线乡在集安市区以西，距城区 3 千米，辖区位于东经 125°58′～126°09′，北纬 40°56′～41°08′，东与市区通胜街道接壤，西与榆林镇毗邻，南邻鸭绿江，北与台上镇交界。乡境东西长 14 千米，南北宽 20 千米，面积 296.15 平方千米。2003 年，辖 10 个村 64 个村民组。

图 1　集安高句丽碑出土后的状况①

集安高句丽碑出土地在麻线河下游西岸。麻线河是乡内流入鸭绿江的两条大河之一。它发源于老岭山脉南坡，由北向南流经大西岔、石庙子、头道阳岔、红星村、建疆村、麻线村，最后流入鸭绿江。石碑出土地在建疆、麻线两村交界之处，岸边的居民属于麻线村五组，土地则属于建疆村。

集安高句丽碑出土地南距麻线河新桥 110 米。集丹公路（集安——丹东）由东向西经过新桥。出土地北距麻线河老桥 83 米。西南侧约 10 米处有一栋二层的楼房，向西是两级阶地，高差 4.3 米，阶地以上为农田。东侧河岸上是麻线村五组的居民区。麻线河东西两岸为麻线墓区的重点片，有高句丽墓葬数千座（图 2）。

① 本文插图均引自《集安高句丽碑》（吉林大学出版社，2013）一书。

集安高句丽碑出土地以北约200米麻线河两岸是高句丽墓群。附近还有几座高句丽王陵，石碑出土地与王陵之间的方位距离如下：

千秋墓西北456米；

JMM2100号墓西南659米；

JMM626号墓东南861米；

西大墓东1149米。

集安高句丽碑处在四座王陵之间，距离最近的是千秋墓，碑石所立之处，应该是守墓烟户聚居之地。①

集安高句丽碑为粉黄色花岗岩质，碑体呈扁长方形，下部较上部略宽，下部较上部稍厚。正反两面及左右两侧经过加工，平整规则，碑首部分与碑身连为一体，碑体呈圭形，右上角有缺损，底部两角呈漫圆形，下部中间有榫头，原应有碑座，现已无存。碑身正反两面加工较精细，表面平整光滑，正面上部分刻文磨蚀严重，下部分刻文磨蚀较轻，右上角缺损部分伤及10余字。

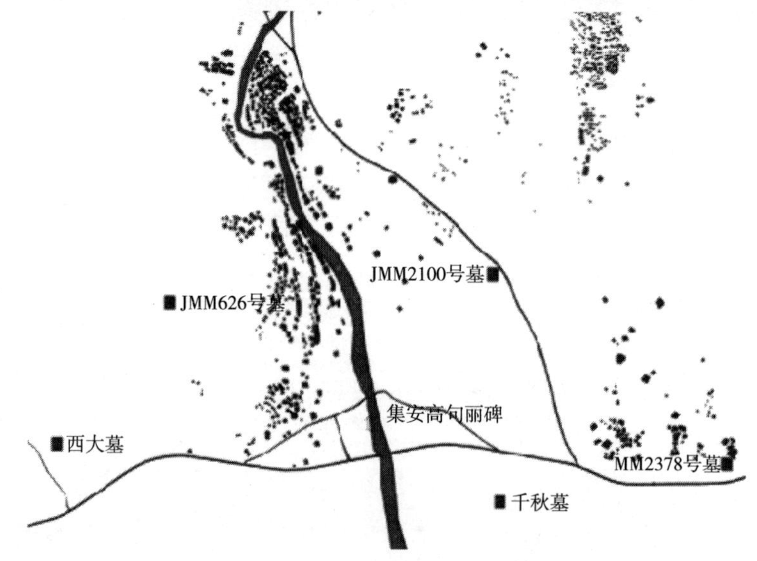

图2　集安高句丽碑地理位置图

① 集安市博物馆：《集安高句丽碑》，吉林大学出版社，2013，第6~7页。

集安高句丽碑现存高 173 厘米，宽 60.6～66.5 厘米，厚 12.5～21 厘米，下部榫头高 15～19.5 厘米，宽 42 厘米，厚 21 厘米。石碑重量为 464.5 千克（图 3）。

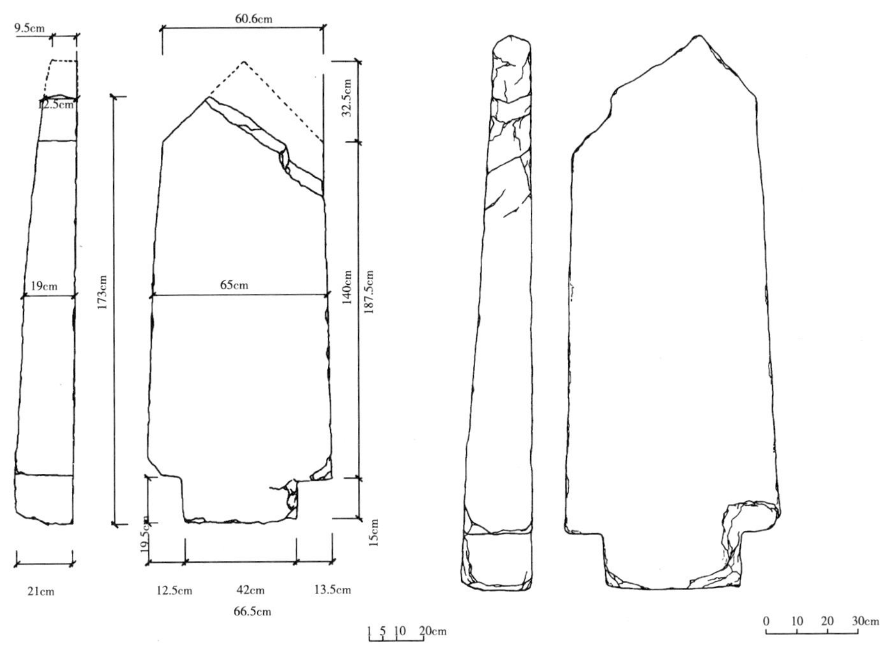

图 3　集安高句丽碑正面、背面、侧面图

石碑的正面阴刻碑文，汉字隶书，共 10 行，自右而左，竖书，前 9 行每行为 22 字，最后一行为 20 字，原文共 218 字，右上部由于残损而缺失 10 余字，因石碑长期处于河床之中，经河水冲刷、沙石磨损，造成部分碑文字迹模糊，现可辨识 156 字，背面仅有一行字，现已模糊，难以辨识。左侧有人工凿损痕迹，隐约可见笔画残痕，也可能是烟户头的名字等。

此碑属于西汉末至东汉以来中原流行的圭形碑，这也是高句丽首次发现的圭形碑。根据碑下部榫头，可以推断原来应该有碑座。在碑石出土的河流上下游 300 米范围内多次进行调查寻找，未能发现石碑的基座。

至于石材的出处，集安市博物馆组织专业人员分几次到石碑出土地点附近的采石场对石碑的石材来源进行调查，初步认定集安高句丽碑的石材出自麻线乡红星采石场。采石场位于石碑出土地麻线河上游左岸，属于麻线乡红星村二组，中心地理坐标为北纬41°06′414″，东经126°08′190″，海拔193米。采石场处在七星山山脉的最西端，向前50米为麻线河，南距高句丽石碑出土地约1.5千米，北侧为麻线墓区石庙子片。[①] 采石场早年已被开发，现最西端的山峰已被采石取平。调查中发现，采石场的石质为花岗岩，石材的颜色为粉黄色，与高句丽石碑的石质、颜色相同，与高句丽石碑出土地的距离不远，采运、加工都比较方便。

二　集安博物馆的初步研究成果

8月14日，集安市文物局董峰、高远大，博物馆周荣顺、郭建刚、董健、刘宾对新出土的石碑进行捶拓。碑文中出现了“始祖邹牟王之创基也”、“祭祀”、“亦不得其买”、“碑文”等文字，表明这一石碑很可能是高句丽时期的碑刻，值得进一步研究、确定碑文内容及其性质和年代。当即组成专家组进行调查研究，经上级领导部门批准，专家组由耿铁华、王志敏、孙仁杰、高良田、董峰、迟勇组成。

专家组成员主要是由集安市文物局和博物馆的研究人员组成。其中高良田，现任集安市文物局党委书记、集安市书法家协会主席。多年来从事书法篆刻研究，对好太王碑书法有独到的研究，合作出版了《好太王碑文印稿》。董峰，现任集安市文物局副局长兼博物馆馆长，南开大学博物馆专业毕业，从事高句丽文物调查与考古发掘20多年，发表《东北地区高句丽山城的分布及年代》、《高句丽世界文化遗产保护与城市建设的互动》等论文。孙仁杰、迟勇是集安市博物馆资深的研究人员，多年来从事高句丽文物保护、调查发掘工作；先后参加了全国文物二普、三普工作，参加了三峡大坝蓄水前库区的考古工作；参加了集安市历年来的重大考古发掘和文物维修工程，特别是1984～1985年洞沟古墓群集锡

① 集安市博物馆：《集安高句丽碑》，吉林大学出版社，2013，第10页。

公路古墓发掘，1993 年洞沟古墓群八五维修工程，2003～2004 年世界遗产申报中高句丽王陵调查与维修；合作出版了《集安高句丽墓葬》、《集安高句丽王陵通考》、《高句丽千里长城》等著作。王志敏研究员，曾经担任通化市文物管理委员会办公室主任，多年来从事通化地区文物调查和考古研究工作，对通化地区文物遗迹的分布特点、年代与相关历史颇有研究，特别是对陶瓷器的鉴定，功底深厚，具有一定的权威性。他曾经参加过通化地区第二次全国文物普查、第三次全国文物普查工作，参加过 1997～1999 年王八脖子（万发拨子）遗址发掘，参加过 2003～2004 年集安高句丽王城、王陵及贵族墓葬申报世界遗产的王陵调查清理工作。

我曾在集安市博物馆工作了 15 年，参加过多次考古调查和发掘。到大学工作后仍然从事历史与考古的教学与研究，至今已有 30 多年。对于集安的文物遗迹，特别是好太王碑有深入的了解和一定的研究，出版了《好太王碑新考》、《好太王碑一千五百八十年祭》、《中国高句丽史》、《高句丽古墓壁画研究》、《高句丽考古研究》、《高句丽史论稿》、《高句丽研究史》等著作。此次能够受邀参加集安高句丽碑的研究，是我们在高句丽历史与考古研究历程中的一件大事，也是我们深入实践提高研究水平的一次难得的机遇。

从 8 月 14 日第一份拓片完成以后，专家组便开始进行调查和研究，并从洛阳文物考古研究院请来捶拓技工，先后完成多种拓本（图 4、图 5）。将拓本和碑石相结合进行仔细的研究和释读。根据碑文内容，将此碑定名为“集安高句丽碑”。①

集安高句丽碑正面镌刻碑文，右起竖书，共 10 行，每行 22 字，最后一行只有 20 字，原文共有 218 字。专家组共同释出文字 156 个，释文如下：

1　□□□□世必授天道自承元王始祖邹牟王之创基也

2　□□□子河伯之孙神灵祐护蔽荫开国辟土继胤相承

3　□□□□□□□烟户以此河流四时祭祀然而□偹长烟

① 关于此碑的定名，曾经过多次讨论，有几种意见：集安高句丽碑、集安麻线高句丽碑、中国集安高句丽碑、高句丽集安碑。集安博物馆专家组统一称为“集安高句丽碑”。

4 □□□□烟户□□□□富足□转卖□□守墓者以铭

5 □□□□□□□罡□太王□□□□王神□□舆东西

6 □□□□□□追述先圣功勋弥高悠烈继古人之慷慨

7 □□□□□□□□自戊□定律教□发令其修复各於

8 □□□□立碑铭其烟户头廿人名以示后世自今以后

9 守墓之民不得擅自更相转卖虽富足之者亦不得其买

10 卖如有违令者后世□嗣□□看其碑文与其罪过

需要说明的是，这一释文属于集体研究成果。也就是说这156个字是专家组共同认可的。有的专家还有一些释读的文字，在讨论过程当中存在着较大的分歧，这些有分歧的文字不能作为集体释读的成果，只好留作专家们进行单独研究的成果进行公布。从这种意义上说，以上释文只是专家组一个阶段性的研究成果。

碑石背面有一行文字，由于磨蚀较重，多数无法辨认，对于少数文字，专家组意见分歧较大，暂付阙如，留待以后释读。

在释读碑文的过程当中，我们多次到碑石出土地进行调查访问，完成了测绘、拍照等工作，并编写出调查报告。

图4 周荣顺拓本

图5 江化国拓本

两个多月的调查研究工作，最后形成了《集安高句丽碑》一书，2013 年 1 月由吉林大学出版社正式出版发行。此书分为八个部分：

第一部分为集安高句丽碑出土纪。介绍了集安高句丽碑出土地——集安市麻线乡麻线河的地理位置、自然状况和高句丽碑发现的情况。2012 年 7 月 29 日，麻线村五组村民马绍彬在麻线河右岸取石发现石碑以后向文物部门报告，并带领博物馆工作人员到现场调查。集安市博物馆组织专业人员进行调查和捶拓，初步认定是高句丽时期的石碑，向上级报告并组成专家组进行深入调查、保护和研究。

第二部分为集安高句丽碑调查。这里将集安市博物馆多次调查的成果汇集成报告，说明石碑出土地麻线乡麻线河右岸的河滩的中心地理坐标与新旧两桥的距离，介绍石碑的形制、特点、保存状况、文字状况，以及石材的产地，指出石碑出土地以北约 200 米是高句丽墓葬比较集中的地方，附近还有几座高句丽时期的王陵。石碑出土地东南 456 米是千秋墓，东北 659 米是 JMM2100 号墓，西北 861 米是 JMM626 号墓，西 1149 米是西大墓。集安高句丽碑处在四座王陵之间，距离最近的是千秋墓，碑石所立之处，应该是守墓烟户聚居之地。

第三部分为集安高句丽碑释文。这里公布了专家组共同释出的 156 个字。为了进一步了解文字状况，还将碑文拓片分解成 4 字一段、8 字一页影印于此，以供参照。还附有孙仁杰摹写的识读文本。同时，根据拓本将碑文的保存现状、笔画的清晰程度、缺损情况、文字尺寸进行登记著录。在已识读的 156 字中，46 字清楚，占已识读文字的 29.48%；89 字较清楚，占已识读文字的 57.05%；21 字基本清楚，占已识读文字的 13.46%。

第四部分为集安高句丽碑文书体比较。集安高句丽碑的文字刻在修凿工整的花岗岩碑面上，石质较细腻，文字成形较好，显现出汉字隶书的基本特点。竖行阴刻，横竖照应，虽无格界，却排列整齐，四周边缘规则有序。书法自然流畅，虽有字形变化，大小有别，但字形则多以扁平方正结体为主，左右舒展，略有蚕头，燕尾明显。就其碑文镌刻形式来说，字距大于行距，也是符合隶书书写基本规则的。通过列表的形式，将新出土的集安高句丽碑文字与好太王碑、中原高句丽碑、冉牟墓志和其他高句丽文字进行比较，还与曹全碑、爨宝子碑、张迁碑和其他碑碣中与集安高句丽碑相同的文字列表进行比较，进一步体现出集安高句丽碑文字书法特点。

第五部分为集安高句丽碑研究。这一部分是根据碑文所涉及的内容进行综合研究。首先是对碑文所涉及的历史研究，碑文第一行和第二行的记载，涉及了高句丽起源和建国的史事。与好太王碑记载和《三国志·高句丽传》、《后汉书·高句丽传》、《梁书·高句丽传》、《三国史记·高句丽本纪》的记载相同。碑文还涉及好太王时期的统治和高句丽的祭祀。碑文第三行有“以此河流，四时祭祀”，这是高句丽出土文字资料中明确发现的“祭祀”字样，其含义和价值是深远的。高句丽人十分重视祭祀活动，同古代中原人一样将祭祀与战争看成是国家政治生活中的大事。从王公贵族到黎民百姓，都不断地参加祭祀活动。祭祀鬼神、社稷、灵星、祖先、山川、洞穴，等等。而“以此河流，四时祭祀”，则是指在建立此碑的河边，春夏秋冬四时进行祭祀。祭祀的对象应该是指距石碑出土地最近的高句丽王陵——千秋墓。

其次，碑文记载的守墓制度，高句丽人视死如生，十分重视丧葬。《三国志·高句丽传》记载：“男女已嫁娶，便稍作送终之衣，厚葬，金银财币，尽于送死，积石为封，列种松柏。”多年来的考古调查发掘表明，高句丽从建国初期就逐渐形成了自己的丧葬习俗。高句丽王公贵族还建立起陵园和守墓制度。新出土的集安高句丽碑记载了守墓制度的相关内容，使我们对这一制度的认识逐渐趋于完善。

再次，将集安高句丽碑与好太王碑进行比较，从碑石的出土与形制、碑文的内容，探索与好太王碑的关系。集安高句丽碑文字虽不多，和好太王碑句子相同的却不少，如“邹牟王之创基也”、“富足者转卖□□守墓□”、“□罡□太王”、“先王墓上立碑”、“铭其烟户”、“以示后世”、“自今以后”、“不得擅自更相转卖”、“虽有富足之者亦不得其买卖”、“如有违令者”，碑文中还有“定律”、“发令”等字样，说明这是与守墓烟户制度相关的法律条文。

最后，是关于集安高句丽碑立碑的年代问题。在我们目前识别的文字当中，还没有足以说明集安高句丽碑立碑年代的记载。只能根据碑文的内容和相关资料进行推断。碑文第七行第九至十三字“自戊□定律”，“戊□”应该是碑文中出现的干支纪年，十分重要，可惜“戊”字下面的字磨蚀较重，不好辨识。从字形和字画看，与“子”和“午”较为接近。和好太王在位时期相近的戊子年和戊午年有：戊子，故国壤王五年，公元388年；戊午，长寿王六年，公元418年。综合起来分析，戊子年较为合适。好太王碑记载：“自上祖先王以来，墓上不安石碑，致使守墓人烟户差错。唯国罡上广开土境好太王，尽为祖先王墓上立碑，铭其烟户，不令差错。”据此判断，此碑应该立在好太王生前。再从碑石的出土地看，距离最近的王陵是千秋墓，学者们大都认为千秋墓是高句丽第十八代王故国壤王的陵墓，故国壤王是好太王的父王。好太王尽为祖先王立碑，应该首先为其父亲故国壤王立碑。集安高句丽碑立在麻线河边，处在麻线墓区的中心地带，距离最近的王陵就是千秋墓，应该是在千秋墓守墓烟户居住区立的碑，这样集安高句丽碑就应该是好太王为其父立的碑，年代在好太王时期。

第六部分为集安高句丽碑的价值。这一部分从文字资料方面、历史方面、学术方面、艺术方面阐述了集安高句丽碑的价值。

集安高句丽碑是目前发现的第三通高句丽碑。与好太王碑东西相望，文字内容和书体相近。从碑石形状看，好太王碑和中原高句丽碑都是方柱形，集安高句丽碑则为圭形，造型独特，保存较好。从碑石的大小上看，它排在第二位，比中原高句丽碑要高将近30厘米。文字数量比中原高句丽碑要少一些，排在第三位。文字内容则与好太王碑相近，记述了邹牟王创基的情况，好太王时期申明守墓烟户制度，不许擅自买卖并为先王立碑，铭其烟户，不令差错。它的出土，不仅为集安增加了一通高句丽文字碑，还与好太王碑相互关联、印证，东西照应。其文字资料的价值是不言而喻的。它的历史价值则主要表现在对历史文献的补充，为高句丽历史研究增加的新内容。其价值还表现在为高句丽王城、王陵及贵族墓葬这一世界文化遗产提供了新的证据，也为高句丽王陵及其守墓烟户制度研究提供了新的资料。新出土的集安高句丽碑应该是千秋墓的附属建筑，也应该是属于世界文化遗产的一部分。

至于集安高句丽碑的艺术价值则表现在碑石的造型与书法两个方面。集安高句丽碑造型属于圭形碑，碑首作圭形来自玄圭的形状，表示死者有功于国，为“天赐玄圭”之象征，用以昭示死者的功绩。集安高句丽碑的发现，使我们进一步了解高句丽书法的源流、演变及其规律。进一步掌握高句丽人书法的特点。与好太王碑和中原高句丽碑相比较，集安高句丽碑的字体更秀丽，笔画更纤细，蚕头燕尾特点更明显，更适于后人捶拓、摹写。

第七部分为集安高句丽碑技术保护报告。该部分主要介绍了碑石发现之后出现的污染情况，进行技术保护和石碑表面的脱盐处理的情况。

第八部分为集安高句丽碑日志。此部分列出了从 2012 年 7 月 29 日集安高句丽碑发现之日起，到 2012 年 11 月 12 日省内外专家进行鉴定期间，集安市政府、市文物局、市博物馆对于集安高句丽碑调查、研究、保护进行的工作逐日记载，以供查考。

此书还有序言、关于集安出土的高句丽碑专家组论证意见、前言、附录与后记等，插图 28 幅，图版 43 版，共计 36 万字（图 6）。

由于研究和写作时间较短，对于碑文释读和考证等方面会存在着某些不足之处，尚需今后加以补充和修改。

三　国内外学者的研究情况

2013 年 1 月 4 日《中国文物报》第 2 版发表了署名集文的文章：《吉林集安新见高句丽石碑》。这是集安市博物馆首次向外界公布新出土高句丽碑的信息。文章介绍了石碑出土的地理位置、自然状况、碑文考释、与好太王碑比较、年代推测和重要价值，附有集安高句丽碑出土位置图和拓片，公布了正面碑文已识读出的 140 字。

2013 年 1 月 15 日《新文化报》第 B02 版发表了记者卢红采写的《集安发现高句丽时期记事碑》。文中报道了集安发现高句丽石碑的情况、对发现人马绍彬和有关专家的采访。文章还介绍了部分专家的看法和意见，有人认为此碑是好太王时期建立的，也有人认为是长寿王时期立的，预示着今后的研究可能会出现不同意见的讨论与争鸣。

2013 年 1 月 20 日《中国文物报》第 1 版刊登了望山的文章：《吉林集安新发现的高句丽石碑在韩国引起强烈关注》。"《中国文物报》2013 年 1 月 4 日刊登了《吉林集安新见高句丽石碑》的报道后，在韩国学术界及全社会引起强烈反响。众多学者、学术机构集中对此进行了专题讨论，大量新闻媒体对此发现以及相关活动作了深入报道，部分韩国学术团体及学者个人还通过各种渠道向中国方面了解相关信息，并对此发现表示祝贺。"韩国古代史学会、韩联社、韩国《中央日报》、韩国高句丽渤海学会分别在网站和报刊上转载《中国文物报》2013 年 1 月 4 日的报道，进行讨论，发表看法。"当然，也有韩国学者对此碑石持怀疑态度。中国戏曲及白话文研究专家文盛哉在接受韩国《中央日报》记者采访时表示，从'方正的书体''完备的语句''道教惯用语'以及碑石的圭形首判断，此碑石为'伪刻'的可能性很大，并由此怀疑中国方面在石碑发现半年后才予以报道的动机，疑与中国政府进一步加强东北边疆历史考古研究有关。"

这篇文章使我们了解到韩国历史考古学界同行对集安高句丽碑发现与研究予以强烈关注、感到振奋并表示祝贺的情况。韩国东北亚历史财团、韩国古代史学会的学者还先后来到集安了解石碑出土情况，与中国学者交流看法，肯定了石碑的真实性和中国学者的初步研究成果。

至于韩国学者文盛哉对石碑可能"伪刻"的怀疑，我们感到很惊讶。为此我写了《中国集安出土高句丽碑的真实性》一文，从集安高句丽碑的出土情况、集安高句丽碑的形制、集安高句丽碑的内容等几个方面充分阐明集安出土的高句丽碑是真实可信的，是集安乃至东北亚历史与考古的重大发现，是具有划时代意义的。

《中国文物报》和《新文化报》几篇关于"集安高句丽碑"的报道，在国内外学术界引起很大的反响，学者们根据《中国文物报》发表的拓片和《集安高句丽碑》一书提供的文字资料和图片进行研究，发表了一批很有价值的学术论文。

中国学者的研究论文，按发表的时间顺序如下：

1. 董峰、郭建刚：《集安高句丽碑出土纪》，《通化师范学院学报》2013 年第 2 期（3 月 20 日出版）。

2. 耿铁华：《集安高句丽碑考释》，《通化师范学院学报》2013 年第 2 期（3 月 20 日出版）。

3. 张福有：《集安麻线高句丽碑文补释》，《中国文物报》2013 年 4 月 10 日第 3 版。

4. 耿铁华、董峰：《新发现的集安高句丽碑初步研究》，《社会科学战线》2013 年第 5 期（5 月 1 日出版）。

5. 张福有：《集安麻线高句丽碑探综》，《社会科学战线》2013 年第 5 期（5 月 1 日出版）。

6. 集安博物馆：《集安高句丽碑调查报告》，《东北史地》2013 年第 3 期（5 月 10 日出版）。

7. 林沄：《集安麻线高句丽碑小识》，《东北史地》2013 年第 3 期（5 月 10 日出版）。

8. 徐建新：《中国新出集安高句丽碑试析》，《东北史地》2013 年第 3 期（5 月 10 日出版）。

9. 魏存成：《关于新出集安高句丽碑的几点思考》，《东北史地》2013 年第 3 期（5 月 10 日出版）

10. 张福有：《集安麻线高句丽碑碑文补释与识读解析》，《东北史地》2013 年第 3 期（5 月 10 日出版）

11. 孙仁杰：《集安高句丽碑文识读》，《东北史地》2013 年第 3 期（5 月 10 日出版）。

12. 耿铁华：《集安新出土高句丽碑的重要价值》，《东北史地》2013 年第 3 期（5 月 10 日出版）。

以上论文中，明显不同的是对碑文的释读和隶定，有代表性的释文如下：

林沄释文：

1 □□□□世必授天道自承元王始祖邹牟王之创基也
2 □□□子河伯之孙神灵祐护蔽荫开国辟土继胤相承
3 □□□□各家烟户以此河流四时祭祀然万事悠长烟
4 □□□□烟户□□□□富□□转卖□□守墓者以铭
5 □□唯国罡□太王□乎□太王神武车舆东西
6 廿家巡故国追述先圣功勋弥高悠烈继古人之慷慨
7 癸卯岁刊石自戊□定□教□发令其修复各於
8 □□□□立碑铭其烟户头廿人名□示后世自今以后
9 守墓之民不得擅自更相转卖虽富足之者亦不得其买
10 卖□若违令者后世□嗣□□看其碑文与其罪过

徐建新释文：

1 □□□□世必授天道自承元王始祖邹牟王之创基也
2 □□□子河伯之孙神□□□假荫开国辟土继胤相承
3 □□□□各家烟户以此河流四时祭祀然□事悠长烟
4 □□□□烟户□□□□富□□转卖□□守墓者以铭
5 □□□□□□国罡□太王□平□□王神□□与东西
6 □□□□□国追述先圣功勋弥高□烈继古人之慷慨
7 □□□□□□石自戊申定律教内发令其修复各於
8 □□□□立碑铭其烟户头廿人名以示后世自今以后
9 守墓之民不得擅买更相擅卖虽富足之者亦不得其买
10 卖□若违令者后世□嗣之□看其碑文与其罪过

张福有释文：

1 惟雄才不世必授天道自承元王始祖邹牟王之创基也
2 天地之子河伯之孙神灵祐护假荫开国辟土继胤相承

3 [远][近]旧民各家烟户以此河流四时祭祀然万事悠长烟

4 户亦转卖烟户为禁旧民富庶擅转卖韩秽守墓者以铭

5 守墓人摽然唯国罡上太王号平安太王神武乘舆东西

6 　廿家巡故国追述先圣功勋弥高烋烈继古人之慷慨

7 此河流丁卯岁刊石自戊申定律教言发令并修复各於

8 先王墓上立碑铭其烟户头廿人名宣示后世自今以后

9 守墓之民不得擅买更相擅卖虽富足之者亦不得其买

10 卖向若违令者后世继嗣之者看其碑文与其罪过

孙仁杰释文：

1 □□□□世必授天道自承元王始祖邹牟王之创基也

2 □□□子河伯之孙神灵祐护假荫开国辟土继胤相承

3 □□□□各家烟户以此河流四时祭祀然万事悠长[烟]

4 □□□□烟户□[规]禁[有]富足[者]转卖转卖守墓者以铭

5 □□□□□□国罡上太王[号]平安太王[神][武]乘舆东西

6 □□□□□[国]追述先圣功勋弥高悠烈继古人之慷慨

7 □□□丁卯[岁]刊石自戊[子]定律教[言]发令其修复各於

8 [先][王][墓]上立碑铭其烟户头廿人名[以]示后世自今以后

9 守墓之民不得擅[自]更相转卖虽富足之者亦不得其买

10 卖[如]有违令者后世继嗣之[者]看其碑文与其罪过①

耿铁华释文：

1 [惟][太][王][之]世必授天道自承元王始祖邹牟王之创基也

① 林沄、徐建新、张福有、孙仁杰的释文均引自《东北史地》2013年第3期发表的各自文章。

2 日月之子河伯之孙神灵祐护蔽荫开国辟土继胤相承

3 □□□□□□烟户以此河流四时祭祀然而□偹长烟

4 户□□□烟户□□□□富足者转卖韩秽守墓者以铭

5 □□□□□唯国罡上太王□□□□王神□□舆东西

6 □□□□□□追述先圣功勋弥高悠烈继古人之慷慨

7 □□□□□□□□自戊□定律教遣发令其修复各於

8 先王墓上立碑铭其烟户头廿人名以示后世自今以后

9 守墓之民不得擅自更相转卖虽富足之者亦不得其买

10 卖如有违令者后世继嗣并罚看其碑文与其罪过①

除了释文有不同之外，关于立碑的年代也有不同意见，一种认为立于好太王时期，一种认为立于长寿王初期，还有一种认为立于长寿王十五年（公元427年）。

韩国古代史学会于4月13日在首尔召开了“新发现集安高句丽碑综合研讨学术会议”。会上韩国学者发表了5篇论文：

1 尹龙九：《集安高句丽碑的识读与释文》

2 余昊奎：《集安高句丽碑的构成与内容》

3 郑好燮：《集安高句丽碑的性质与周边的高句丽古墓》

4 赵宇然：《集安高句丽碑文中的王陵祭祀与祖先认识》

5 李成制：《从集安高句丽碑看到的守墓制度》

韩国学者的释文也各不相同，吴昊奎、尹龙九、高光仪的释文较有代表性。

余昊奎释文：

1 □□□□世必授天道自承元王始祖邹牟王之创基也

① 耿铁华、董峰：《新发现的集安高句丽碑初步研究》，《社会科学战线》2013年第5期。

2 □□□子河伯之孙神灵祐护蔽荫开国辟土继胤相承

3 □□□□□墓烟户以此河流四时祭祀然而□偹长烟

4 □□□□烟户□劣甚衰当买□转卖□□守墓者以铭

5 □□□□□□国罡□太王□□□□王神宁乘與东西

6 □□□□□□追述先圣功勋弥高悠烈继古人之慷慨

7 □□□□□太王曰自戊子定律教内发令更修复各於

8 □□□□立碑铭其烟户头廿人名垂示后世自今以后

9 守墓之民不得擅买更相转卖虽富足之者亦不得其买

10 卖如有违令者后世□嗣□□看其碑文与其罪过

尹龙九释文：

1 □□□□世必授天道自承元王始祖邹牟王之创基也

2 □□□子河伯之孙神灵祐护蔽荫开国辟土继胤相承

3 □□□□□□□烟户以此河流四时祭祀然而□偹长烟

4 □□□□烟户□□□□富足家转卖数众守墓者以铭

5 □□□□□王国罡□太王国□□□王神□□與东西

6 庙□□□神室追述先圣功勋弥高悠烈继古人之慷慨

7 □□□好太圣王曰自戊午定律教□发令更修复各於

8 □□□□立碑铭其烟户头廿人名以示后世自今以后

9 守墓之民不得擅自更相转卖虽富足之者亦不得其买

10 卖其有违令者后世□嗣守墓看其碑文与其罪过

高光仪释文：

1 □□□□世必授天道自承元王始祖邹牟王之创基也

2 □□□子河伯之孙神灵祐护蔽荫开国辟土继胤相承

3 □□□□□□□烟户以此河流四时祭祀然而□□长烟

4 □□□□烟户□□□□富足者转卖□□守墓者以铭

5 □□□□□□□国罡□太王□□□□王神亡□與东西

6 □□□□□□追述先圣功勋弥高悠烈继古人之慷慨

7 □□□□□□□□自戊□定律教□发令其修复各於

8 □□□□立碑铭其烟户头廿人名垂示后世自今以后

9 守墓之民不得擅自更相转卖虽富足之者亦不得其买

10 卖如有违令者后世□嗣□□看其碑文与其罪过①

同中国学者一样，韩国学者在碑文识读和年代考证方面也存在着不同意见。有些分歧会随着研究的深入得到解决，有些分歧意见在短时间内是很难统一的。

集安高句丽碑的出土不仅仅是集安高句丽考古研究方面的重大发现，也是东北亚考古与历史研究方面的重要发现。有的学者称之为“好太王碑第二”、“世纪性的重大发现”。从目前研究的成果看，集安高句丽碑对于深入研究高句丽王陵及其祭祀、高句丽王陵守墓烟户制度等问题提供了新的文字资料，必将推动高句丽历史与考古研究的深入开展。

图 6 《集安高句丽碑》封面

① 余昊奎、尹龙九、高光仪的释文均见《新发现集安高句丽碑综合研讨学术会议论文集》。

图们江正源考

李花子

前　言

今天的图们江发源地指赤峰东边的弱流河与红土水汇合处，这是根据1962年签订的《中朝边界条约》确定的，从这里开始直到入海口被称作“图们江”，朝鲜则称之为“豆满江”。赤峰在历史上又被称作“红土山”，红土水、红土山水的名称由此而来。为了叙述上的方便，本文将今天的弱流河、红土水的汇合之水称为“红土山水”——实为今天的图们江干流，以便把它和其他图们江支流如石乙水、红丹水、红旗河、西豆水等区别开来。

红土山水成为图们江干流和正源，既是自然地理、历史习惯等因素造成的，同时也与历史上中朝两国的定界、勘界密切相关。本文试考察康熙年间确定的图们江正源，以及后世围绕这一问题的纷争，再从地理学上确定江源的原则出发，考察红土山水成为图们江正源是否合适，这或许对相邻国家之间确定江源、界水具有启示作用。

一　康熙五十一年穆克登确定的图们江正源

从现存资料看，对图们江发源地进行考察并确定江源是在康熙五十一年（1712年）穆克登定界之时，这一年康熙帝为了编纂《一统志》和制作《皇舆全览图》，派遣了乌喇总管穆克登到长白山调查鸭绿江、图们江水源，并在二江发源的分水岭上立了碑，碑文记载："西为鸭绿，东为土门，故于分水岭上勒石为记"。这成为历史上通过确定鸭、图二江之源来划分长白山地区中朝边界的开始。

穆克登此次到长白山调查水源，是从中朝两国以鸭绿江、图们江为界的事实及这两条江发源于长白山天池的地理认识出发的。关于长白山是鸭绿江、图们江、松花江三江之源的地理认识，在元、明、清三代地理志中均有记载，包括《元一统志》、《明一统志》及康熙二十三年编纂的《盛京通志》等均有相关记述。而康熙帝在派遣穆克登前往长白山时，也强调了这一点，如他指出：

> ……混同江自长白山后流出，由船厂打牲乌拉向东北流，会于黑龙江入海，此皆系中国地方。鸭绿江自长白山东南流出，向西南而往，由凤凰城、朝鲜国义州两间流入于海。鸭绿江之西北系中国地方，江之东南系朝鲜地方，以江为界。土门江自长白山东边流出，向东南流入于海。土门江西南系朝鲜地方，江之东北系中国地方，亦以江为界。此处俱已明白。但鸭绿江、土门江二江之间地方，知之不明。……乘此便至极尽处，详加阅视，务将边界查明来奏。[①]

如上引文，康熙帝指出"混同江"即松花江从长白山后流出，也就是从长白山北边流出，鸭绿江从长白山东南流出，土门江从长白山东边流出，此番描述与三条江发源的流向十分吻合，这与康熙帝多次派人考察长白山有关。比如他在康熙十六年（1677 年）曾派内大臣武默讷溯松江河而上到长白山考察，康熙二十三年（1684 年）又派驻防协领勒楚等溯鸭绿江而上考察长白山，[②] 通过这些考察康熙帝把握了三江之源的准确方位。

---

① 《清圣祖实录》卷二四六，康熙五十年五月癸巳，中华书局，1986 年影印本，第 9 ~ 10 页。

② 有关康熙帝派遣武默讷、勒楚等考察长白山，详见李花子《明清时期中朝边界史研究》，知识产权出版社，2011，第四章。

康熙五十一年（1712 年）春天，乌喇总管穆克登奉康熙帝之旨，带领画员、通事、甲军等数十人，在朝鲜官员的陪同下，溯鸭绿江而上到达长白山顶天池，再从天池南下寻找鸭绿江、图们江之源。[①] 由于鸭绿江源紧靠天池，位于天池主峰的东南麓，于是很快将其确定为江源，但是图们江源距离天池较远，无论是在长白山东边发源的红土山水，还是在东南边发源的红丹水，距离天池均超过百里。另一条图们江支流西豆水发源地则位于长白山东南四五百里的朝鲜鹤项岭，[②] 红旗河发源地位于长白山东北一百五十多里的甑峰山。[③] 由于这两条水一个距离天池太远，另一个在天池的东北边，所以均不在水源考察的范围之内。穆克登主要是在靠近天池的东南边和东边寻找图们江源和确定分水岭的。

在穆克登查找图们江源的过程中，朝鲜人关于图们江发源于长白山天池后断流百余里涌出地面的说法，对他确定江源起了很大的作用。[④] 那么，这个断流后涌出的图们江源到底是哪一条水呢？有关穆克登确定的图们江源，中韩两国学界尚存争议，如有的学者认为穆克登定的是红丹水，同时定西边的小白山为分水岭。[⑤] 又有不少韩国学者认为他定的是碑以东的黑石沟及松花江上流，称之为“土门江”，并把它和“豆满江”区别开来，主张土门、豆满为二江，即否认中朝两国以豆满江即今天的图们江为界。

下面我们不妨通过反映穆克登定界结果的康熙五十三年制作的《皇舆全览图》，首尔大学奎章阁收藏的《白山图》——系此次定界时清朝画员绘制的山图的模本，以及同样反映此次定界结果的齐召南的《水道提纲》，来辨别穆克登确定的图们江源对应的是哪一条水。

参见《皇舆全览图》（图 1）和《白山图》（图 2），可以发现图们江

---

① 洪世泰：《白头山记》，东北亚历史财团编《白头山定界碑资料集》06，2006，第 133 ~ 138 页。

② 《吉朝分界案》，“照录吉林将军等来文，光绪十二年正月初七日到”，《国家图书馆藏清代孤本外交档案续编》第 5 册，2005，第 1807 ~ 1808 页。

③ 杨光浴主编《中华人民共和国地名词典》“吉林省”，商务印书馆，1994，第 369 页。

④ 《肃宗实录》（朝鲜）肃宗三十八年五月丁酉、六月乙卯。

⑤ 陈慧：《穆克登碑问题研究——清代中朝图们江界务考证》，中央编译出版社，2011，第二章。

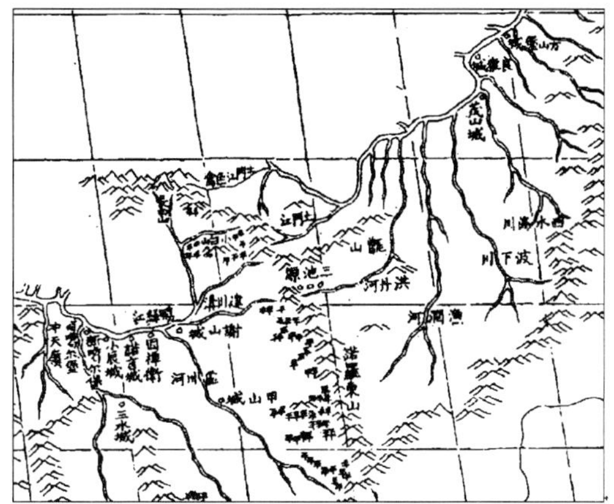

图 1 （1）：康熙《皇舆全览图》的部分图（1943 年福克司影印本）

图 1 （2）：康熙《皇舆全览图》的部分图（1943 年福克司影印本）

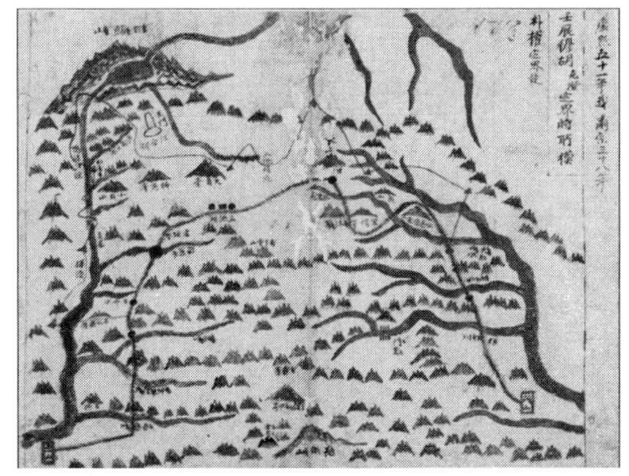

图 2 《白山图》（收入首尔大学奎章阁收藏的《舆地图》中，古 4709～1）

上游有以下几条支流，自西向东包括图们江干流、红丹水（洪丹河）、鱼润江（西豆水）、朴下川（舆图写作“波下川”即今延面水）、西水洛川（成川水）、小图们江（红旗河）等。这些支流与今天的图们江支流虽然在名称上有些差异，但是基本能够一一对应。另外，图中所示图们江干流是与红丹水汇合的北流，不难判断它就是从赤峰方向流下来的水流，也就是红土山水，或者说红土山水、石乙水汇合之水。

再看一下《皇舆全览图》（以下简称“舆图”），沿图们江干流溯流而上，分为两个大的支叉，一个是南支，一个是北支。南支从小白山发源，自西向东流，紧贴甑山北边汇入图们江，从其流向和方位判断它就是石乙水。北支向东南流，溯流而上最上源又分为北、中、南三个水源，中间的水源上标有“土门江色禽”字样，“色禽”的满语意思是“江源”，意即图们江源，可见北支是图们江正源，即红土山水是正源。除去中间的“土门江色禽”以外，剩下的南、北二源，从其流向和方位来看，一个似为从赤峰西北边向东南流的今天的弱流河，另一个似为从赤峰西边向东流的今天的红土水，不过舆图中的南源与今天红土水的实际流向稍有差异，舆图中的南源向东北流，而红土水是向东流的。再看一下《白山图》（图 2），与今天红土水对应的第二派（从最上面数第二派）也是向东流的。

那么舆图中的“土门江色禽”[①] 对应哪一条河流呢？从方向上看，它一直向西延伸，到达长白山主峰（天池）的东南麓，西边隔着主峰与鸭绿江源相对。另外，从图中可以看出北、中、南三源是汇合于一处的，除非这三个水源同时汇入一个湖泊或者水池中，否则这种情况是不易发生的。

为了考察“土门江色禽”到底对应哪一条河流，我们不妨参考一下齐召南的《水道提纲》（以下简称“提纲”）。齐召南是台州人，于乾隆元年（1736 年）考取博学鸿词科，授翰林院编修官，同年参与编纂《一

---

① 不少辞书里记载图们江又称“图们色禽”，意指“万水之源”，这种解释是不对的，“图们色禽”特指“图们江源”，没有万水之源的意思。

统志》。由于他久在志馆，备见天下地图，尤其是康熙《皇舆全览图》，因此告归老家后开始编写《水道提纲》。他叙述水道，“不以郡邑为分，惟以巨川为纲，而所会众流为之目，故曰提纲”[①]。另外，他叙述图们江水系时参考了康熙舆图，详细内容如下：

> 土门江源出长白山顶之东麓，曰土门色禽。东流若隐若见数十里，折东北流又数十里，有一水自西北，一水合二源自南来并会，俱长白支峰也。东南流百余里，有一水合二源，自西南来会（水南即朝鲜国）。折而东北流百数十里，南岸受小水二、大水一（二小水，皆甑山以北北流，仅百里许。大水曰洪丹河源，西南出大山，合三池源之水，东流百数十里。折东北流，合东一小水，又北流。经甑山东麓，又东北而北百余里，入土门江）。稍东有阿几个土门，自西北合一水，东南流来会（……）。又东北百里，南岸受水二（一曰渔顺河，自南合两源北流，又合一水，行三百余里，入土门江。一曰波下川，三源合而北流，曲曲二百数十里，入土门江）。至大山东麓折北流，受东来二水，其东岸朝鲜茂山城也。……[②]

如上文，图们江源出长白山顶之东麓即天池东麓，“曰土门色禽，东流若隐若见数十里，折东北流又数十里”，这段文字中“若隐若见”的“土门色禽”，在《白山图》（图 2）中表现为发源于天池东南麓的断流之水，标有“入地暗流”四个字。显然，这个若隐若现的图们江源，并非真实存在的水流，而是被称作“干川”的黑石沟（又称“黄花松沟子”）。据笔者实地考察，黑石沟在大部分时间属于一条干沟，只有在夏季短时间内部分地段有水流。此沟先向东南延长约 1.6 公里，再向东北延长 20 多公里，总长度约 24 公里，[③] 这就是所谓“入地暗流”的“土门江

① 齐召南：《水道提纲》提要、原序，《景印文渊阁四库全书》，台湾：商务印书馆，1986 年影印本。

② 《水道提纲》卷二十六，东北海诸水，土门江。

③ 李花子：《长白山定界的标识物——对黑石沟土石堆的新考察》，延世大学国学研究院《东方学志》第 162 集，2013，第 241 ~ 281 页。

色禽”，也就是史料中所说的图们江“断流”之水。[①] 按照朝鲜人的说法，穆克登先确定黑石沟为图们江“断流处”，再确定红土山水为图们江“涌出处”，并要求朝鲜人将此沟和此水连接起来。后来朝鲜人不仅在黑石沟的东南岸建立了石堆和土堆，还在从黑石沟到红土山水之间的平坡上设置了木栅和土墩。[②] 这就是舆图中“土门江色禽”的来历和真实情况。

我们继续沿着《水道提纲》所述土门江干流顺流而下，在土门江色禽“东流若隐若见数十里，折东北流又数十里”之后，“有一水自西北，一水合二源自南来并会，俱长白支峰也”，显然，其中一条水是自西北向东南流的弱流河，另一条是自南边汇入的红土水。而红土水在源头又分为南、北二源，一个是北源母树林河，一个是南源红土水。而文中所谓“长白支峰”似指今天的赤峰（红土山）及其东边的长山岭（真长山），它们是位于天池以东的长白山的余脉，尤其长山岭是一道明显的分水岭，既是松花江水系和图们江水系的分水岭，又是图们江支流红旗河与红土山水的分水岭。

接上引文，红土山水向“东南流百余里，有一水合二源，自西南来会（水南即朝鲜国）”，这段描述中“有一水合二源，自西南来会”，应该是指石乙水，通过分析其上面和下面的水流可以确认。不过，这里出现了叙述上的错误，即红土山水二源汇合以后流不到百余里，仅流过十余里就有石乙水汇入。

在红土山水、石乙水汇合以后，“折而东北流百数十里，南岸受小水二、大水一（二小水，皆甑山以北北流，仅百里许。大水曰洪丹河源，西南出大山，合三池源之水，东流百数十里。折东北流，合东一小水，又北流。经甑山东麓，又东北而北百余里，入土门江）”。这里的“南岸受小水二”指的是从甑山东北向北流的两条小支流，朝鲜称之为“长坡水”是因为流经叫做“长坡”的村落。而从南边汇入的大水即红丹水，

---

① 《肃宗实录》肃宗三十八年五月丁酉、六月乙卯。

② 有关黑石沟和连接图们江水源的堆栅，详见于李花子《康熙年间长白山定界与图们江上流堆栅的走向》，《朝鲜韩国历史研究》第十三辑，延边大学出版社，2013。

发源于三池渊以东，向东北流二百余里，“入土门江”。从这一段描述可以看出，红丹水并非像一些学者所说的是图们江正源，而是自南边汇入的支流，否则不会说红丹水“入土门江”。

再向下，“稍东有阿几个土门，自西北合一水，东南流来会（……）。”这里的“阿几个”，满语意思是“小”，“阿几个土门”即“小图们”指今天的红旗河。关于红旗河，在穆克登定界时曾与朝鲜接伴使朴权有过争论，朴权指出红旗河是“真豆江”即图们江正源，要求溯红旗河而上重新查水源。然而当时穆克登已经确定红土山水为正源，并在天池东南麓分水岭上立了碑，不仅如此，他还派出笔帖式带着奏文向皇帝奏闻去了，于是他一方面坚持自己定的水源无误，另一方面表示如果要重新查水源需向皇帝奏闻。[①] 或许因为穆、朴之间有过这样的一番争论，为了避免在图们江水源上出现错误，在穆克登归国以后制作的《皇舆全览图》上，明确将红旗河标为“阿集格土门”即小图们江，以便和“土门江色禽”即正源区别开来。其后编纂的清《会典图》更明确地记载，“大图们江出长白山东麓，二水合东流，小图们江出其北山，二水合东南流来会”,[②] 即以大、小图们江加以区别开来。

继续沿流而下，“又东北百里，南岸受水二（一曰渔顺河，自南合两源北流，又合一水，行三百余里，入土门江。一曰波下川，三源合而北流，曲曲二百数十里，入土门江）”。即自南边汇入两条支流，一个是渔顺河即鱼润江，指今天的西豆水，一个是波下川即朴下川，指今天的延面水。

再向下，“至大山东麓折北流，受东来二水，其东岸朝鲜茂山城也”。这其中的一条水是在茂山附近流入图们江的今城川水，在舆图中标为“西水洛川”，至此图们江水流到了茂山。

以上所见《水道提纲》所述图们江水系，表现的是“土门江源”从天池东麓流出以后，沿途接收众多支流，一直流到茂山的情景。这些内容与舆图能够一一对应，甚至包括舆图中所未有的内容，如描述“土门

① 《肃宗实录》肃宗三十八年六月乙卯。

② 《钦定大清会典图（嘉庆）》卷九十一，舆地，文海出版社，1992 年影印本，第 3176 页。

江色禽”，“东流若隐若见数十里，折东北流又数十里”等，说明作者齐召南参考了穆克登定界时留下的其他文字资料，这才会使记载的内容更加充实和丰富。

总之，根据以上所举《皇舆全览图》、《白山图》和《水道提纲》，可以确认穆克登确定的图们江正源是红土山水，其“发源地”或者说分水岭位于靠近天池的东麓或者东南麓，这与后世所见的碑址所在地即天池东南十余里基本吻合。舆图中的“土门江色禽”，并非真实存在的水流，而是指包括黑石沟及连接红土山水的无水地段，后来朝鲜在其间设置了石堆、土堆、木栅等人工标识物，以便将此沟和此水连接起来。

二　光绪年间勘界及其以后对图们江正源的规定

光绪年间中朝两国的共同勘界即1885年、1887年两次勘界，是由于朝鲜边民大规模越境开垦图们江以北地区而引起的。越垦的朝鲜人为了合法地占有自己开垦的土地，试图否认中朝两国以图们江为界的事实，如他们指出海兰河（图们江支流）是“分界江”，又指出碑以东的黑石沟连接松花江上流是“土门江”，主张土门（指松花江上流）、豆满（今天的图们江）是两条不同的江。[①]

正因为双方的分歧集中在图们江上，所以双方代表对图们江上游的各条支流及其发源地进行了详细的勘查。从两次勘界时双方代表勘查的路线来看，他们先是齐聚在图们江上游朝鲜会宁，由此溯江而上到达三江口即西豆水、红丹水、红土山水汇流处——其位置在今天的吉林省和龙市古城里，从这里分三路分别勘查这三条支流及其发源地。[②]

① 台北“中研院”近代史研究所编《清季中日韩关系史料》第四卷，1972，第1911～1915页。

② 有关光绪年间两次勘界的过程，详见于杨昭全、孙玉梅《中朝边界史》，吉林文史出版社，1993，第八、九章。

首先，双方代表对西豆水进行了勘查，这是在1885年的第一次勘界。勘查的结果发现西豆水分为东、西二源，东源位于长白山东南四五百里的朝鲜鹤项岭，流长四百余里（实际173公里[①]）汇入图们江。东源是西豆水的正源，但由于路远雪大，双方代表未能到达发源地。西源发源于蒲潭山，又称宝髢山（胞胎山），位于长白山东南一百八十里，流长二百八十里，再与东源汇合。另外，双方代表发现，蒲潭山的西边仅隔二三里有鸭绿江水，即鸭、图二源在此相对，表明这里是一处分水岭。尽管如此，西豆水很快被排除在图们江正源之外，一是因为其发源地距离天池太远，即东源与天池相隔四五百里；二是因为西豆水流经之地的两岸均是朝鲜内地，所以不可能是用来划界的正源。[②] 在1887年第二次勘界时，双方代表就决定不再勘查西豆水了。[③]

其次，双方代表对红丹水进行了勘查。红丹水是中方代表所主张的图们江正源和要求划界的地方。其发源地位于长白山东南约一百三十里的三池渊以东，这里是除了前述宝髢山以外的又一处分水岭，鸭、图（红丹水）二江发源地相隔约七十里，朝鲜称之为"虚项岭"。如果以三池渊、红丹水划界，一方面与碑文所记"西为鸭绿，东为土门，故于分水岭上勒石为记"基本吻合（二源相隔七十里），另一方面可以和长白山天池拉开一段距离（相隔一百三十里），所以中方认为这里是划界的合适位置，指出三池渊是分水岭，其东边发源的红丹水是图们江正源。红丹水在三池渊以东发源之后，向东流二百余里（实际76公里[④]），与红土山水汇合，向下流三十多里，再与西豆水汇合。[⑤]

---

① 金贞培、李瑞行等编《白头山——述说你的现在与未来》，韩国学中央研究院出版部，2010，第218页。

② 《吉朝分界案》"照录吉林将军等来文，光绪十二年正月初七日到"，第1807～1814页。

③ 在1887年第二次勘界时，中朝双方代表对是否勘查西豆水有过争论，但这纯属于中方为了牵制朝方使其接受红丹水而施展的策略，不久中方便放弃了这个主张，西豆水不在第二次勘界的范围之内。

④ 金贞培、李瑞行等编《白头山——述说你的现在与未来》，第218页。

⑤ 《吉朝分界案》"照录吉林将军等来文，光绪十二年正月初七日到"，第1807～1814页。

再次，红土山水是双方勘查的另一个重点。红土山水指今天发源于赤峰附近的图们江支流，包括红土水、弱流河、母树林河等。红土山水发源于长白山以东约百里，流长一百二十余里（实际63公里[①]），再与红丹水汇合。[②] 红土山水是第二次勘界时朝方所主张的图们江正源，其依据，一是通过清朝舆图（民间刻本）和《会典图》等确认红土山水是图们江正源；二是在实地勘查中朝方代表李重夏在黑石沟和红土山水之间发现了木栅、土堆相连的痕迹，由此他认识到碑堆、红土山水是穆克登确定的当年“旧界”。基于此，在第二次勘界时朝方承认了土门、豆满是同一条江，即承认中朝两国以今天的图们江（豆满江）为界，与此同时，李重夏坚持认为红土山水是图们江正源，分水岭则是天池东南麓立碑处，要求以碑堆（立碑处连接黑石沟的土石堆）、红土山水划界。[③]

石乙水是在第二次勘界时中方发现的新支流，实际上是红土山水的一条自南边汇入的支流，位于红丹水、红土山水中间，又称“岛浪水”，韩文意思是小水沟，表明水流不大。石乙水发源地位于小白山的东边，水流细而长，自西南向东北流，流长四十余里（实际长度17公里[④]），与红土山水汇合。相比于红丹水被看做是三池渊之水，红土山水被看做是长白山之水，石乙水则被看做是小白山之水，这是因为其发源地位于小白山以东，另外在地形上其发源地又以沟道与小白山相连，即先有一个十二里的沟道向西延伸，接着隔一个五里长的草甸子，再有二十二里的沟道向西延伸，一直到达“小白山西面第一峰之东麓下”。[⑤] 石乙水是第二次勘界时中方代表在放弃红丹水以后选定的水源，由于红丹水以西的长坡地区有百余户的朝鲜村落，已在此居住了百年，[⑥] 所以中方代表不得

① 笔者根据“谷歌卫星地图”计算而得。

② 《吉朝分界案》“照录吉林将军等来文，光绪十二年正月初七日到”，第1807～1814页。

③ 有关光绪年间勘界时双方代表的主张，详见于李花子：《明清时期中朝边界史研究》第二章。

④ 金贞培、李瑞行等编《白头山——述说你的现在与未来》，第217页。

⑤ 《勘界使交涉报告书》“五月初一日华员照会在长坡”，1887，奎章阁书号11514之2，第23页。

⑥ 《吉朝分界案》“照录吉林将军来文，光绪十三年七月初二日到”，第1853页。

不放弃红丹水，要求以其西边的石乙水、小白山划界。

如上所述，在两次勘界时中朝双方就是在红丹水、红土山水、石乙水中间分辨正源和次源。朝方的着眼点主要放在以长白山发源的水即红土山水为正源，其目的是要守住康熙年间确定的“旧界”，中方的着眼点则放在极力避开以长白山发源的水为正源，先选择了三池渊发源的红丹水，后选择了小白山发源的石乙水。究其原因，主要是考虑到长白山是清朝的发祥圣地，如果沿长白山东麓划界，则有碍于清朝的“长白山发祥重地”。①

总之，在两次勘界中，中朝双方就图们江正源的认识差距并不大，中方所主张的石乙水和朝方所主张的红土山水，基本上属于同一条河流的两个很近的支叉，二者相差十余里，而双方的主要分歧在于这两条河流的发源地或者说分水岭上，朝方主张以天池东南麓为分水岭，而中方先主张三池渊，后主张以小白山为分水岭，勘界谈判最终失败的原因在于此。

其后，1909 年中日两国签订了《间岛协约》，该约规定的图们江正源是石乙水，发源地则是天池东南麓立碑处，如该约规定“中韩两国以图们江为界，其江源地方自定界碑起至石乙水为界”，这表明日方在历史事实面前最终不得不承认中朝两国以图们江为界，但是中方未能将三池渊、小白山分水岭贯彻到底，而是做出了让步。不仅如此，中方还在“东三省五案”上做出让步，将包括抚顺、烟台煤矿的开采权及南满洲铁路的修筑权等让给了日本。

1949 年中华人民共和国成立以后，中朝两国面临重新划分长白山地区边界的问题。光绪年间的两次勘界均以失败告终，其后 1909 年中日两国虽然签订了《间岛协约》，但是这并不是两个当事国之间签订的条约，而是日

---

① 在光绪年间勘界时，中方代表反对沿长白山东麓和红土山水划界的另一个原因是，他们误以为黑石沟是松花江上流，因此认为介于黑石沟和鸭绿江源之间的天池东南麓（立碑处）不可能是鸭、图二江的分水岭，而应该是鸭、松二江的分水岭。然而据笔者实地考察，黑石沟不过是一条干沟，即是一个时令河，除了在夏季短时间内部分地段有水流以外，大部分时间没有水流，更没有水直接流入松花江，它不是松花江上流。另据考察，此沟到了下游沟形完全消失无踪，并没有和松花江上流相连。有关黑石沟，详见李花子《中朝边界踏查记——长白山土堆群的新发现》，《文化历史地理》第 24 卷第 3 号，2012；李花子《长白山定界的标识物——黑石沟土石碓的新考察》，《东方学志》第 162 集，2013。

方在窃取朝鲜的外交权以后与中方签订的，所以在新中国成立以后，中方需要和摆脱日本殖民统治而独立的朝鲜民主主义人民共和国重新进行边界谈判。在谈判过程中，双方的分歧点主要在于长白山天池的归属问题。[①]

中朝双方各自认为长白山天池归属自己。如1954年朝方绘制的《朝鲜全图》，将长白山天池整个包括在朝鲜版图内，即两国界线从鸭绿江上游绕过天池西边和北边，再笔直地连接到红土山水上，这条界线比光绪年间勘界时朝方所主张的定界碑—黑石沟—红土山水线还要靠北。再如1958年中方绘制的《中华人民共和国挂图》，双方界线从图们江上游石乙水开始，向西连接三池渊，再连接到鸭绿上游鲤明水上，同样把长白山天池包括在中国版图内，这条界线比光绪年间第二次勘界时中方所主张的小白山、石乙水线还要靠南，取的是三池渊—石乙水线。[②]

最后，双方经过谈判达成妥协，在长白山天池上各让一步。根据1962年在平壤签订的《中朝边界条约》及1964年在北京签订的《中朝边界议定书》，长白山天池被一分为二，约54.5%归属朝鲜，45.5%归属中国。即两国界线从西南向东北横穿天池，再笔直地连接到红土山水上，更确切地说是连接到了红土水、母树林河汇合处，后来这里立了第20号三角碑。红土山水继康熙年间定界以来，再次被选定为图们江正源。这条新的国界线，无论是相比于康熙年间定界时，还是光绪年间勘界时，以及1909年《间岛协约》，在长白山天池一带明显地向北移了，换言之，无论是在长白山天池的划界上，还是在图们江正源的确定上，都有利于朝方。因此有的韩国学者认为，这种划界结果与当时中朝两国关系处于蜜月期不无关系，当时中苏之间正进行论战，而朝鲜实行的是亲中国的路线，所以中方采取了在外交上罕见的让步。[③]

总之，中朝双方通过1962年签订的《中朝边界条约》，以国际法的形式明确划分了长白山地区的界线，解决了自光绪年间以来的边界纷争，为

---

① 参见《中华人民共和国边界地图集》，1959，第3~7页。

② 参见《中华人民共和国边界地图集》，1959，第3~7页。

③ 参见李钟奭《北韩—中国关系，1945~2000》，(图书出版) 中心，2004年第三版，第233~236页。

中朝两国关系的稳定发展奠定了基础。而红土山水自康熙年间以来再次被确定为图们江正源，这在很大程度上是选择长白山天池作为鸭、图二江发源地和分水岭的结果，因为从自然地理的因素看，红土山水是发源于长白山东麓的水，即是长白山之水。

三 从自然地理的因素看红土山水成为图们江正源的依据

地理学界对如何确定河流的正源，没有统一的标准，主要有以下几种主张：①“河源唯远”，以距河口最远点为河流的发源地（源头），即依河流长短，水流最长者为正源。②依河网平面图的上下游一致性，即哪条源流与下游干流流向比较一致，形似于流向上的自然延长者为正源。③依水量之多寡，水量大者为正源。④依历史习惯。维持人们长期以来的普遍看法，而不去轻易变更。⑤依河谷发育期的早晚，河谷形成较早者为正源。此外，还有强调流域面积大小和发源地海拔高低的观点。[①]

根据以上地理学上确定江源的标准看一下红土山水成为图们江正源的依据是否充足。如前所述，图们江上游主要有以下几条支流：西豆水、红丹水、红土山水、石乙水、红旗河。下面分别从河流的长度，水量的大小，水流的方向是否顺直，以及历史习惯等方面来对比这几条河流。

①从河流的长度来看，西豆水（173 公里）最长，其次是红丹水（76 公里），红旗河（65 公里）和红土山水（从发源地到与红丹水汇合处为 63 公里）不相上下。

②从水流的方向与干流的一致性来看，图们江干流除了在稳城附近形成“几”字形转向东南以外，大部分河段向东北流或者向东流，与之最接近的是红丹河，其次是红土山水。而西豆水的流向几乎和干流呈垂直关系，即自南向北流，红旗河也是自西北向东南流，几乎和干流成垂直关系，也就是说，西豆水是自南边汇入的垂直河流，红旗河是自北边汇入的垂直河流。

③从水量的大小来看，图们江上游支流由于缺乏准确的水文测量数据，

---

① 石铭鼎：《关于长江正源的确定问题》，《地理研究》第 2 卷第 1 期，1983，第 29 ~ 30 页。

所以无法用数据来说明问题，只能依据历史的调查结果再结合笔者近几年实地考察的结果进行分析。首先在西豆水汇入图们江处观察，西豆水的水量明显小于与之汇合的图们江干流，这一点或许通过康熙年间定界时绘制的《白山图》（图 2）以及康熙《皇舆全览图》（图 1）得到印证。从这两幅图所示河流的粗细来看，“渔润河”（西豆水）明显比图们江干流要细，表明水量小于干流。再到红旗河汇入图们江处观察，红旗河和干流的水量不相上下，或许正因为这一点，在穆克登定界时朝鲜人指出红旗河是“真豆江”，而穆克登坚持认为红土山水是正源。再到红丹水汇入图们江处观察，其水量明显小于干流。关于这一点，光绪年间勘界时朝鲜勘界使李重夏提供了相应的依据，如他指出：红土山水的“水势较洪丹（指红丹水——笔者注），不啻倍蓰”。[①]

再看一下红土山水的支流石乙水。石乙水和红土山水在干流的重叠部分相当多，只是在距离赤峰约 8 公里的地方自南边分出一个支叉来，这就是石乙水。从这两条河的水流长度来看，红土山水从发源地到二水（红土山水、石乙水）汇合处约长 16 公里[②]，而石乙水从发源地到二水汇合处约长 17 公里[③]，长度不相上下。另外从水量大小来看，红土山水略大于石乙水，估计也是不相上下，[④] 如康熙舆图（图 1）标示红土山水略大于石乙水，而《白山图》标示石乙水略大于红土山水。由以上可知，红土山水成

① 《勘界使交涉报告书》“五月十三日答华员”，第 28 页。《土门勘界》“图们界辨析考证八条”，奎章阁书号：21036，第 35 页。

② 根据“谷歌卫星地图”计算而得。

③ 金贞培、李瑞行等编《白头山——说出你的现在和未来》，第 217 页。

④ 在光绪年间勘界时，朝方代表李重夏认为红土山水更大，而中方代表认为石乙水更大。如李重夏指出：“至于水之大小论之，至小红丹汇流处左右看二水，则不得不谓红土之大于红丹也。又至石乙水汇流处观之，则大源、小派自有众人之公眼，何必重辨乎。”即李重夏认为红丹水小于红土山水，石乙水也小于红土山水。又如中方代表秦煐等向吉林将军报告时指出：“以石乙、红土两水分流处相较，石乙水宽约三丈有余，红土水仅宽二丈，宽阔相去倍半；即两水之长短而论，石乙水源亦较长于红土水源，而且源流相贯。”即认为石乙水无论从宽度，还是从流长上，都比红土山水要大要长，但该处没有提到水量的大小，估计在水量上如李重夏所言，红土山水略大一些。参见《勘界使交涉报告书》“五月十三日答华员”，第 28 页。《吉朝分界案》“照录吉林将军来文，光绪十三年七月初二日到”，第 1855～1856 页。

为图们江正源遵循了水量大的原则，即沿图们江干流溯流而上，除了红旗河、石乙水水量与干流不相上下以外，其他支流如西豆水、红丹水的水量均小于干流，即红土山水是溯流而上水量较大的河流。

④从历史习惯来看，图们江在很早以前就被看做是发源于长白山的水，元、明、清三代的《一统志》，清代的《盛京通志》，以及朝鲜初期官撰地理总志《东国舆地胜览》等，均有相关记载。康熙五十一年穆克登定界时就是从这一原则出发，选择靠近长白山天池的源头为正源的。根据 1962 年签订的《中朝边界条约》，在将天池一分为二的同时，确定以位于天池正东方向的红土山水为正源，这同样是以长白山天池作为发源地和分水岭划界的结果。从这一点来说，无论是流长最大的西豆水，还是水量与干流不相上下的红旗河、石乙水，均不占优势。总之，红土山水成为图们江正源，除了遵循水量大的原则以外，其发源地位于长白山天池以东（位于天池正东约 37 公里[①]），因而被看做是长白山之水，这是至关重要的。

综上可见，在图们江上游各条支流中，红土山水无论是在水量上，还是在与干流的顺直程度上，以及发源地位于长白山天池以东等方面均占优势，这些使其克服了长度不是最长的缺点，在历史上两度被选定为图们江正源，并最终成为中朝两国的界水。

最后再看一下红土山水上源的支流状况。红土山水在赤峰的东边分为南流和北流，北流即弱流河，南流即红土水。这两条支流从流长上看，红土水的长度为 7.5 公里，弱流河的长度为 1.7 公里，[②] 红土水胜过弱流河。从流量上看，红土水也比弱流河要大，这一点从北流被称作“弱流河”也可见一斑。

另外，红土水在赤峰的西边又分为南、北二源，北源母树林河从中国境内流进来，南源红土水从朝鲜境内流进来，二源汇合以后仍称红土水，表明南源是正源，这是 1962 年签订的《中朝边界条约》规定的。另据笔者观察，红土水的南、北二源中，从流量上看，北源母树林河要大于南源红

① 根据 1964 年签订的《中朝边界议定书》，从天池到赤峰约 37 公里。

② 红土水、弱流河的长度，根据“五万分之一地图”、“谷歌卫星地图”，再结合笔者实地考察弱流河发源地的情况计算而得。

土水（汇合以前），而在流长上，母树林河小于红土水，母树林河约长 3 公里，红土水（汇合以前）约长 4.5 公里。[1] 在流向上，红土水较为顺直，笔直地向西延伸，而母树林河的河道较为弯曲。由于以上原因，尽管母树林河流量更大，但是流长和顺直程度上更占优势的红土水成了正源，母树林河成了支流。

今天人们所说的“图们江发源地”位于赤峰的东边，指红土水、弱流河汇合处，这也是根据 1962 年签订的《中朝边界条约》规定的。虽然二水汇合处并非地理学上的河流的源头，但是这里有图们江上源最主要的两条支流——红土水和弱流河，又有明显的地理标识——赤峰，所以这里成了图们江发源地。[2] 其实在历史上，赤峰（又称赤岩）也被看做是图们江发源地，这在朝鲜古地图中有标示，估计是出于相同的理由。[3] 而据笔者实地考察，图们江上源无论是弱流河发源地，还是母树林河发源地，都是平坦的草地或者森林，没有可资标记的山脉等明显的地理标识。

小　结

在历史上红土山水两度被选为图们江正源，一次是 1712 年，一次是在 1962 年。红土山水成为图们江正源，既是由自然地理因素和历史习惯所造成，同时也与中朝两国的定界、勘界密切相关。

从自然地理的因素看，红土山水是沿图们江干流溯流而上，其中流量较大的河流。在与干流的顺直程度上，也是较为顺直的。另外，在地理位置上，其发源地靠近长白山天池以东，符合图们江从长白山发源这一历史习惯。以上三点，使其克服了流长不是最长的缺点，在历史上两度被选为图们江正源并最终成为中朝两国的界水。

---

① 红土水（与母树林河汇合以前）、母树林河的长度，根据“五万分之一地图”、“谷歌卫星地图”计算而得。

② 根据 1962 年《中朝边界条约》，弱流河、红土水汇合以后正式称“图们江”，这也是这两条水的汇合处（位于赤峰东边）成为图们江发源地的原因之一。

③ 《北关长坡地图》（1785，韩国国立中央图书馆收藏）在图们江源头标有“赤岩”，似指今天的赤峰。

东北亚跨境小民族现状研究

都永浩

东北亚跨境小民族是指居住在亚洲北部和东北部高寒地区的人口很少的土著民族。主要包括居住在中国黑龙江省和内蒙古东部的鄂温克族、鄂伦春族、赫哲族，居住在俄罗斯西伯利亚和远东地区的涅涅茨人、汉特人、曼西人、多尔甘人、谢尔库朴人、开特人、恩加纳善人、托法拉尔人、艾涅次人、楚汪人、埃文克人、埃文人、楚科奇人、科里亚克人、伊捷尔缅人、爱斯基摩人、尤卡吉尔人、阿留申人、那乃人、尼夫赫人、乌尔奇人、奥罗奇人、奥罗克人、乌德盖人、涅吉达尔人，蒙古国的查腾人，日本北海道的阿伊努人。东北亚地区的小民族历史绵远，文化丰富，源远流长。其民族族属、族源问题颇为复杂，民族发展呈现多元性和复杂性的特点，国内国外学术界观点不相统一。加强东北亚跨境小民族的研究，对研究东北亚地区的历史与文化，使彼此相互矛盾的学术观点得以澄清，使学术研究更加深入地进行具有重要的理论意义。

一　东北亚跨境小民族概况

东北亚是一个地理概念，是指亚洲的东北部地区，从地理分布来看，包括俄罗斯联邦的东部地区（萨哈林岛等地）、中华人民共和国的东北和华北地区、日本国、韩国、朝鲜以及蒙古国。这些具有共同历史渊源的东北亚跨境小民族，由于国家变迁的原因，分属于不同的国家。

俄罗斯北方小民族。根据1999年通过的《保障俄罗斯联邦土著小民族权利法》，土著小民族是指居住在自己祖先传统的居住区域；保存着传统的生活、经济及生产方式；人数在5万人以下；认为本民族是独立的民族共同体的民族。俄罗斯北方小民族的名单是俄罗斯联邦政府根据一些地方政权机构的报告确定的。主要包括居住在俄罗斯北部、西伯利亚和远东地区的土著居民。苏联1989年的人口普查划分出了34个小民族，其中28个居住在北部地区。苏联解体后的1999年，俄罗斯官方正式确认的土著小民族有30个，其中3/4居住在北部、西伯利亚和远东地区。在俄罗斯2002年人口普查的民族名单中，人口在5万以下的民族共计有95个，其中被认为是土著小民族的有37个，这些民族分别居住在北部、西伯利亚和远东地区，包括阿留申人（540人）、多尔甘人（7261人）、伊捷尔缅人（3180人）、克特人（1494人）、科里亚克人（8743人）、曼西人（11432人）、那乃人（12160人）、恩加纳桑人（834人）、涅基达尔人（567人）、涅涅茨人（41302人）、尼夫赫人（5162人）、奥罗奇人（686人）、萨米人（1991人）、谢尔库普人（4249人）、托法拉尔人（837人）、乌德盖人（1657人）、乌尔塔人（奥罗克人的自称，346人）、乌尔奇人（2913人）、汉蒂人（28678人）、楚瓦人（1087人）、楚克奇人（15767人）、埃文基人（35527人）、埃文人（19071人）、埃涅茨人（237人）、爱斯基摩人（自称因纽特人，1750人）、尤卡吉尔人（1509人）、克列克人（8人）、鞑子人（276人）、库曼丁人（3114人）、特勒乌特人（2650人）、特伦吉特人（2399人）、图巴拉人（1565人）、切尔坎人（855人）、绍尔人（13975人）、堪察达尔人（即堪察加人，2293人）、素约特人（2769人）、楚雷姆人（656人）等。①

中国的赫哲族、鄂伦春族、鄂温克族。2010年人口普查资料显示，赫哲族总人口为5354人，鄂伦春族总人口为8659人，鄂温克族总人口

---

① 何俊芳：《2002年俄罗斯联邦的民族状况》，《世界民族》2007年第1期，第94页。

为 30875 人。

日本的阿伊努人。阿伊努人是日本唯一的少数民族，也是日本的土著民族，古文献中称为“虾夷”。旧石器时代末期或新石器时代早期曾广泛分布于日本列岛。18 世纪以前在堪察加，20 世纪以前在库页岛南部、千岛群岛、本州岛北部也有分布，后被迫退缩至现在居地，现主要分布在北海道。1984 年北海道政府进行人口普查时，自报阿伊努人的有 24381 人，1993 年时降为 23380 人。他们居住分散，主要分布在日高町、旭川町、钏路町、平取町、白老町等地。

蒙古国的查腾人。查腾人属于游猎部落。1956 年查腾人正式加入蒙古国国籍，主要居住在蒙古国两北部库苏古尔省查干诺尔苏木。查腾人以查干诺尔苏木分为东查腾部落和西查腾部落。截止到 2006 年，查腾人共有人口 300 人。

二　东北亚小民族发展现状

1. 政治发展现状

鄂伦春族、鄂温克族、赫哲族是在中国境内的东北亚小民族的典型代表，也是中国的人口较少民族。1953 年下山建村定居以来，鄂伦春族人民行使了民族平等权利，建立了鄂伦春旗和 5 个民族乡。赫哲族建立了 3 个民族乡。

苏联解体后，作为北方小民族地区的国家政权继任者——俄罗斯联邦，实行地方自治政策。根据 1993 年俄联邦宪法第 12 条规定：“在俄罗斯联邦，承认并保障地方自治。地方自治在其权限范围内是独立的。地方自治机关不属于国家权力机关体系。”同时，为了更好地实施地方自治政策，俄联邦民族事务和区域政策部拟定了“地方民族区域共同体法案”，国家杜马代表也提交了“少数民族和土著民族生活区实行地方自治总则”。在这两个法案中都提出了地方民族—区域共同体的概念，即“地方民族—区域共同体（区域、州、县、城镇、村落），它们的创建是为了保护民族文化、语言的独特性，保护土著小民族、少数民族及少数族群的生活环境，保障它们的精神需求，满足他们的利益，再现传统的狩猎采集生产方式”。此外，俄联邦于 1996 年 6 月 19 日颁布了《俄联邦北方社会—经济发展国家调解原则》。1999 年 4 月 30 日颁布的俄罗斯联邦法律《保护各联邦主体土著小民族权利》中，规定地方自治区居民诸多权利的同时，仍强调要保留俄联邦土著小民族传统民族区的自治特征。同时，相关法律文件中还规定，在地方自治机构将创建土著小民族代表委员会。代表委员会附属于俄联邦执政权力机构。生活在传统模式下的土著小民族所从事的区域社会自治活动是极具普及性的一种自我组织和自治形式。土著小民族代表委员会在地方自治机关和区域社会自治机构的支持下开展工作。

在日本，阿伊努人历史上长期受到歧视、经济上的剥削和政治上的压迫。在阿伊努人的不懈努力下，日本政府于 1957 年以改善生活条件和劳动条件为目的，修改了《北海道旧土人保护法》。1984 年，北海道同胞协会又组织了废除《北海道旧土人保护法》的活动，并建议制定阿伊努新法律，以保护他们的人权，争取社会公平。经过阿伊努人的斗争，日本政府在 1991 年不得不正式承认阿伊努人是拥有独特文化的土著少数民族，并宣布尊重阿伊努人的尊严，确保其人权受到保护。1997 年，日本国会通过了《阿伊努新法》，并于 1998 年生效。这部《阿伊努新法》从法律层面上保障了阿伊努人政治权利，主要表现在：规定了阿伊努人享有基本的人权，反对任何形式的少数民族歧视；赋予阿伊努人参与政治活动的权利，即向地方和中央政治机关派送代表的权利，反映和研究阿伊努人的发展前景；成立咨询委员会——在地方和全国性的政治舞台上反映阿伊努人的社会需求。

2. 经济发展

中国对赫哲族、鄂伦春族、鄂温克族等人口较少民族采取特殊扶持政策，大力帮助这些民族发展民族经济。2012 年，人均 GDP 值超 3 万的有八岔赫哲族乡、街津口赫哲族乡，分别为 39479 元和 34181 元；四排赫哲族乡人均 GDP 超 2 万元，达到 29957 元。新鄂鄂伦春族乡 8949 元、新生鄂伦春族乡 8413 元、新兴鄂伦春族乡 7214 元，与当地居民平均收入水平接近。鄂伦春旗的鄂伦春族居民收入高于当地居民平均水平。

苏联解体后，俄罗斯联邦重视北方小民族的经济发展，特别是20世纪初专门立项制定了“2011年前土著小民族经济和社会的发展”规划，以保护少数民族传统的生产方式为目标，合理发展当地经济。同时，还规定恢复北方小民族传统的生活模式。在具体政策措施方面，俄联邦政府在税收、工资及医疗等方面对土著小民族制定了一系列优惠政策，根据俄联邦《税收法》的相关规定，免除从事传统经济活动的部族及公社成员、以传统捕鱼为生群体的税收（支付给雇佣劳动者的工资不包含在免税的项目之内）。为了保护他们的传统生活方式、生产方式，取消了土著小民族和这些民族公社所需支付的土地税。除以上情况外，国家按照统一的社会税收政策调低了他们交税的税率。

日本为了提高阿伊努人的经济、社会地位，从1961年开始，在北海道推出改善阿伊努生活环境、完善住宅条件、促进子弟就学等措施，但成效并不明显。为了解决阿伊努人的生活及就业问题，政府为其创造就业机会，提供就业贷款，进行技能培训。为振兴产业，有计划地完善了农林渔业的生产基础及经营的现代化设施，对中小规模的企业进行经营指导及金融支持。1998年生效的《阿伊努新法》规定：在农业、渔业、林业和商业权利方面，帮助阿伊努人取得社会和经济上的独立，改善阿伊努人的生存条件；为阿伊努人的人权自助和自决提供资金，提高他们的自助和自决能力。在这些政策扶持下，阿伊努人虽然距日本平均水平仍有相当大的差距，但其经济和生活状况日渐改善。

3. **文化教育**

新中国成立以来，特别是改革开放以来，各级政府重视少数民族文化教育事业的发展。以黑龙江省赫哲族为例，近年来，赫哲地区办学条件得到很大的改善，教学质量得以全面提升。赫哲族聚居区都设有条件较好的农村小学，5所小学总建筑面积5370平方米，皆为省、市合格学校。“儿童入学率、毕业率为100%；初中学生的入学率、巩固率、毕业率分别为100%、98%、98%”。[①] 赫哲族不仅是我国最早通过“普九”验收的民族，而且是我国第一个扫除青壮年文盲的民族。

为了发展少数民族的文化教育事业，俄联邦于1996年出台了《民族文化自治法》，正式实施民族文化自治政策，主要内容有：在自治法行使职能的范围内建立社会联合组织及协会，以促进民族语言和文化的保护和发展，促进对各族裔群体在居民点、本地区乃至全国的社会—政治及精神—文化生活中的全面认识；获得来自国家权力机关和地方自治机关政治、物质和组织方面的必要的支持，以保护民族特色、发展民族语言和艺术文化；通过民族文化自治组织、联合会和协会向立法权力机构（代表处）、执行权力机构和地方自治机构反映自己的民族文化需求并实现互利的对话；遵照俄联邦的法律程序创办大众传播媒体，使用民族语言获取及传播信息；在公共权力机构的支持下建立教育和学术组织、文化机构，并保障它们行使与相关法律相适应的职能；保护和丰富民族历史及文化遗产，自由获取民族文化珍品，复兴和发展民间工艺，遵循民族传统和风俗习惯（包括宗教特征），等等。

1974年，日本政府制定了《同胞福利对策》，并在政府等机关的协助之下推行。为保存阿伊努文化，除了调查文物及编制影像记录外，日本还建立了北海道道立阿伊努民族文化研究中心和阿伊努民族博物馆。为援助阿伊努族子弟进入高中、大学等学校，充实了入学准备金、学习资金补助、贷款等制度。日本政府采取了相应措施，并取得了一定成效。北海道阿伊努民间组织在1984年要求制定《关于阿伊努民族法律草案》，在1988年提出用《关于阿伊努民族的新法问题》取代《北海道旧土人保护法》，等等。在阿伊努人的争取下，1997年5月，日本国会公布了《关于阿伊努文化的振兴与阿伊努传统等相关知识的普及及启发的法律》（简称《阿伊努文化振兴法》），该法于当年7月1日施行；1998年《阿伊努新法》生效，在这些政策法规的推动之下，目前

① 舒景祥、舒景春、尤建红：《对赫哲族聚居区“十五”期间经济和社会发展的调查分析》，《黑龙江民族丛刊》2006年第5期，第54页。

日本的阿伊努语的教授、各种民俗仪式与民间艺术等传统文化的传承活动越来越活跃。北海道各地都有为阿伊努人争取民族平等权利和保存、传承、弘扬阿伊努语言、文化遗产的设施和机构，包括协会、文化博物馆、资料馆、文化振兴研究促进组织、同胞恳谈会、文化保存会、讲习班、学习班、手工艺品作坊，等等。有的阿伊努人自办刊物，编写宣传品，出版画册和传统民谣光碟，在国内外对阿伊努文化进行广泛的宣传。

三　东北亚小民族发展中存在的问题

1. 传统经济难以为继

世居在大小兴安岭的鄂伦春族以游猎方式生存发展，这与该地区的生态环境和自然资源密不可分。鄂伦春族定居前，广阔富饶的大小兴安岭栖息着众多动物可供猎取。[①] 这种得天独厚的自然环境，使鄂伦春人获得了足以维持温饱的衣食之源和基本的生活保障，使其有条件并满足于从事单一的狩猎生活。

1953 年鄂伦春族下山定居以来，国家推行的以开发鄂伦春族地区森林、土地资源以推进该地区现代化的策略，不仅造成了鄂伦春族传统游猎生活方式难以维系，同时，因森林资源的破坏引发了一系列资源环境问题。以鄂伦春自治旗为例，原生森林越来越少，除了人为保留的自然保护区外，其他地方已不见原始森林，优势树种——原始的兴安落叶松林基本消失。湿地被破坏，各种自然灾害频繁发生。鄂伦春自治旗境内，除水灾外，大风次数由 20 世纪 60 年代平均每年 1 次增加到现在的每年 4 次，春秋两季持续大风由原来的 4 ~ 6 天，上升到 15 天以上。从 20 世纪 80、90 年代开始，雹灾、旱灾逐年增多。由于原始森林的消失，依赖原始森林生存的珍贵物种大量减少乃至濒临灭绝。仅以野生动物为例，大兴安岭原始森林中曾栖息着国家一、二类保护动物驼鹿、马

---

① 都永浩：《鄂伦春族游猎·定居·发展》，中央民族大学出版社，1993，第 63 页。

鹿、熊和成群出没的狍子，是野生动物的天然乐园。到 20 世纪 90 年代中期，就连繁殖能力极强的狍子也已经很少见[①]。

赫哲族世代生活的地方，是我国黑龙江省松花江下游与黑龙江、乌苏里江构成的“三江平原”和完达山一带。三江沃野，山水纵横，是富饶的天然渔场和逐猎之地。但是由于人口急剧增加，赫哲族传统的渔猎生计方式越来越难以为继。大量外来人口的涌入和增加使得世代久居于此的赫哲人反而变成地地道道的少数民族，赫哲族的生存空间日益变小[②]。

鄂温克族最大的聚居区是鄂温克自治旗。这里地处大兴安岭的五岭山区，有 19000 多平方公里水草丰美的天然牧场，有 8300 多平方公里茂密的森林和猎场，也有肥沃的耕地。在鄂温克自治旗 19111 平方公里的总面积中，草原占 62%，森林占 33%，河湖水面占 3%。但是由于林木、土地、煤炭资源的开发，导致人口机械增长过快，由 1958 年建旗时的 9000 多人增至 2002 年的 14.9 万人，以致资源过度消耗，局部地区的生态环境遭到破坏[③]。由于沙区经济落后，大面积开垦农用地使森林及地表植被面积收缩而失去水土保持功能，使固定沙地变成半固定沙地，半固定沙地变成流动沙地[④]。

苏联在开发西伯利亚北方自然资源时，没有充分考虑到小民族的利益，没有采取有效的环境保护措施，致使开发地区生态遭到破坏，直接威胁到小民族的生存。社会化大生产对自然资源的需求是无止境的，这使得需要广大地域才能进行的渔猎业日渐萎缩，生态环境被严重破坏。自 20 世纪 60 ~ 70 年代起，苏联开始大规模开发远东地区，由于森林、

---

① 刘华芹：《生态环境与经济可持续发展：以鄂伦春自治旗为例》，《西北民族研究》2008 年第 3 期，第 18 页。

② 张丙乾等：《少数民族现代化与赫哲族农户生计转型一个分析框架》，《山东农业大学学报》2008 年第 4 期。

③ 包路芳：《鄂温克族脱贫奔小康调研报告》，《中央民族大学学报》2004 年第 4 期，第 29 页。

④ 韩晓东等：《对鄂温克族自治旗沙化土地治理的建议》，《内蒙古林业调查设计》2006 年第 4 期。

河流、湖泊等自然资源的过度使用，严重破坏了奥罗奇人狩猎和捕鱼的基础，使奥罗奇人的传统产业进一步走向没落。阿穆尔河中下游的洗矿、造纸、化工、炼钢等几十家企业的有毒废水都不经过净化就注入这条河流，致使阿穆尔河水经净化后仍不能饮用，江中的鱼越来越少，而且鱼体内含有毒素。这使得以捕鱼为生的那乃、乌尔奇等北方民族难以维持生计。由于工业污染使整个北方地区驯鹿苔原面积减少了 2000 万公顷，使 10 万头驯鹿失去生存场所。

阿伊努人自古以来的主要生计是捕鱼与猎兽（包括海兽）。鹿肉、熊肉、兔肉、鲸鱼肉等是他们的主要食物，山葡萄、海带、蘑菇等也是他们的重要食品，兽皮、鱼皮、鸟羽则可制成衣服挡风御寒，森林为他们提供燃料、提供制作独木舟以及建造传统木架茅屋的材料。总之，他们从居住地附近能够获得一切生活必需品。但是，由于迁居北海道的日本人越来越多，岛上的人口密度越来越大，传统的渔猎生活已难以维持而失去首要作用，农业和家庭畜牧业在阿伊努人的生活中逐渐成为主要经济来源。他们种植黍类、大麦、马铃薯，饲养牛和家禽，食物结构已和日本人没有区别。

2. 传统社会结构坍塌

鄂伦春族、鄂温克族实现定居，赫哲族渔业生活的终结，使传统的社会结构发生了根本动摇，游猎捕鱼文化的自然演进进程发生了人为的中断。首先，定居后形成的猎民村，改变了过去人口分布分散的特
其次，定居形成的猎民村，改变了以往鄂伦春族、鄂温克
面，多个民族同住一村，本民族原有的习惯法逐
新的社会关系准则和国家法律取代习惯
着鄂伦春族、鄂温克族、赫哲
和技术工人涌入，汉
接触越来越频
民族语言的
20 世
斯化的

特点
族单一聚居
逐渐失去了原有的作用
惯法规范人们的行为。最后，伴
族地区的农业和林业开发，大批汉族农
优势，由于与汉族

并。很多小民族的文化正在加快消失。

1980 年时，阿伊努人仅存 2.4 万人。他们有自己的语言，但没有形成文字。由于以往受到的歧视，以及长期与日本人通婚，现在能讲民族母语的阿伊努人已经寥寥无几，并多是年迈的老人。以抢救和保存阿伊努文化为宗旨的日本神人协会（会长丰冈征则）几年前曾深入阿伊努人聚居地区，精心录制了一套阿伊努人日常会话录音带并配以阿伊努语教材，在日本国内引起很大反响，越来越多的日本人开始关注这个少数民族的命运①。

3. 传统文化日渐消亡

从人类与自然的关系来看，东北亚小民族的渔猎经济建立起人类与自然的和谐关系，达到了人类与自然的完美结合。这种在生产力极端低下的情况下形成的与自然和睦相处的精神，是今天人类所缺少的。在创造物质文明的同时，小民族也创造了精神文明。他们世代相传的口头文学、说唱、音乐、舞蹈，他们的独具特色的岩画、服饰艺术，木雕、骨雕等工艺品，独一无二的桦树皮器皿，无不令人惊叹！可是今天的年轻人大多对本民族的传统艺术一无所知，有一技之长的艺术匠人已是凤毛麟角。

鄂伦春族、鄂温克族、赫哲族在长期的狩猎、捕鱼生产和社会实践中，创造了丰富多彩的文学艺术财富。口头创作是主要的文学形式。他们的神话、传说、民间故事、歌谣等广泛地涉及了民族历史、社会、狩猎采集、风土人情、生活习俗等各个方面的内容。这些有语言没有文字的民族，由于与汉族的接触越来越频繁，特别是随着以汉语、汉文教育为核心的学校教育的推广，民族语言的应用范围逐渐缩小。现在，只有少数中老年人还能够使用，而年轻一代的人绝大多数都已经不懂民族语言。而作为民族文化最主要的传承介质之一的民族语言的消亡，就直接导致了民间文学的没落。民间音乐和舞蹈都显示了狩猎捕鱼民族的特点，
[illegible]捕鱼远离了这些民族的生产、生活后，这些文化艺术也就丧失了
[illegible]②。

[illegible]特征》，《世界民族》1996 年第 3 期，第 51 页。

[illegible]了“保护”》，http：//big5. huaxia. com/zt/zhwh/

在20世纪50～60年代，苏联在北方小民族地区大力推行俄语—民族语双语制。本来少数民族掌握俄语是一种进步现象，这有利于少数民族加强与外界的交往、学习各种知识、提高全民族的文化水平。但是掌握俄语必须以掌握本族语为前提。然而在北方地区的实践中，却发生了把学习俄语强调到不适当程度的现象。学校减少了北方小民族语的授课时数，甚至从学习科目中取消了一些语种（谢尔库朴语、尼夫赫语、科单亚克语、那乃语等），至于用北方小民族语讲课已很难见到。1970年，整个北方地区只有涅涅茨语还用来讲课，但只限于低年级；作为学习科目的只有楚科奇语、爱斯基摩语、汉特语、曼西语、埃文语、鄂温克语，一些学校的教师不许学生在校内讲本族语，还要求家长在家中也要用俄语和子女交谈。这种不正常的做法竟受到当局的默许。这种做法的后果是越来越多的年轻人根本不会说本族语，到70年代中期形成了"转折的一代"。他们从50年代下半期开始接受学校教育，适逢大力推行俄语教育时期，没有受到正常的本族语教育。当他们长大时对本民族的语言、文化感到陌生，甚至一无所知。传统文化的传承从这一代人开始发生断裂，可以说他们在很大程度上已抛弃了本民族的语言和文化①。

在日本，目前在北海道居住的阿伊努族人口大概还有20000多，东京地区有2000多。阿伊努人在祭祀仪礼、口传文学、传统歌舞、服装饰品、劳动用具、传统食品和建筑物等方面创造了灿烂的物质文化和精神文化。由于日本长期对阿伊努人实施同化政策，今天所有阿伊努成年人和青年人均已使用日语、日文，能够使用阿伊努语、了解阿伊努传统习俗的人所剩无几，而且"总体上趋于高龄化"。阿伊努语将成为一种"文物语言"的发展趋势已很明朗，阿伊努文化也日渐成为一种"博物馆"式的文化。如何尊重、继承和保护正在逐渐消失的阿伊努民族的语言、文化，是一个十分重要的课题。

---

① 初祥：《浅议苏联对北方小民族政策的失误》，《西伯利亚研究》2000年第2期，第54页。

4. **心理的困惑与迷茫**

社会意识环境的适应也是文化环境适应的重要内容。东北亚小民族的意识特点是受社会发展状况影响的，主要表现为分配上的平均主义、社会关系上的平等意识、社会成员间的互助意识。在经济上，商品意识、资本积累意识、私有意识极其淡薄。尤其是氏族社会与世无争的心理对东北亚小民族影响较大。随着东北亚小民族进入现代社会，他们同样面临激烈竞争的局面。开放意识、竞争意识、危机意识、商品意识与奋斗精神相结合，已成为一个民族能否发展的关键因素。在这样的意识环境中，东北亚小民族如何继承民族意识中的优秀因素，同现代意识有机地结合起来，并尽可能消除或减弱唯利是图、金钱万能观念对东北亚小民族的消极影响，这是东北亚小民族在新时期繁荣发展的关键因素之一。但事实上却不那么乐观，在东北亚小民族中不仅明显存在开放意识、竞争意识和奋斗精神不强的现象，而且在现代意识的强烈冲击下无所适从。特别是他们在长期扶持政策的作用下，形成了依赖意识和盲目的优越意识，影响了东北亚小民族自我发展能力的增强，使他们已明显不适应市场经济优胜劣汰的激烈竞争环境。我们认为，有些非正常死亡也同意识环境的适应情况有关。比如，有些东北亚小民族群众无法参与现代社会的激烈竞争，而传统的渔猎生产也已日薄西山，发展前景十分渺茫，虽然有关国家在生活上给予一定的扶持，但仍有一种失落感，颓废与自卑心理也随之产生。有个别心理承受能力差的人借酒浇愁，经常发生走向极端的事件。敖鲁古雅鄂温克族乡 1965 年～1994 年 6 月非正常死亡的 74 人中，共有男性 51 人、女性 23 人，其中因酒害而丧生者，包括酒精中毒、酒后冻死，因酒病死以及酒后发生事故而亡者共 40 人，占非正常死亡人口总数的 54.05%①。北方渔猎民族的心理环境承受能力脆弱的问题，应该引起足够重视。

苏联的北方小民族在国家推进现代化的进程中，传统经济每况愈下，

① 郝时远等：《“驯鹿之乡”敖鲁古雅鄂温克族猎民现状研究——34 年后的追踪调查（1960～1994）》，中国社会科学院民族研究所，1994，第 29 页。

致使一些人在思想上难以摆平传统与现代的关系。他们为此而苦闷、而消沉，于是酗酒、斗殴。1970 ~1980 年，苏联北方小民族每两名死者中就有一名是由外伤（被杀或自杀）所致；每 10 万人中约有 70 起自杀事件，比全苏平均指标高 2 ~3 倍①。80 年代末，苏联—俄罗斯北方小民族中 15% 有劳动能力的人“赋闲在家”②。

① 〔苏〕皮卡，普罗崔洛夫：《小民族的大问题》，《共产党人》1988 年第 4 期。

② 〔苏〕马尔希宁：《民族文化相互作用的北方民族》，新西伯利亚，1990，第 19 页。

朝鲜对清初吴三桂等“三藩之乱”事件的应对

刘广铭

一　“今番使臣探知彼情而来”[①]：燕行录即是信息

李氏朝鲜（1392～1910年）时期，朝鲜国王定期派遣使节出使大清王朝，而大清王朝亦常派使臣出使朝鲜，双方使节往来相当频繁，故而此时的中朝外交有“使节外交”之称。在皇权绝对集中的封建礼法制度中，“人臣无外交”是使者的最高行为准则，使者们最重要的工作就是秉承大清皇帝或朝鲜国王的意旨，向对方转呈文书及物品。大清使者带去的是敕书或诏告及赏赐的物品；朝鲜使者带来的是贺表或咨文及进贡方物。他们虽没有擅自处理外交事务的权力，但对对象国的评价往往会影响皇帝或国王关于国家大事的决策，他们的形象也代表着各自国家的形象，因此，皇帝或国王在派遣使节时亦是颇多斟酌。同时，大清使者还担负着监视督察朝鲜王廷大小政务的使命，而朝鲜使者则负有刺探搜集大清国种种信息的任务。因此，朝鲜使节出使归来时，国王都会亲自接见，使节则要向国王禀报出使情况，一般情况下，都由随使团出使的书状官将出使情况及诸般见闻整理成书面报告，作为向国王汇报的依据，此即“燕行录”，这些燕行录有相当一部分篇幅实际上是燕行使通过侦察活动获取的对象国信息。燕行使的侦察活动包括大量的实地踏查

① 吴晗：《朝鲜李朝实录中的中国史料》，中华书局，1980，第4000页。

和文字材料搜集，口碑信息主要来自清朝权力中心的高级官吏、书办、通译等，文字材料除清朝公开张贴的布告外，靠银钱收买获取也是他们惯用的手段之一，清朝的一些文员为谋取私利不免投其所好，编造一些虚假或似是而非的信息出卖给他们。不可否认，并不是所有的燕行使都肩负搜集信息的使命，但很多燕行录客观上却成了对朝鲜颇有价值的战略信息。

本文拟以吴晗辑本《朝鲜李朝实录中的中国史料》摘抄的“燕行录”为基本文献，探讨朝鲜对清初“三藩之乱”信息的搜集及研判活动，以期引起学界对朝鲜古典文献“燕行录”之信息价值的垂注。由于燕行录首先是备忘录，是使者用来备国王问讯之用的，因此被大量地誊录在《朝鲜王朝实录》当中，为行文方便计，本文所采信的史料除个别标注者外，悉数来自《朝鲜王朝实录》。

二　“三桂一呼于云南，群雄并应于海内”：朝鲜对“三藩之乱”信息的获取及研判

历史上，满洲族人及其先民女真人曾于1627、1636年两度侵入朝鲜半岛，因岁次“丁卯”、“丙子”，朝鲜人分别称之为“丁卯虏乱”和“丙子胡乱”。李氏朝鲜的上层知识分子认为，清人从皇帝、文武百官到庶民百姓全都剃去了头发，同犬羊无异，故呼之为“胡虏”；朝鲜的中层知识分子则皓首穷经，浸淫于尊华攘夷思想浓厚的《春秋》之中，对满洲族人入主中原怀抱的想法是：“神州陆沉，则山川变作腥膻之乡。圣绪湮晦则言语化为侏离之俗，何足观也。诚得十万之众，长驱直入，扫清函夏，然后壮观可论”。[①] 迫于清朝的武功，朝鲜虽然在表面上臣服，奉清朝正朔，实际上却一心要“反清复明”，极力支持各地反清力量规复汉家江山。故此，朝鲜对“三藩之乱”高度关注，其信息搜集研判活动一直伴随“三藩之乱”始终。

---

① 朴趾源：《热河日记·I》，韩国民族文化文库刊行会，1985，第564页。

1. 事变肇始

康熙十二年（1673）十二月二十一日，平西亲王吴三桂正式起兵反清，"显宗十五年（康熙十三年，1674 年）三月，谢恩使金寿恒在北京派译官先期回汉城，禀告吴三桂叛乱之事，此乃朝鲜首次正式获知'三藩之乱'叛乱的消息"。[①] 这个说法固然不错，但却没有反映出朝鲜人搜集信息的时效性。吴三桂举事前后，正值朝鲜谢恩使兼冬至使入京（1674 年甲寅，清康熙十三年，李朝显宗十五年，谢恩兼冬至使。正月，朝鲜正使金寿恒、副使权堣、书状官李宇鼎等，谢蠲免年贡生梨、柏子、清蜜之恩，又表贺冬至、元旦、万寿节，并进岁贡、礼物[②]），闻讯后的朝鲜使臣如获至宝，迅速以"别单"的形式，在第一时间向国内传递了这一重要信息，其"别单"内容约略如次：

> "……入馆后探问，则以为吴三桂因搬移之举，遂为谋叛。礼部侍郎折尔肯曾因请来吴王，往云南，为其所杀。三桂之子应熊为顺治妹夫，居在城中，方拘留关中，而其党徒亦甚众，闭城门三日，连事搜捕，至今日始开城门，而余党尚未尽捕，故戒严至此云。又闻馆中出入汉人辈之言，则或曰：平西王吴三桂、平南王尚可喜、靖南王耿精忠连兵共叛云；或曰：平西王独叛，而初无叛意，将欲就封。手下将士安土重迁，皆不愿从，故迫于群情，遂与谋叛云。二说未知孰是。而三王移封虽曰愿从，实惮三王之强盛，意在削弱其兵权，则连兵共叛之说，实涉近似……有人自称崇祯皇帝第三子，而缔结诸王及诸将管下人，各着白色帽，荷红色带，藏火药于怀中，期以今月廿三日纵火于城中各处。人临期告发，故逮捕党徒，举皆诛杀，而所谓朱三太子知几躲避，今方物色购捕云。城中作变之说，前后相同，而朱三太子与吴三桂干涉与否，实难的知。差晚译官朴有炁、朴廷菨、金时徵等密得文书以来，是乃湖广总督蔡毓英之密

---

① 孙卫国：《大明旗号与小中华意识》，商务印书馆，2002，第 376 页。

② 刘为：《清代中朝使者往来研究》，黑龙江教育出版社，2002，第 179 页。

本也，其奏曰：‘滇黔已失，楚省危在朝夕，仰祈皇上速发救兵’云。”①

这份别单上所署的日期是“康熙十二年月日”，可见这份别单送往朝鲜国内的时间距吴三桂举事不过数日，当在十二月下旬无疑，非常具有时效性。使团中的译官甚至获取了湖广总督蔡毓英告变之密折，这份“别单”的价值可以想见。且钦差大臣折尔肯被执、所谓的“朱三太子”杨起隆在京师举火起事等在别单中皆有提及，更反映出这条消息的信息量之大和重要性。

另据《朝鲜王朝实录》：

“（1674年）三月丙寅，谢恩使金寿恒等，使译官金时徵先来以清国事情状闻曰：‘吴三桂镇守滇蜀，不欲北还，拘执使者而举兵叛。三桂子应熊，曾为顺治主妹夫，留仕北京；清人拘囚阙中，后竟杀之。西山有朱姓人，诈称崇祯皇帝第三子，聚众万余，谋以十二月二十三日放火北京城中，因作乱，事觉就擒。清主以八王之孙多夏所红王为上将，将兵十王，往讨三桂。三桂密送书陕西提督王辅臣，约与共叛。辅臣执其使，驰奏燕京，清主降旨奖谕云’。”②

实录记载的这份正式报告无非本于前引别单，略述其梗概而已，“别单”虽说是一种文本文件，但此处我们不妨把“别单”看做是使团随时向国内传递重要信息的一种密函，它突出的是时效性，文字上少加工，条理上亦未加整编，而实录是要作为文献永久保存的，相对别单要讲求形式，时效性当然也要滞后很多。

两天以后（三月己巳），“谢恩使金寿恒、副使权堣、书状官李宇鼎还自清国”。③ 吴三桂叛乱的消息很快便朝野皆知。（五月）“己卯，儒生罗硕佐、赵显期等陈疏，大略以吴三桂既据南方，蒙古亦不亲附，天下

① 韩国国史编纂委员会：《同文汇考·补编卷二》，1978，第1578~1580页。

② 吴晗：《朝鲜李朝实录中的中国史料》，中华书局，1980，第3987页。

③ 吴晗：《朝鲜李朝实录中的中国史料》，中华书局，1980，第3987页。

事变，迫在眉睫，乘此机会，铢兵峙粮，大可以复仇雪耻，小可以安国保民。上不赐批答。"[①]

七月癸亥朔，布衣臣尹镌亦进密书，其略曰："……我圣上诚宜克立大志，恢张圣听，以为承天似祖，继志述志，除残去秽，扶弘义，洒大耻之图，以谢天下之咎，以迓天下之福，不宜苟焉而已。时不可追，机不可失，因时乘势，保已图存，亦惟在此耳。"[②] 激励显宗积极进取，规复中原。显宗依然"不赐批答"。从信息的角度讲，显宗李棩之所以"不赐批答"，显然跟他的"慎密"意识有关。"用间"一向是满洲族统治者的拿手好戏，朝鲜人搞清朝的信息，清朝当然不会无动于衷，其对朝鲜的信息工作从未中断过，且获取信息的能力令朝鲜"诚极惊骇"。[③] 在朝鲜统治集团中，虽然反清情绪十分普遍，但"亲清"派亦大有人在，由于党争的缘故，反对派借助清朝的力量置政敌于死地的事情时有发生，因此，如何应对泄密的问题令朝鲜统治集团十分头痛。

据《朝鲜王朝实录》，儒生罗硕佐、赵显期等陈疏进兵后的第四天（五月癸未），"上御思贤阁，领议政金寿兴亦入侍……寿兴又曰：'筵中说话之宣泄，外间近日尤甚。臣曾在先朝，忝在史局，筵中或有兵备修饬之事，彼中形势之语，则先王必命臣勿书，此乃宋孝宗幄对之意也。翰林下番，无不书之事，而上教如此，故臣不敢书。当书不书，臣则失职，而先王慎密之意，斯可见矣。'（许）积曰：'臣于向日入对时，略陈海防事数句语矣。昨者江外一士人，以此事来问于臣，筵中说话之远播如此，甚可骇矣'"。[④]

由于朝鲜常常无密可保，因此决策者行事极为谨慎。就在朝鲜上下群情激昂，争议盈庭之际，这一年（1674）的八月己酉，壮志未酬的显宗李棩升遐，寿仅三十四岁，十三岁的世子李焞即位，是为肃宗。肃宗听取了领议政许积"清人虽疲，制我则有余；以数万兵侵轶我疆界，

---

① 吴晗：《朝鲜李朝实录中的中国史料》，中华书局，1980，第3988页。

② 吴晗：《朝鲜李朝实录中的中国史料》，中华书局，1980，第3992页。

③ 吴晗：《朝鲜李朝实录中的中国史料》，中华书局，1980，第3845页。

④ 吴晗：《朝鲜李朝实录中的中国史料》，中华书局，1980，第3988页。

则将何以待之”[①] 的意见，采取按兵不动的保守策略，静观事态发展。对此，朝鲜史臣评论道：

> “昔我邦运丁罔极，谋出不臧，负中朝三百年恩义，抱天下千万世羞辱，终至于助彼犬羊，伥于虎前，当世之事，尚忍言哉！肆我孝宗，以英武之资，奋发大志，旁招俊乂，密务经营，越胆方悬，轩亏遽遗。中途之痛，天壤无穷。属天道悔祸于赤县，而人心未忘乎朱氏。三桂一呼于云南，群雄并应于海内。乘此之机，我若提兵渡辽，直捣巢穴，王室攻其南，我兵击其西，则可以殪蛇斩豕，扫清腥秽，庶几洒仁祖之遗耻，报神宗之至德，使天下万国，知三韩忠节，犹有不泯。而不幸喜报才至，先王奄弃群臣。主上冲年莅祚，老奸当国，群邪汇进，咀嚼儒贤，斥逐士类，何暇念及国家大计乎？噫！若孝宗初年而遭此会，则必仗忠烈，奋神威，以金戈白旗，鼓义气于中原。先王未薨，则亦必绸缪谋划，相时而动，不作此坐视而已。岂天之使我终抱羞而莫雪耶？呜呼！可胜痛哉。”[②]

史官的这番慷慨议论，代表了当时朝鲜大多数士大夫的心声和诉求。面对雪片般飞来的北伐上疏，肃宗则表示说：“予岂无雪耻愤惋之心哉！为其势之不敌，尤为恨叹”。[③] 应该说，肃宗李惇的头脑是清醒的，采取的对清策略是务实而稳健的。

2. 战略相持

吴三桂 1674 年起事，1678 年称帝于衡州，1681 年彻底失败，清朝的平叛战争历时八年，可约略分为两个阶段：康熙十三至十五年（1674～1676 年），清朝派重兵防守要地，阻止叛军进犯，并相机退敌，扭转战局；康熙十六至二十年（1677～1681 年），清军组织反攻，最后

---

① 吴晗：《朝鲜李朝实录中的中国史料》，中华书局，1980，第 3998 页。
② 吴晗：《朝鲜李朝实录中的中国史料》，中华书局，1980，第 4018 页。
③ 吴晗：《朝鲜李朝实录中的中国史料》，中华书局，1980，第 4018 页。

夺取全胜。从朝鲜人搜集信息的角度考量，本文将吴三桂举事之初及彻底失败的中间过程称为“战略相持”阶段。

据《朝鲜王朝实录》：1676 年正月丙申，“庆尚观察使郑重徽以问慰[①]渡海，译官韩时说手本驰启曰：‘吴三桂、郑锦舍事情，探问倭岛，则吴三桂与郑锦舍、耿精忠、王辅臣连横合势，湖广、四川、陕西等地，不动一兵，传檄而定，声势日振，南方郡邑，大半归顺……’”。[②]就东北亚地缘政治而言，日本与大陆隔海相望，而朝鲜与清朝则一衣带水，壤界毗连，“三藩之乱”所导致的东北亚政治秩序重新调整的可能性，对于日本不啻秦越肥瘠，而对朝鲜则休戚相关。日本方面虽然也积极搜集对清信息，但在力度上却不如朝鲜那么投入。不过，由于福建、漳州的商船频繁往来长崎，日本却有搜集对清信息的天然优势。江户时代的海外信息集《华夷变态》[③]卷三至卷七就收录了有关“三藩之乱”的大量风说书，尤以唐船风说书为主。因此，朝鲜方面为了印证自己所获“三藩之乱”信息的可靠性以及进一步侦悉“三藩之乱”的最新进展情况，才以“问慰”为名，横越对马海峡“探问倭岛”。日本跟朝鲜实现部分信息共享，日本在合适的时机对朝鲜提供对清信息支持，“乃是由于两国存在‘交邻’关系，互通情报亦为‘交邻’题中应有之义”。[④]不管朝、日双方出于何种目的，背后暗藏什么玄机，仅从信息的角度来说，“探问倭岛”毕竟反映了朝鲜当时搜集信息渠道的丰富性

---

① 李氏朝鲜除向清朝派遣“燕行使”外，为了维持与日本的睦邻关系亦向日方派遣使节，一般称为“通信使”，日本人对朝鲜通信使是非常熟悉的，仅在书名中使用了“通信使”三字的书籍在日本就已经出版了上百种之多。（参见夫马进《朝鲜燕行使与朝鲜通信使》，上海古籍出版社，2010，中文版序言。）

② 吴晗：《朝鲜李朝实录中的中国史料》，中华书局，1980，第 4026 页。

③ “江户幕府儒官世家出身的林恕（1618～1680）及其子林凤冈（1644～1732）利用职务之便，将所经眼的‘风说书’陆续收入《华夷变态》和《崎港商说》中。从《华夷变态》的序言可以明确看出汇编者的初衷：‘朱氏失鹿，当我正保年中，尔来三十年所，福漳商船往来长崎，所传说有达江府者。其中闻于公件，件读进之，和解之，吾家无不与之。其草案留在反古堆，恐其亡失，故叙其次第，录为册子，号《华夷变态》。’”（转引自《第十二届中国韩国学国际学术大会论文集·历史文化分册》，2011，第 236 页。）

④ 《第十二届中国韩国学国际学术大会论文集·历史文化分册》，2011，第 238 页。

和搜集信息手段的多样性。

康熙十五年（1676 年），“三月戊子，权大运[①]等回还，上引见，问曰：‘北京事如何？’大运曰：‘变异迭出，兵连祸结，而姑无朝夕危急之事矣。三桂苟有大志，扫清中原，则必已深入，而尚据一隅而不进，其无大志可知也。但王辅臣在陕西，而只隔山西一省，此乃北京切急之忧也。清人调兵，犹不用汉人，故汉人之于清人无怨无德矣’”。[②]

这条消息描述客观，信息基本准确，分析也很透辟。“其无大志可知也”，一语道破吴三桂企图划江而治的如意算盘，说明朝鲜对其规复中原已无信心。康熙在平叛过程中，重用绿营官兵，大胆起用张勇、王进宝、赵良栋、孙思克等汉将，为最后平定叛乱赢得了主动，在这一点上，这条消息反映了朝鲜人一贯的主观倾向，从而导致信息部分失真。

八月“己巳，义州府尹尹以济驰启：开市清人出来，遣译学等往问北京声息，则以为吴三桂事情，姑未详知。而王辅臣子在北京，清皇以为留之无益，送于辅臣处。辅臣见其子之来，且以独守孤城，终难有成，剃发出降，清皇亦不杀害云”。[③]

义州又称龙湾，是中朝边境上朝方重镇，中朝双方于此有互市贸易，这里也是朝方接待清朝使节的第一个驿站，中方人员往来频繁，因此这里也成了朝方搜集信息的重要据点。附逆的陕西提督王辅臣投降清朝这一重要消息，朝方就是从互市的清朝商人口中知悉的，并以“驰启”的方式飞速上达朝廷。以上一连串的信息都说明战局在朝着于清朝有利的方向发展。

康熙十九年（1680 年）三月，“己亥，冬至使李观征、李端锡等自燕回。上（按，指朝鲜国王李焞）引见，问彼中形势，观征曰：‘吴三桂必不得灭北京，清人亦不得灭三桂，所可忧者蒙古也。’上曰：‘元

① 1676 年，“正月，朝鲜使者左议政权大运等，贺平蒙兵，又奉表贺冬至、元旦、万寿节，并进岁贡、礼物”。（参见刘为《清代中朝使者往来研究》，黑龙江教育出版社，2002，第 180 页。）

② 吴晗：《朝鲜李朝实录中的中国史料》，中华书局，1980，第 4031 页。

③ 吴晗：《朝鲜李朝实录中的中国史料》，中华书局，1980，第 4034 页。

顺帝末年，群盗僭窃，而卒之付与真人。彼若为蒙古所据，执有奋义而起者，则彼之势亦殆矣。’观征又言吴三桂称帝之事。上曰：‘三桂初意则欲立朱氏后裔，以树功烈。而今乃自称皇帝，此陈胜、吴广之流耳’”。①

康熙十七年（1678 年）三月一日，吴三桂在衡州称帝，国号大周，改元昭武，此举宣告了他标榜的规复汉室、扶持朱明后人的政治理想纯属谎言，更暴露了他狂妄的个人野心。同年八月十七日，吴三桂暴死，其孙世璠继位，但大势已去，众叛亲离。

朝鲜一贯讲究“尊王心法”，对吴三桂深自寄托，当闻其称帝，顿失所望，肃宗甚至嗤之为“陈胜、吴广之流”。更兼自己冲龄即位，政局未稳，从此谈及北伐恢复华夏的话题自然也就少多了。

3. 叛乱失败

康熙二十一年（1682 年）正月乙卯，“谢恩使昌城君泌等，还到凤凰城驰启：‘……闻四川、云南次第平定，吴世璠传首北京，应有赦敕’”。② 果然，不久后的二月己亥，清使即出使朝鲜，其所赍诏书略曰：“逆贼吴三桂负国深恩，倡为变乱，窃居疆土，滇、黔、闽、浙、楚、蜀、关陇、两粤、豫章所在绎骚。三桂僭称伪号，逆焰弥滋。朕恭行天讨，三桂既膺神殛，逆孙世璠犹复鸱张。朕策励将士，进迫城下，凶渠授首，边境晏如。悉剪蟊贼，永消隐忧。用是荡涤烦苛，维新庶政。”③

康熙二十年（1681 年）十月二十八日，清军下昆明，三桂孙世璠自裁。捷报传到北京，康熙帝作《滇平》诗以为纪念，十二月二十日，又在太和殿举行大典“宣捷中外”。朝鲜方面得到消息及清朝敕使的正式通报，已经是第二年的年初了。

虽然如此，朝鲜方面却不愿意相信吴三桂已经失败，甚至怀疑清使诏书的真实性。就在清使走后不久，三月戊辰，“冬至兼谢恩使东原君

---

① 吴晗：《朝鲜李朝实录中的中国史料》，中华书局，1980，第 4055 页。
② 吴晗：《朝鲜李朝实录中的中国史料》，中华书局，1980，第 4077 页。
③ 吴晗：《朝鲜李朝实录中的中国史料》，中华书局，1980，第 4081 页。

濮、南二星、申琓等还。命引见，问曰：‘卿等别单云南方已尽平定，此说信然否?’二星曰：‘其言似不虚，但其敕文有山海间余孽，当与维新之语。或者败亡余种，亡匿山海之间，未尽就服也。清主自平南之后，妄自夸大，谓天下事无复可虑……’”①

对于朝鲜方面关于“三藩之乱”的矛盾心态，南京大学历史系陈波先生概括得极为精辟：“清朝胜利不符朝鲜尊周思明之本心，三藩胜出则朝鲜有‘服事清国’之耻并遭‘申罪致讨’之患，从而不得不在礼义与现实乖离的紧张感中首鼠两端。”② 一边是泣血枕戈，志复仇逆；一边是迫不得已，虚与委蛇。这就是矛盾中的朝鲜朝统治集团的典型心理。关于朝鲜方面所处的两难境地，著名学者黄枝连先生也曾有过精彩论述：“在知识上，一套是反清怀明，一套是正视清王朝的强盛；在道德上，一套是对亡明要感恩戴德，一套是对清廷‘只迎如仪’、‘克尽诚礼’；在政策上，一边痛哭流涕，‘行皇坛香祇迎礼’，一边忙于接送清使和殷勤地派人去北京朝贡……”③

三 “清人虽疲，制我则有余”：代结束语

肃宗十二年（1686 年）十一月庚戌，朝鲜国王李惇召对玉堂官：“上曰：‘自古匈奴之人处中华者，皆不能长久。而今此清虏据中国已过五十年，天理实难推知……’”④ 自满洲族以骑射问鼎中原，朝鲜方面一直相信“胡无百年之运”的儒家格言，一心盼望规复汉家天下，然而他们虽有雪耻愤惋之心，为其势之不敌，只能尤为恨叹而已。“三藩之乱”又五年，连肃宗都慨叹“天理实难推知”了。

“三藩”乱起，朝鲜廷臣分为两派：一派以儒生出身的尹镌（1617 ~ 1680 年）为代表，他们从义理角度出发，力主北伐；一派以领议政许积

① 吴晗：《朝鲜李朝实录中的中国史料》，中华书局，1980，第 4084 页。
② 《第十二届中国韩国学国际学术大会论文集·历史文化分册》，2011，第 247 页。
③ 黄枝连：《天朝礼治体系研究·下卷》，中国人民大学出版社，1995，第 450 页。
④ 吴晗：《朝鲜李朝实录中的中国史料》，中华书局，1980，第 4125 页。

等务实派大臣为代表，主张按兵不动，静观成败。历史证明，后者的策略维护了朝鲜的国家安全，是明智而稳健的。朝鲜放弃北伐，坐视“三藩之乱”由发动走向失败，原因是多方面的，学界多有成说，此处不一一累述。如果仅从“燕行录”的信息价值角度检讨原因，则朝鲜方面虽然及时而又基本准确地获取了“三藩之乱”的消息，而且这些消息多方面显示局势对朝鲜有利，但朝鲜方面并没有贸然动作，而是按兵不动，静观待变。此一策略，从其蓄谋已久的北伐来说的确是个失败，但从信息角度来说，却又是一次成功，它使朝鲜避免了可能的灭顶之灾。“清人虽疲，制我则有余”。[①] 朝鲜对“三藩之乱”的应对策略，建立在对双方实力的清醒认知之上，同时亦得力于“燕行使”的旁搜博采及闻见必录。

① 吴晗：《朝鲜李朝实录中的中国史料》，中华书局，1980，第 3998 页。

作者简介

金柄珉　　中国延边大学原校长、教授
金虎雄　　中国延边大学朝鲜韩国学学院教授
曹顺庆　　中国四川大学文学与新闻学院院长、教授
金在湧　　韩国圆光大学教授
尹汝卓　　韩国首尔大学教授
刘艳萍　　中国延边大学俄罗斯远东问题研究所所长、教授
李承子　　中国上海海洋大学教授
金基石　　中国上海外国语大学教授
金光林　　日本新潟产业大学教授
向开明　　中国延边大学艺术学院教授
孙春日　　中国延边大学民族研究院院长、教授
白永瑞　　韩国延世大学历史学科教授
韩东育　　中国东北师范大学历史文化学院教授
金成镐　　中国朝鲜史研究会会长、延边大学教授
禹景燮　　韩国仁荷大学韩国学研究所教授
耿铁华　　中国通化师范学院高句丽研究院名誉院长、教授
李花子　　中国社会科学院历史研究所研究员
都永浩　　中国黑龙江省民族研究所研究员、所长
刘广铭　　中国人民解放军外国语学院副教授

图书在版编目（CIP）数据

东亚的文化交流．延边大学朝鲜韩国研究论集．第7辑 / 金强一，全莹主编．—北京：社会科学文献出版社，2014.8
ISBN 978-7-5097-5963-9

Ⅰ.①东… Ⅱ.①金… ②全… Ⅲ.①文化交流-东亚-国际学术会议-文集 Ⅳ.①G131.05-53

中国版本图书馆 CIP 数据核字（2014）第 083468 号

东亚的文化交流
——延边大学朝鲜韩国研究论集（第Ⅶ辑）

主　　编 / 金强一　全　莹

出 版 人 / 谢寿光
出 版 者 / 社会科学文献出版社
地　　址 / 北京市西城区北三环中路甲 29 号院 3 号楼华龙大厦
邮政编码 / 100029

责任部门 / 全球与地区问题出版中心（010）59367004　　责任编辑 / 冯立君　刘俊艳
电子信箱 / bianyibu@ssap.cn　　责任校对 / 柏　桐
项目统筹 / 冯立君　高明秀　　责任印制 / 岳　阳
经　　销 / 社会科学文献出版社市场营销中心（010）59367081　59367089
读者服务 / 读者服务中心（010）59367028

印　　装 / 北京季蜂印刷有限公司
开　　本 / 787mm×1092mm　1/16　　印　　张 / 16.75
版　　次 / 2014 年 8 月第 1 版　　字　　数 / 251 千字
印　　次 / 2014 年 8 月第 1 次印刷
书　　号 / ISBN 978-7-5097-5963-9
定　　价 / 69.00 元